北大法学阶梯
课程指引系列

北大法学高阶 叁

北京大学法学院 | 编

法律出版社 LAW PRESS · CHINA
北京

图书在版编目(CIP)数据

北大法学高阶. 叁 / 北京大学法学院编. -- 北京 : 法律出版社, 2023
ISBN 978-7-5197-7849-1

Ⅰ. ①北… Ⅱ. ①北… Ⅲ. ①法学-文集 Ⅳ. ①D90-53

中国国家版本馆 CIP 数据核字(2023)第 078777 号

北大法学高阶·叁
BEIDA FAXUE GAOJIE · SAN

北京大学法学院 编

责任编辑 陆帅文
装帧设计 汪奇峰 臧晓飞

出版发行 法律出版社
编辑统筹 法律教育出版分社
责任校对 王晓萍 王语童
责任印制 刘晓伟
经　　销 新华书店

开本 710 毫米×1000 毫米 1/16
印张 14.5 **字数** 228 千
版本 2023 年 8 月第 1 版
印次 2023 年 8 月第 1 次印刷
印刷 固安华明印业有限公司

地址:北京市丰台区莲花池西里 7 号(100073)
网址:www.lawpress.com.cn
投稿邮箱:info@lawpress.com.cn
举报盗版邮箱:jbwq@lawpress.com.cn

销售电话:010-83938349
客服电话:010-83938350
咨询电话:010-63939796

书号:ISBN 978-7-5197-7849-1
定价:49.00 元

凡购买本社图书,如有印装错误,我社负责退换。电话:010-83938349

编写说明

北京大学是中国法学教育的滥觞之地，是中国法学教学改革的先行者和探路者。北京大学法学院（以下简称北大法学院）始终秉持科研与教学并重的立院方针，将教学与科研视作大学教师的基本职责，两翼不可偏废。近年来，北大法学院大力推进教学供给侧改革，增加教学产品，创新教学活动，改善教学结构，提升课程质量，引领中国法学界教学改革风潮。

“北大法学阶梯系列讲座”是北大法学院诸多教学改革活动之一。2018 年秋季学期，该系列讲座正式面世。它包括三个系列：初阶（入门）讲座、进阶讲座和高阶讲座。初阶讲座是为了引领学生进入法学之门，为相关课程的学习提供方法论上的入门指引。进阶讲座旨在改变以往课后个别答疑不够充分、缺乏体系、难以集体受益的局面，致力于为学生系统性地答疑解惑，清除前期学习中累积的困扰，指明下一步学习的方向和重点。高阶讲座主要面向博士生群体，由各专业教授介绍学科最前沿的研究动态或发布自己最新的研究成果，激发法学博士生的学术志趣，培养全面的知识结构和开阔的视野。三个系列讲座都是以现有的课程为基础，以既定的课堂为平台，面对不同的授课对象，选择不同课程的不同阶段展开。通过前期宣传、后期综述以及视频播放等方式，将课堂教学与讲座模式有机结合，面向全社会公开。这不仅有效地提升了课堂质量，也实现了优质教育资源的共享。迄今为止，“北大法学阶梯系列讲座”已经累计举办 80 余场。

为了更全面地展示北大法学院的课程风采，为全国法科学生提供全方位的学习指引，法学院征求授课教师意见后，决定将部分阶梯讲座活动的内容整理出版。经与法律出版社协商，此次出版以“北大法学阶梯课程指引系列”的面貌呈现，旨在为处在学习法律各个阶段的学生提供一套全面的教学参考用书。每位授课教师负责自己的讲授内容，从格式到内容均对讲座实录文字做了大幅的修改润色，以符合“北大法学阶梯课程指引系列”的定位要求。

呈现在读者面前的这套丛书，基本上覆盖了全国法学院各类必修课和选修课,是北大法学院几十位教师的集体作品,希冀能帮助每一位法科学生迈入法学之门,克服路障,拾阶而上,领略法学的无限风光。

“北大法学阶梯系列讲座”的举办以及本书的出版,得到了来自法律出版社、《中国法律评论》编辑部以及北大英华科技有限公司等社会各界人士的关心、支持和帮助。在各方协力下,北大课堂以一种新的方式在纸上重现。在此一并致谢。

北京大学法学院

2021 年 9 月

目录

北大法学高阶

部门法的宪法化：中国问题

张 翔

关于作者

张　翔

北京大学法学院教授、博士生导师，兼任中国法学会宪法学研究会秘书长。获评第八届全国十大杰出青年法学家（2017年），多次荣获教育部“高等学校科研优秀成果奖”、中国法学会“中国法学优秀成果奖”、霍英东奖、钱端升奖。

提出法学课程体系应由“讲授课”“练习课”“研讨课”“实务课”“技能课”五大模块构成，承担过包括专业基础课、方法课、案例分析课、文献研读课、论文写作课等在内的十余门课程。在本科宪法学教学上，形成了“大一中国宪法—大二外国宪法—大三宪法案例分析”的完整课程体系；在国内最早开设了鉴定式宪法案例教学的课程，并主编“德国宪法案例选释”系列作为参考资料。教学深受学生好评，多次获得学校教学优秀奖，2017年获评首届北京市高等学校青年教学名师。

我讲的题目叫《部门法的宪法化:中国问题》。这个问题可以分为三个层面。第一,什么是"部门法的宪法化";第二,部门法的宪法化在中国有何表现?第三,在部门法宪法化的背景下,我们法学应该做什么?

■ 什么是"部门法的宪法化"

首先,什么叫作"部门法的宪法化"?我最早接触到这个概念,并不是在宪法领域,而是在民法领域。我们知道曾经有一个非常重要的争论,就是《物权法》草案的违宪争论,引发了非常大的争议。这与我国的法律史、甚至是国家改革开放的大势都有着非常密切的关系。

□ 民法的宪法化

如果从今天的角度来讲,部门法与宪法的相关争议,在21世纪初有两次标志性的事件。一次是"宪法司法化"的"齐玉苓案"。当年齐玉苓被人冒名顶替上了大学,于是起诉到法院,法院找不到法律上的直接依据,最后引用了宪法上的受教育权这一基本权利条款进行裁判,由此引发了激烈的争议。另外一个就是2006年的《物权法》草案争议。这个争议发生之后,宪法与民法的关系就被实践推到了最前沿,成为必须考虑的一个问题。

在这种背景之下,中国法学会宪法学研究会和民法学研究会共同组织了一场对话会。在这个会上,我第一次听到了"部门法的宪法化"这个概念,具体而言,是由留学法国的石佳友教授提出的民法的宪法化。他说,在法国,民法的宪法化是一个非常热的话题,还提到了基本权利作为宪法上的权利对民法的效力问题。他说:"民法宪法化成为战后许多国家的民法发展的一项普遍性趋势。此种现象并不局限于某一法系,大陆法系和英美法系都有国家出现了此种趋势;它也并不必然取决于是否存在负责违宪审查的独立宪法法院的存在:在存在宪法法院的法律体系中,宪法法院并不见得一定愿意介入私法关系;反之,在没有宪法法院的法律体系中,通过民事法官的司法活动,宪法基本权利却有可能在私法中产生深远的影响力。"一位民法学者提到了民法的宪法化问题,让我觉得非常新鲜。

□ 刑法的宪法化

我自己最开始研究的是基本权利领域,但是在研究过程中也比较多地关注到基本权利与各个部门法的关系。在这一过程中,我发现部门法的宪法化是一个非常普遍的趋势。这里可以参考刑法学者的表述。比如,若热·德·菲格雷多·迪亚斯说,"原则上讲,所有刑法问题都可以从宪法角度来解释""刑法('法学—哲学的')问题,被转移成了宪法('实定法')的问题"。从历史的角度来看,大量研究法哲学的学者都是刑法学科出身,这在德国有非常久远的历史了。但是他说,过去刑法学者经常要思考哲学问题,而这种法学与哲学的问题现在就转变成了宪法问题,变成了实定法内的问题。也就是说,原来刑法和哲学的问题是超越实定法体系的。

当代德国刑法学界著名的学者罗克辛曾这样说过:"我的法律圣经一直都是《基本法》,它在我学习法学之前就进入了我的生命。人的尊严(德国基本法第1条)、人格的自由展开(德国基本法第2条)、平等原则(德国基本法第3条)、言论自由(德国基本法第5条)和其他法治国的基础,对于我来说永远都是公理。[1] 我虽然知道它们的哲学背景,但是我一直认为,它不再需要我再在法哲学上进行耕耘。"大家可以这么理解,刑法学者对于一些法哲学争议就放弃不研究了,而将其交给宪法去做。

何以如此?它有很多的表现形态。在《刑法体系的合宪性调控》这篇文章里,我提到了张明楷老师开创的刑法法益的宪法关联性理论,以及许多刑法解释的问题是与宪法相关的。例如,刑法的目的到底是什么?是不是法益侵犯说、规范违反说等。我也在一些讨论会上报告了自己的研究。赵书鸿老师为我提供的一个论据是《意大利刑法》(1930年制定,正值法西斯墨索里尼执政时期)。这部刑法是法西斯使用的刑法,但是"二战"以后却没有被废除,到1948年时意大利才制定了新的宪法。也就是说,刑法在宪法制定之前,且是法西斯的刑法。但是在新宪法的自由民主价值秩序之下,意大利刑法体系进行了一系列合宪性的调整:它首先对刑法典进行了个别的修正,而没有废除整部刑法典或者重新制定;然后在宪法法院的运作以及刑法的司法适用中,法院运用宪法的精神来消除刑法的专制色彩,进而变革刑法学的理论学说。按照他

---

〔1〕 我们研究宪法的人都不会这么想,因为我们需要讨论这些条款的解释、理解。

们的评价,如此使 1930 年《意大利刑法》中的法西斯因素被彻底排除了,刑法典脱胎换骨,合乎了自由民主的宪法秩序。这就非常有意思——一部刑法在新宪法出现以后,虽然形式上还保持原样,但是它脱胎换骨了,内涵全部更新。

这些年我也做了很多相关的研究和呼吁;我能够看到部门法学界也有非常积极的回应。例如,刑法学者何庆仁老师写了一篇名为《我国〈刑法〉第 29 条第 2 款的合宪性解释》的文章。这篇文章主要是探讨什么叫作教唆犯。如果你教唆他人,但他人没有实施这个犯罪行为的话,该如何处理。对此,他从宪法的角度做了一些思考。他认为这个问题在刑法学上存在立场的对立,"无论是古典学派/实质解释论、行为无价值论/结果无价值论等最新的学说分歧,学者们更多关注的是各自论证的理论自洽性,以及对立观点可能存在的不自洽性,各自立场的合宪性与否很少成为考量的标准,随着宪法性价值和基本权教义学的发展,直接根据宪法塑造和批判刑法,已经成为宪法学对刑法学的召唤,也成为刑法教义学自我省思的重要方向。为此,本文选取教义学上争议极大的我国《刑法》第 29 条第 2 款为例,试图说明自外于合宪性检视而自由生长的刑法教义学已经不合时宜,刑法教义学应该是以宪法价值为导向的智识之辨"。这就说明,刑法学者正在非常自觉地用宪法学的理论去解决刑法学的问题。

□ 我的认识

当前的中国法学研究中,各个部门法已经越来越意识到,可以从合宪性解释、合宪性审查的角度理解自己的学科,解决自己学科的问题,这一种非常自觉的意识。而我所理解的部门法的宪法化,就是部门法议题的宪法化。我们过去只从部门法的角度去考虑的问题,现在也把它当作宪法问题去考虑。

有一个发生在德国的案例:有一天,一些废旧物品的回收加工厂突然发现,他们收不到旧衣服了(本来在德国收旧衣服是很容易的事情)。后来才发现,原来是一个天主教的青少年协会也开始挨家挨户地收旧衣服,做一些资助欠发达地区的慈善工作。所以,废旧加工厂才收不到加工原料。为此,废旧加工厂就提起宪法诉讼,认为青少年协会的行为违反了正当竞争的原则;青少年协会则反驳认为这属于宗教自由。最后,联邦宪法法院认为,普通法院仅仅把这个案件当作不正当竞争的案子来处理是不对的,应该考虑其中涉及的宗教自由。这就非常有趣——一个不正当竞争的案件转变为宪法上宗教自由的案件。另一个实例是，一对夫妻信仰了一种宗教，宗教要求他们不得接受一些医疗手段。某一天，妻子生病了，必须接受手术。她非常清楚，自己的病如果不接受治疗是不行的；而且医生也告诉她，必须去住院，如果不住院肯定会出问题。但是这对夫妻基于宗教信仰就是不去，最后妻子去世了。结果，丈夫被起诉构成不作为杀人，他就在诉讼中主张这是自己的宗教自由。这样一个刑法问题就转变为了宪法问题。当有这种意识之后，我们发现大量部门法问题都可以在宪法层面进行考虑。

■ 为什么会出现部门法的宪法化

所以，只要具备了部门法议题宪法化的意识，就会在部门法研究当中发现大量的宪法问题。但是，为什么会出现部门法议题的宪法化呢？我们都知道，一个学科有它自己独立的历史，一个法律部门有它独立的发展历史，那它们为什么要受宪法的影响呢？我们最长的宪法，如美国的成文宪法才 200 多年；而刑法、民法的历史都比宪法长，为什么现在就要开始讲部门法的宪法化呢？我想，可能有这几个原因。

□ 宪法最高法地位的确立

现代法治跟古代法制的重要区别在于，现代法治确立了一个最高法——宪法，在很多国家的理论中，也叫根本法。“最高法”意味着所有的部门法都不得与宪法相抵触，与宪法相抵触的范围是无效的。这是现代法治非常核心的原则。因此，即便普通法律的历史比宪法还要长，但是到了宪法的时代，也必须进行合宪性的调整。另外一个理由是根本法。我们知道宪法有两种不同的类型。一种只把它认为是最高法，而且是把它作为公法领域的最高法。但是还有一种类型，就是把宪法作为根本法。我国宪法就是典型的根本法思维的宪法。它对于社会生活的方方面面，都会作出价值设定性的规定。这样的话，你就必须去考虑，你所在的法领域，它背后由宪法设定了怎样的价值。

□ 部门法体系的开放

部门法规范体系具有开放性。我们会注意到一个现象，各个部门法的教材都会把宪法列为自己的重要的法律渊源。即使是刑法这样强调罪刑法定、法典封闭性的部门法,都会把宪法作为法律渊源。与此同时,各个学科的知识体系也开始具备开放性,这是现代法学理论的重要特点。这种开放性有很多层次,比如,对于社会科学、人文科学的开放性。同时,开放性也意味着法律体系、学科之间的开放性,刑法学与民法学、刑法学与行政法学等学科之间都具有开放性。这种开放性,与规范开放性是相辅相成、互为因果的。

例如,根据罪刑法定原则,犯罪必须由刑法来规定,不依据刑法规定,就不可以出罪量刑。但是在具体认定的时候就不一样了。比如,刑法中有一种犯罪被称为行政犯。行政犯违反的是行政管理规范,如拒不履行信息网络安全管理义务罪。当要对这些罪名是否成立作构成要件上的认定时,会发现不能只看刑法,还得看行政法。于是,刑法体系在这种情况下也是开放的。但是刑法学者可能很纠结:为什么行政法规怎么规定可以直接决定刑法怎么定罪呢?可以从以下路径进行思考,考察行政法上的规范本身是否具有合宪性。如果它具有合宪性,体现了保护人权、限制国家权力的理念,那就可以接受;如果这个行政法规范是违宪的,那就可以不接受。这就意味着,刑法必须向宪法开放,这也体现了现代法学中非常重要的各个学科之间开放的样态。

□ 合宪性审查制度的建立

第三个原因与第一点相关,就是合宪性审查制度的建立。我们知道,美国从马伯里诉麦迪逊案开始,建立了对法律的合宪性检视的司法审查制度。后来,奥地利、德国以凯尔森的理论为基础,建构了所谓的宪法法院审查制。“二战”以后,违宪审查制井喷式地发展,世界各国普遍建立了合宪性审查制度。美国跟德国是其中的典范,一个是司法审查、普通法院审查制,一个是宪法法院的专门机构审查制。再有法国的宪法委员会制,法国经过改革,正向着德国宪法法院的方向走。而英国在议会主权这样独特的宪法原则之下,建立了自己独特的合宪性审查制度。我们国家也正在完善合宪性审查工作,这个问题是当今中国法治建设非常核心、重要的问题。

那么,这个制度的存在意味着什么呢?从某种意义上讲,这个世界上没有纯粹的宪法案件,所有的宪法案件都来自部门法。以马伯里诉麦迪逊案为例,它是一个诉讼法案件,涉及法律规定的管辖权是否违反宪法的问题。比如,为什么有学者去研究侵害英雄烈士名誉、荣誉罪的合宪性呢?这是因为之前发生过诋毁“狼牙山五壮士”名誉的案件。对此,狼牙山五壮士的家属有很大意见，就起诉到法院。这个问题最初是个刑法案件，可是在案件的审理过程中必须要考虑言论自由、学术自由的问题。所以，在合宪性审查的背景下，大量的宪法问题最初都是部门法的问题。

□ 基本权利对部门法的辐射效力

在宪法教义学的层面上，存在"基本权利对于部门法的辐射效力"的概念。这可以德国非常著名的"吕特案"为例进行说明。它强调的是，宪法上的基本权利作为一个客观的价值秩序，对于所有的部门法都有辐射作用。美国也会用国家行为理论或者州行为理论处理同样的问题。这些就是我所理解的部门法宪法化，以及部门法宪法化的制度、理论背景。下面就从社会具体争议的角度来讲部门法宪法化的表现，主要是我研究的一些民法领域的问题，一部分是财产法的，一部分是人格权法的。

■ 部门法的宪法化在中国有何表现

□ 三个争议

在中国的现实中，发生了几次非常有意思的争议。第一个是住宅建设用地使用权到期是否免费自动续期的争议。我们的住宅建设用地使用权一般是70年，但是比较早的时候，有些地方规定的是30年、20年，结果很快就有住宅建设用地使用权到期了，那续费该怎么续呢？第二个是北京市一度想把机动车每周按尾号限行的政策调整成单双号限行。这在当时引起了巨大的争议。第三个是个人所得税的争议，这跟我们当前的重大社会发展有关系。

第一个问题属于民法的物权法领域；第二个问题既是行政法问题，也是环境法问题；第三个问题是财税法问题。但是，这些问题的解决都不得不回到宪法的财产权层面。中国法治建设到今天出现了一种现象，就是"部门法向宪法提问"。而面对这种不断的提问，宪法就需要作出回应。而且，这种回应必须是法教义学层面的回应，而不能是一种政治性、立场性的回应。

据说当年巩献田老师提出《物权法》草案违宪的原因在于，《物权法》没有写"根据宪法，制定本法"。巩老师就认为，《宪法》第12条规定了"社会主义的公有财产神圣不可侵犯"，而对于私有财产只规定"公民的合法的私有财产不受侵犯"。这两个条款的不同表述，就体现了《宪法》对社会主义公有财产和私有财产的保护强度是不同的;而《物权法》对于所有的财产都是平等保护的,他认为这是违宪的。对此,我的观点是《物权法》的平等保护不违宪,因为法律解释不只是字面意义上的解释,还要考虑体系解释、宪法规范的变迁。虽然我的结论和巩老师不一样,但是我觉得巩老师提出的问题是非常好的法解释问题,也是一个法教义学的问题。而在近年更强调通过法教义学回应实践争议的背景之下,我自己也有一篇文章《财产权的社会义务》,对财产权进行了宪法教义学的建构。而这种建构,正好有可能回应刚才所说的这几个实践争议问题。

□ 理论基础

1. 法教义学

首先,什么叫法教义学?“法教义学是围绕现行有效法律而进行的概念的、逻辑的和体系化的工作,其最终目标指向法律争议的解决,要为法律争议的处理预先给出方案。”我想这种认识基本上是一致的。

2. 财产权的社会义务

“财产权的社会义务”解决的到底是什么问题呢?它首先处理的是,宪法学中的财产权,从最初“单纯保障私人自由的任意使用和支配财产,转而开始承担社会利益再分配的功能”。也就是说,财产权的保障不再仅仅保障个人对财产不受约束地使用,也要考虑财产有没有社会关联性。如果有社会关联性,个人的财产权就可能要受到一些约束。这样的变化是有社会背景的。我们个人的生存自近代以来发生了转变,由基于个人财产或者私人所有权的个人生存,转向了基于社会关联性的个人生存。传统社会中的农民自己有土地,他们在土地上耕种,获得了粮食、农作物。除吃以外,还可以用这些东西去市场上交易、换取农具等重要的东西。这样,生存主要依赖的是自己的土地,依赖的是个人的财产。但是,现代社会依赖个人财产生存的情况很少见。这并不是说个人财产不重要,而是我们生存所依赖的条件变化了。比如,我受雇于北京大学,通过做研究来完成北京大学交给我的工作任务,然后北京大学给我发工资。所以,在现代社会中,人的生存方式就从一种依赖个人财产的生存转向了依赖社会关系的生存。

还有一些重要的变化,比如,现代社会的人类生存与传统社会的人类生存有很多差异。如果在一个传统的农业社会,古人对自己的宅子是有自由支配的权利的;而在现代社会,我们都住在公寓楼、单元房里。按照民法的说法,叫作“区分所有权的建筑物”。你会发现,你家这堵墙不完全是你的,因为这个墙同时是你隔壁邻居的。这种情况下,物权法就要解决双方的所有权要怎么区分,从哪区分?所以,物权法上才有很多规则去解决这个问题。在这个背景下,我们就会发现个人对自己财产的支配权在下降。

在这里,我可以再举两个例子。第一个是德国的雇员参与决策案。监事会在德国公司中起着决定性作用。根据德国公司法的规定,监事会成分的一半是劳方代表,一半是资方代表。简单地说,这个企业是资方建的,但是资方只有一半的决策权,另一半的决策权是给工人的。而资本家就会对这个规定非常不满,由我的财产建的公司,我却只有一半的决策权,这不是对我财产权的限制吗?于是,有人就把相关的法律起诉到宪法法院。最后,宪法法院的结论是,公司的确是资本家的财产,但是这些工人、雇员依赖于公司的财产而生存,所以公司的财产具有非常强的社会关联性,于是,你对公司财产的支配权就会下降。

另一个是住房租赁管制的例子。德国的住房租赁管制规定,当房主把房子租给别人后,房东对房屋的支配权就受到了严格的限制:房东要想把这个房子随便收回来是非常难的,必须符合特定的、非常严格的限制条件。比如,只有在满足了房东想把自己的房子收回来给自己住、给自己的孩子住、进行大的维修等这些标准后,才能把房子收回来。就算房东想涨租金,一年也只能涨一次;而且,每次涨租金的时候,必须跟周边的租金水平相比较,只有在涨幅明显低于周边的租金水平时,才可以涨。这样的规定对于房东来讲,就太不合理了。因此就有人起诉到宪法法院,认为这样的法律规定侵犯了宪法上的财产权。但是,宪法法院认为,虽然出租房屋是房东的财产,但是却是别人生活重心之所在,具有强烈的社会关联性,所以该财产要承担一种社会义务。

□ 实践争议的解决

如果用这样一种眼光去看中国的问题时,就会发现财产权的社会义务理论其实可以解决中国的一些实际争议。也就是说,宪法学上的财产权原理可以帮助我们解决部门法的问题。

1. 住宅建设用地使用权续期争议

例如,住宅建设用地使用权到期是否可以免费续期?这个争议发生的时候还是在《民法典》出台之前。当时,《物权法》第 149 条第 1 款规定:“住宅建设用地使用权期间届满的,自动续期。”而当时温州的住宅建设用地使用权期限是20年,这就引发了争议。孙宪忠老师说,自动续期当然是免费续期,如果还要交钱,那叫什么自动续期?这个理解从字面意义上来看是对的。但是,民法学界几乎都持反对意见,当年参与《物权法》编纂的人都认为,立法时不是这个意思,自动续期是和申请续期相对应的:其他建设用地使用权到期以后,权利人要去申请续期;住宅建设用地使用权到期后,不用去申请续期,是自动续期;而自动与否,跟是否要交这笔钱是没关系的。那么,我们现在的住宅建设用地使用权续期的时候要不要交钱?从老百姓的角度来讲,当然是不交钱。花了多少钱买房还要再交钱,可受不了。孙宪忠老师就是这个主张。

但是,这个问题有很深刻的背景。如果住宅建设用地使用权到期以后,是自动无偿续期的话,它会带来一个问题。《宪法》里规定了,我国的土地制度是公有制,城市的土地属于国家所有,农村的土地属于集体所有,这是一个总体的要求。而其中关键的问题是,如果住宅建设用地使用权到期时无偿自动续期,那土地的使用权和所有权有什么区别?续期的时候无偿续期,再过几十年又是自动无偿续期,其实就相当于永久的所有权了。如果这样理解的话,无偿自动续期的解释,与宪法上土地国有的规定就明显冲突。所以,这样的民法解释在宪法上是通不过的。但是,我们其实也应该把住宅建设用地使用权的续期权视为一种宪法上的权利,它也属于宪法上财产权的保护范围。但是这个地方也存在两难的局面。如果说自动续期,它跟宪法上的土地国有是冲突的;如果说续期还要再交费,就会发现这对于公民财产权会产生巨大的负担。这个问题到底怎么解决呢?我提供一种思路:要区分不同的住宅、不同的住房。如果是私使用型、自住型的房子,这些房子将来续期的时候,就应该自动无偿续期;而对于具有强烈的社会关联性(如为财产的增值来使用)的房子,就应该区别对待,因为它占据了大量的公共资源。如果也让它永久地免费自动续期,就会使其他公民获取房屋的机会减少,这是不公正、不符合代际正义的。我想通过这个例子说明,要想解决这些物权法上的问题,可能最终必须要考虑宪法上至少两个权利的条款:一个是土地国有条款,另一个是私有财产权条款。

2. 北京机动车限行争议

我的主张是,机动车限行并不是限制人身自由或者行动,它实际上限制的是对财产的使用。并不是不让我们出门,而是说我们不能开车出门。从基本权利的角度来讲,这样限制财产的使用就构成了对基本权利的限制。那就要去评价对基本权利限制的合宪性问题。在作这个评价的时候,我们会发现一周限行一天和单双号限行的限制强度是很不一样的。从行政法的角度,我们就要去区分限制一天是什么性质,一周限三天、隔日限又是什么性质。那么,这就涉及财产征收的理论。如果对一个财产作了非常严格的限制,可能要把它视同征收。而如果它是征收,我们就要对征收进行合宪性的评价。所以,当时我就用基本权利的三阶层分析框架,对财产权的保护范围进行了分析。我的基本结论是,每周限行一天还属于财产权的社会义务,但如果是单双号限行,就构成了征收。因此,单双号限行的政策作为一种征收,就不具有合宪性。

3. 个人所得税争议

如果考虑财产权的社会义务和私使用性的话,个人所得税是有些问题的。比如,财税法上有一个比较大的问题是,个人所得税的征收应该是按个人征收,还是按家庭征收?这个问题会直接影响现在的鼓励生育政策。如果个人所得税是按个人征收,那肯定少生孩子比较好。但如果按家庭人数就不一样了,3 口人和 4 口人就是不一样的。这里涉及的核心问题是,征收个人所得税的宪法基础是什么,以及征收个人所得税的基本边界是什么?我认为,这一边界就是要为个人留下保障其及其家人生存的基本条件的部分。所以,在个人所得税征收时,首先要划出免征额。它的依据,其实就是宪法财产权的私人使用性。

可以说,这样一些问题的解决需要回到宪法层面。那么,以财产权为例,我们解决了一些现实中的争议问题。也就是一些部门法争议会上升到宪法财产权的层面,这就是部门法议题的宪法化。

■ 宪法与部门法的三重关系

□ 三重关系的理论概括

宪法与部门法的关系,我把它的几个层次概括为:法律对宪法的具体化、法律的合宪性解释和法律的合宪性审查。它是一个什么样的逻辑呢?

首先,在立法的过程中,要对宪法的要求予以具体的落实、具体化。各个部门法的制定,要考虑宪法上的价值命令。即各个部门法要去落实宪法的规定,这就叫法律对宪法的具体化。其次,法律一旦被制定出来,它在解释、实施和适用的时候,还要对它的条款作符合宪法精神的合宪性解释。最后,要对法律进行合宪性审查,判断其是否合乎宪法。这就是宪法与部门法关系的三个不同层次。

□ 三重关系例举

接下来,我想就这三个层次举例子作一些说明。我国《刑事诉讼法》里面有关于证人出庭的规定:“经人民法院通知,证人没有正当理由不出庭作证的,人民法院可以强制其到庭,但是被告人的配偶、父母、子女除外。”假设一位被告人可能面临无期徒刑或死刑,他在接受审判的时候,有一个对他不利的证人是他的妻子,他的妻子通过录像的方式作证,证明他犯罪。但是等到了法庭的质证环节,他的妻子没有出庭。被告人就提出,她的证词是假的,我要求她到法庭质证。而法院说,证人出庭是刑诉法的一个原则性要求,可是这个人是被告人的配偶,所以不能强制她出庭。大家有没有感受到其中荒谬的冲突感?“被告人的配偶、父母、子女除外”这个规定原本是为了维护家庭的亲情。如果在审判过程中,把一个人的妻子、孩子弄到法庭上来,是对亲情的巨大伤害。可是,在这种情况下,这个妻子是在指证自己的丈夫犯罪,而法院还不能强制她出庭作证,不能强制的理由是要保护亲情。所以,这个问题怎么解决呢?其实,回到宪法层面来看,这个是可以解释的。

《宪法》第130条规定“被告人有权获得辩护”,而《刑事诉讼法》第193条第1款前半句规定的“经人民法院通知,证人没有正当理由不出庭作证的,人民法院可以强制其到庭”,实际上是在保护被告人获得辩护的权利。因为一个人的获得辩护权,其核心指向的是这个人能够获得有效辩护,而要求获得有效辩护就必须保证有证据可以支撑,那就必须保证证人能够出庭。这在刑事诉讼法上称为“眼球对眼球”的权利,只有这样才能对被告的辩护权有充分的落实。所以,这一条实际上是在保护《宪法》规定的“被告人获得辩护”的权利。而《刑事诉讼法》第193条第1款后半句“但是被告人的配偶、父母、子女除外”,是在保护《宪法》第49条第1款的“婚姻、家庭、母亲和儿童。”这样一个《刑事诉讼法》的条文,它的前半句和后半句分别保护了两项宪法上基本权利或利益,而这两项基本权利或利益在特定个案中会发生冲突:对于这个被告人而言,获得辩护权是很重大的法益,所以他要求对他不利的证人出庭,这是他的获得辩护权;但是,不强制被告人的父母、子女等出庭,又是为了保护婚姻家庭的利益。这两个条款在这个地方是冲突的。那在这种情况下,就必须建立一套规则来处理这个冲突。我最后用基本权利冲突的学理来处理了这个问题,我的结论是在这个具体个案中,还是应该保护被告人获得辩护的权利。因为他可能面临非常重的刑罚,这对他的个人权利有巨大的影响。而在被告人的妻子已经指证丈夫犯罪的情况下,已经没有多少亲情可言了,也没有什么值得保护的婚姻家庭利益了。所以,在这个具体案件的衡量过程中,就应当对这个条款作出合宪性的限缩。也就是说,在被告人的配偶、父母、子女成为指证被告人的不利证人的情况下,应当提前保护获得辩护权,所以,可以强制他的父母、配偶、子女出庭。

这就说明,如果我们具备部门法宪法化的意识,就可以对部门法问题进行宪法角度的研究,而这最终也能够给实践提供宪法上的解决方案。当《刑事诉讼法》条文按照字面的理解,产生了违背法感情的解释结果的时候,合宪性解释就成为一种解决问题的新的可能性。

□ 宪法与部门法的交互影响

总结而言,部门法与宪法的关系就是法律对宪法的具体化、对法律的合宪性解释、对法律的合宪性审查。可能有人提出,宪法是否对部门法有一种支配性的影响?其实,宪法与部门法之间是一种交互影响。

交互影响意味着,很多时候宪法对某些基本权利的理解要依靠部门法进行。比如,尽管获得辩护权是规定在宪法中的权利,但是它是否为基本权利则并不明确。如果它是基本权利,能够对什么是获得辩护权作出更好解释的,一定不是宪法学者,而是刑事诉讼法学者。刑事诉讼法学者对于获得辩护权,或者获得有效辩护权(获得有效辩护权强调的是质证权,最核心的是对不利证人的质证权)有一系列的规范性建构。对此,宪法学就完全可以接受其为宪法上获得辩护权的内容。在这种意义上,宪法对部门法不是单向的影响,反之,部门法也会影响宪法。

1. 法解释的角度

但是,对于法律的解释必须基于宪法的精神,也就是说,我们在解释部门法的时候要时刻考虑到宪法,特别是宪法上的基本权利。如果不作宪法上基本权利的解释,很多时候会出现问题。举一个例子,刑法上的洗钱罪,可能构成对职业自由的侵害。在中国的实践中可能会出现这样的案例:律师替犯罪嫌疑人辩护,犯罪嫌疑人支付律师费,而支付的律师费是犯罪嫌疑人的违法所得。结果律师就被抓了,法院认为律师涉嫌洗钱,因为犯罪所得是赃款,支付了律师费却变成了合法收入,所以是洗钱。如果这么去理解刑法条文,会导致无人为犯罪嫌疑人辩护的结果。对于这个问题,德国联邦宪法法院认为,这种条款必须受到宪法上职业自由的限制,即刑法的条款要考虑宪法上的职业自由。一名律师替别人辩护并收律师费,是这项职业的基本运作形态。在这种情况下,考虑到职业自由的因素,对于律师是否成立洗钱罪就要进行合宪性限缩。

2. 学术研究的角度

(1)正面的情况

从学术的角度来讲,宪法学者必须重视立法机关对于宪法的发展,尽量不要去否定立法机关的想法,不要动辄批判这个立法违宪,那个立法违宪。我们要推定认为,立法者是去落实宪法的。同时,宪法学者在面对部门法的问题时,要充分重视部门法的学理,把部门法的基本学理先搞清楚。而从部门法学者的角度讲,在解释部门法时,要向着合宪性解释的方向去处理。从这个意义上,宪法与部门法、宪法学与部门法学应当是一种交互影响的效果,而不是单向的宪法对部门法的"颐指气使"。

对于这个问题,宪法学者的认知是比较清晰的。比如,杜强强教授就强调"宪法规范与刑法规范之诠释循环""宪法和部门法的相互动态调适"。他说:"一国法律秩序本是一个动态的规范体系,对法律的解释需要考虑到宪法的规定,而对宪法的解释岂能无视普通法律的规定?法律解释者负有义务将宪法与下位阶法律规范互为动态调整而维持法律体系的和谐。"他强调的是对《宪法》要作合法律性的解释,而不仅仅是法律要作合宪性的解释。白斌老师也说:"作为宪法规范的具体化,刑法规范承担着实践宪法中基本权利之核心价值的重任。故而,刑法教义学就特定刑法规范开展解释时,不应局限于从刑法文本与规范框架中寻找依据,也应重视从宪法教义学的高度,着眼于从宪法规范与基本权利价值的层面为刑法解释寻找理论资源,而不宜对后者完全视而不见,甚或做出有违立宪主义精神的判断。此条基准无论对于刑事立法,抑或刑事司法裁判活动,都是适用的。"

我写作《刑法体系的合宪性调控》一文时,比较重要的参考之一是车浩老师对《刑法修正案(九)》的评析文章。在《刑法修正案(九)》中,有一个新罪名叫"扰乱国家机关工作秩序罪"。车浩老师基于法益理论对这个罪名作了一些批评,而我则在我的文章里尝试与他进行了对话。我认为,扰乱国家机关秩序罪所规范的行为,很有可能会侵犯个人参与国家事务管理的权利。因为按照《宪法》第 2 条的规定,国家的一切权力属于人民,每个人都有以各种方式参与国家事务管理的权利。个人到国家机关的门口去游行、示威、抗议,其实是参与国家管理的一种方式。如果把这种行为规定为犯罪,实际上就会违反宪法。而我的论证就是在补强车浩老师的论证。在很多问题上,宪法和部门法有共同的价值目标。比如,刑法和宪法的价值目标都是约束和控制国家刑罚权的行使,防止国家刑罚权的滥用,所以,两者有很多的合作空间。

(2)负面的情况

我曾说我国的法学界可能存在两种不好的现象:一个是部门法学者的漠视,另一个是宪法学者的傲慢。部门法学者的漠视是指,部门法学者经常看不见、瞧不起宪法。他们会认为,在民事立法中写入“根据宪法,制定本法”,对民法能有什么影响?这几年,这种现象明显减少了。就以民事立法为例,当年《物权法》草案公布时,不少民法学者认为宪法对于私法自治、市场经济非常不利,直觉上反感,但后来大家都意识到国家具体法典的制定,一定会受到宪法价值的作用和宪法框架的限定。所以到《民法典》颁布后,民法学者对于很多《民法典》中的具体条款,都会去寻找《宪法》上的依据,作出合宪性的论证。这对于民法学科的建设、规范的合宪性秩序的实现,都有非常好的作用。宪法学者的傲慢是指,宪法学者总是觉得自己研究的是最高法,所以自己说什么都是最高的,会随便去讲。这样的效果是很糟糕的,部门法学者会质疑宪法学者是否真正了解这一问题。因此,我们需要宪法与部门法学者间的沟通。

■ 部门法宪法化研究的理论工具

如果要去做部门法的宪法化研究,就是从部门法出发的宪法研究,那么我们需要掌握一些理论工具。

□ 基本权利的双重性质理论

第一个理论工具,是基本权利的双重性质。这是宪法学上一个比较重要的基本权利教义学基础。它的基本含义是,个人的基本权利,既是个人要求国家不要干预、不要侵犯的防御性权利,又要求国家用各种积极的手段去实现基本权利。这些手段当然就包括运用各种部门法的手段去实现基本权利。例如，德国对堕胎的问题有严格的法律规制。堕胎在德国出现的问题是，胎儿的生命权和怀孕妇女的个人选择权、身体权之间的冲突。在各种基本权利冲突中，这两项基本权利的冲突是特别难处理的，另外一个特别难处理的是刑法上紧急避险中生命权与生命权之间的冲突。那么，基于基本权利的双重性质，国家对胎儿的生命权具有保护义务，德国就规定堕胎在刑法上构成犯罪。德国法认为，既然对于胎儿生命的保护是一种国家义务，国家就会想方设法地实现胎儿的生命权，让女性把孩子生下来，会作出法律上一系列的规定。比如，在劳动法上明确规定，如果女性怀孕，企业不可以解雇她；在社会保障领域，女性怀孕了以后有非常长的假期，而且必须为她保留职位，甚至不能因为她没来工作而失去晋升的机会；在合同法上还规定，如果承租人是孕妇，出于保障孕妇的权利，不能轻易解除合同。所以，德国的整个法律体系，包括刑法上的堕胎罪规定，都是为了实现这项基本权利保护。这就涉及多个部门法。

□ 基本权利的冲突理论

第二个理论工具是基本权利冲突，这是宪法与部门法关系中经常会遇到的问题。以《民法典》的人格权编为例。《民法典》的人格权规范里面，有一些是纯粹的公法规范。比如，《民法典》第 1009 条规定，“从事与人体基因、人体胚胎等有关的医学和科研活动的，应当遵守法律、行政法规和国家有关规定，不得危害人体健康，不得违背伦理道德，不得损害公共利益”。这就是一个行政法规范、公法规范，限制的是科学研究自由这项基本权利，它的民法属性、私法属性非常弱。另外，人格权编里有很多规范都是基本权利冲突的规范。比如，《民法典》第 999 条规定，“实施新闻报道、舆论监督等行为的，可以合理使用民事主体的姓名、名称、肖像、个人信息等；使用不合理的，应当依法承担民事责任”。也就是说，对于人格权的保护，必须不干预新闻报道的权利，这里就涉及人格权与言论自由的冲突。《民法典》第 1020 条规定，“合理实施下列行为的，可以不经肖像权人同意：(一)为个人学习、艺术欣赏、课堂教学或者科学研究，在必要范围内使用肖像权人已经公开的肖像；(二)为实施新闻报道，不可避免地制作、使用、公开肖像权人的肖像”，这就涉及人格权与教学科研自由、新闻报道言论自由的冲突。

从宪法学角度来看，《民法典》第 998 条就是一条协调不同基本权利冲突的规范,“认定行为人承担侵害除生命权、身体权和健康权外的人格权的民事责任,应当考虑行为人和受害人的职业、影响范围、过错程度,以及行为的目的、方式、后果等因素”。还有一些协调基本权利冲突的规范,比如,《民法典》第1021条规定,“当事人对肖像许可使用合同中关于肖像使用条款的理解有争议的,应当作出有利于肖像权人的解释”,也就是说,在这种冲突情况下要有利于肖像权的保护。这实际上就是给出了一个基本权利冲突的解决规则。还有“及时采取更正或者删除等必要措施”,这都是解决基本权利冲突的规则。

基本权利冲突的理论认为,“不应赋予任何权利以通常的优先地位”。人格权并不一定比言论自由优先,肖像权并不一定比学术自由优先。没有哪项权利拥有通常的优先地位。也许有人认为,生命权是绝对优先的,还有什么比生命权更重要的呢?大家可以设想,我们现在为了防止凶杀案,动辄到处都装满摄像头。如果卧室、卫生间、床头都装,这样的话,凶杀案的发生会下降50%,但是估计绝大多数人不会同意。在这个具体的情境下,我们不能为少一些凶杀案,如此严重地侵害私人的隐私权。

基本权利冲突的理论还强调“不作抽象比较,而是个案具体衡量”。比如,言论自由重要还是人格权重要,一定要在具体的个案中衡量。一部小说使用了真人真事,到底是要保护人格尊严,还是小说的创作自由、艺术自由?我们一定要分析它的情节等因素。而且很多时候,一个案子在不同的时期,衡量结果有可能是不同的。

□ 其他理论

还有“实践调和”“基本权利的最优化”“比例原则”等。“实践调和”就是说,在具体的情形下,要让各种基本权利的保护尽可能地都实现;即便不能够都实现,也要在总体效果上最大化。而这些规则都不是传统民法学所能顾及的。而如果不去吸收这些,人格权编的实施最终就会对言论、出版、学术、营业自由等造成威胁。在这种情况下,我认为还是要掌握一些最基本的公法工具,然后再进入部门法的研究。

■ 何为部门宪法

最后,我想提示大家关注“部门宪法”的理念。“部门宪法”和“部门法与宪法”,关系不太一样。“部门宪法”这套学术话语是苏永钦教授提出的,其理念认为:宪法不仅是政治宪法,还可以是经济宪法、军事宪法、财税宪法、环境宪法、教育宪法、宗教宪法等很多不同的领域。这种研究与宪法和部门法议题非常相近,但是不尽相同。部门宪法的意思是将宪法中与某一个领域相关的所有规范放在一起,然后去统摄这几个领域的法秩序。它的思维不太一样,但也是宪法与部门法研究的非常好的方向。关于这个方面,已经有一些学科发展得相当好了,如环境宪法、劳动宪法。所以,大家也可以用宪法意识去做一点自己学科内的知识、方法的创新。

▣ 阅读指引

1. 肖蔚云:《我国现行宪法的诞生》,北京大学出版社 1986 年版。

肖蔚云教授作为 1982 年《宪法》的起草人之一,对于宪法的起草过程、基本经验和条文由来进行了忠实的记述。这本书对于理解现行宪法,以及以此为基础的整个现行法秩序,都具有重要的学理依据的意义。

2. 武增主编:《辉煌四十年:现行宪法发展与实施报告》,法律出版社 2023 年版。

此书为全国人民代表大会常务委员会法制工作委员会编写,对 1982 年《宪法》实施 40 年的实践素材分门别类进行了梳理和总结,全景式展示了宪法原则、国家制度以及人权保障等不同领域的宪法实施的历史和现状,并展望了宪法全面实施的未来前景。

3. 韩大元主编:《公法的制度变迁》,北京大学出版社 2009 年版。

从国家与公民关系、国家权力横向关系、国家权力纵向关系等维度,对我国公法乃至整个合宪性法秩序的 30 年变迁进行了描述、概括和经验总结,并且编写了大事记。对于理解宪法与法秩序的紧密关系有参考意义。

4. 全国人大常委会法制工作委员会法规备案审查室编:《规范性文件备案审查案例选编》,中国民主法制出版社 2020 年版。

本书是在新时代大力加强备案审查和合宪性审查工作的背景下,备案审查实务部门对相关重要案例的编辑和解读。这些案例涉及几乎所有的部门法领域,是了解并展开备案审查研究的重要资料,也是理解我国独特的宪法实施体制下宪法与部门法关系的重要实践素材。

5. 张翔:《具体法治中的宪法与部门法》,中国人民大学出版社 2023 年版。

以 2001 年齐玉苓案为开端,中国法学界在宪法与部门法交互的领域进行了大量的研究和探索。作者考察了宪法与民事法、刑事法、行政法、环境法、经济法、教育法等众多领域的实践和理论问题，形成了系列的研究成果，并形成了“宪法与部门法的三重关系”的学理概括。

6. [德]埃平、伦茨、莱德克：《基本权利》，张冬阳译，北京大学出版社2023年版。

德国较为通行的基本权利教科书之一，直接以分析案例的思维来讲解各单项基本权利，并将基本权利总论融入其中。已经对基本权利的一般框架比较了解的读者，可以很容易地通过这本书强化认识，并细化对各单项基本权利的理解。这本教材用了大量案例来解析引导，可读性很强，也是很好的自学入门书和教学参考书。

行政法学体系转型的基本问题

沈　岿

关于作者

沈　岿

北京大学法学院教授，北京大学人权与人道法研究中心主任，北京大学宪法与行政法研究中心研究员、博士生导师，中国行为法学会软法专业委员会会长。

（说明：本文最初发表于《中国法学》2016 年第 1 期，原题为《监控者与管理者可否统一：行政法学体系转型的基础问题》。）

引 言

本文提出的“监控者”与“管理者”概念，其实是如透视棱镜一般的观察工具，旨在借此穿过现代行政法（学）绚丽纷繁的表象，直视其背后的两种各有侧重的立场和方法。当然，用这两个与职场角色有意义关联的名词，喻指行政法学方法论，可能存在失准的风险。不过，正是由于它们同经验现实的勾连，其就有了较为显著的、容易为常人所联想的寓意。这不仅有助于对学说上深奥晦涩的方法论进行顾名思义的提示，有助于在此提示下进行更为细致入微的论证，也有助于学术交流与传播的效率。经验世界中，监控者存在的价值和意义是让被监控对象做事符合规矩，而管理者则在高效地做好其担负的管理事项、解决管理所面临的各种问题。所以，二者的定位、任务和关注点是不同的。只是，当管理者成为被监控对象的时候，监控者与管理者就会出现较为复杂的关系。

第一，二者有着确定的、不能变动的基本使命及其特殊性，否则，将失去各自的独立价值。尤其是，监控者不应替代管理者的思考与行动，不应让管理者的关切支配监控者应有的关切。在许多时候，支持二者分立的理由之一是那些耳熟能详的谚语：“一个人不能既当裁判员又当运动员”或者“任何人不能做自己案件的法官”。第二，在一个有着共同命运的系统中，监控者也不可能完全无视管理者的绩效目标和面临的问题。因为，这些目标和问题实际上是监控者、管理者共处的系统所要应对的。为管理者制定规矩的监控者，必定会考虑并设定系统的目标、指示实现目标的手段等，由管理者负责执行实施；常规地督察管理者是否服从规矩的监控者，也必定会关切或担忧，监控是否会阻碍系统目标的实现，或者是否会阻碍系统多个有内在张力的目标得以均衡实现。

这些对现实世界中的“监控者”“管理者”的经验所得，虽然是粗略的、简显的，但足以暗示其特别用来作为行政法学方法论指称的意义。本文之后的讨论,也将围绕“监控者”和“管理者”角色的各自特点和类似复杂关系,探讨两种方法的分离和沟通,并最终回答二者是否可能在行政法学体系中得到统合,以及——如果有统合的话——在什么意义上统合的问题。然而,此处所论的行政法学立场和方法,并不见得鲜明而又完整地体现在某个或某些理论研究者、实务行动者和制度设计者那里。它们可能是相对独立的,可又经常是并存、交织而混杂的,它们的表现形式也可能是散乱的、不成体系的。因此,有必要指明,本文是在整理和建构两个作为理想类型的方法论模式。[1]

■ 新行政法及其两种进路

世界范围内,关于行政法学方法论和体系的研讨,由来已久。早在德国开创行政法的法学化、摆脱行政学和国家学桎梏的时代,就已经存在。以奥托・迈耶为首缔造的现代行政法学体系,影响超越国界、至深至远。[2] 而不同国家的行政法学虽然互有影响,却同时保留较强的本土特色,方法论和体系的研究也不例外。因此,本文无意也不可能彻底追溯行政法学方法论和体系建构的历史,只是在此进行一次时代和国别的区隔,以展现我国当前新一轮行政法学方法论和体系讨论之重要动因——“新行政法”研究的兴起与发展。[3]

□ 新行政法的聚焦维度

在过去的半个多世纪,公共行政在欧美国家发生剧烈变动,呈现行政任务多元化、行政活动和手段多样化、行政边界相对化、行政环境全球化和网络化、行政地位支配化等现象,这些在有着不同公共行政演进历史的我国也有或多或少的反映。“新行政法”的概念化,主要就是缘于公共行政的变迁及相应法规范的发展,这已成为普遍共识。但是,“新行政法”究竟“新”在何处?换言

---

〔1〕 关于理想类型的建构,马克斯・韦伯指出是“通过单方面地突出一个或更多的观点,通过综合许多弥漫的、无联系的,或多或少存在、偶尔又不存在的具体的个别的现象而成的,这些现象根据那些被单方面地强调的观点而被整理成一个统一的分析结构中”。参见[德]马克斯・韦伯:《社会科学方法论》,朱红文等译,中国人民大学出版社 1992 年版,第 85 页。

〔2〕 参见[日]铃木义男等:《行政法学方法论之变迁》,陈汝德等译,中国政法大学出版社 2004 年版,第 14－18 页。

〔3〕 本文着重关注我国学者对“新行政法”的研讨,但并不意味着研讨是完全基于对本土经验的观察。

之,其与传统行政法或"旧行政法"相比,有什么不同?在此问题上,学者群却无完全一致意见。[1] 在整理仁智所见之前,有必要就新行政法的聚焦维度做一点说明。

关于"新行政法"的探讨,终极目标是在"一般行政法"或"行政法总论"层面上进行的。在学理传统上,通常将行政法分为"一般行政法"(或"行政法总论")和"部门行政法"(或"特别行政法""行政法分论")。前者指向跨越公共行政部门或领域的、对公共行政有共性要求的一般法规范之集合,后者则指向与特定具体的公共行政部门或领域相关的、对该部门或领域之行政既有一般共性要求又提出特殊要求的法规范之集合。部门行政法往往更新甚快,尤其是在特定公共行政部门或领域面临重大转型时。[2] 设若"新行政法"概念旨在讨论各个部门行政法层面上的变化,显然将飘忽不定而难收学术范畴之应有价值。

然而,这绝不意味着,"新行政法"的探索远离部门行政法。一般行政法与部门行政法有着天然联系,具有共性的一般行政法规范之要求,脱胎于对部门法规范的观察、提炼和超越。因此,部门行政法的新近发展,特别是可能动摇一般行政法的规范构成、基本原理、适用范围、体系以及方法论等的,往往是"新行政法"研究的出发点、切入点。[3] 更何况,在相对意义上,"宏观"的一般行政法与"微观"的部门行政法(如公安、工商、金融、食品、药品等众多领域)之间,存在一种"中观"的跨部门行政法。其可能尚未达到一般行政法的抽象和普遍程度,但也并非仅限于某个行政部门或领域,如社会行政法、[4]风险行政

---

[1] 不同见解较为集中的展现,参见罗豪才、王锡锌等:《"新概念行政法"研讨》,载姜明安主编:《行政法论丛》(第11卷),法律出版社2008年版,第14-53页。

[2] 例如,与食品安全监管有关的行政法规范体系变化频繁,仅全国人大常委会通过的食品安全基本法律层面就有《食品卫生法(试行)》(1982年,失效)、《食品卫生法》(1995年,失效)、《食品安全法》(2009年)、《食品安全法》(2015年、2018年、2021年修改)的变迁。

[3] 参见章志远:《民营化、规制改革与新行政法的兴起——从公交民营化的受挫切入》,载《中国法学》2009年第2期;于立深:《概念法学和政府管制背景下的新行政法》,载《法学家》2009年第3期。

[4] 参见于安:《论我国社会行政法的构建》,载《法学杂志》2007年第3期;张淑芳:《社会行政法的范畴及规制模式研究》,载《中国法学》2009年第6期。

法、[1]全球行政法[2]等。“中观”的跨部门行政法往往对具有一定共性的公共行政予以关注，发现和研究较大范围内普遍存在的法规范需求，从而更有可能对一般行政法产生反省、检验和促进之效。[3]

□ 传统行政法及其特点

“新旧”行政法的比较必须建立在对传统行政法特点的认知基础上。在我国传统上，一般行政法的主干由行政法基本原则、行政组织法、行政行为法、行政监督与救济法构成。其大致特点如下：

1. 行政法基本原则以法治国家、依法行政为核心展开，主要先有合法性原则、合理性原则，而后渐有法律保留原则、法律优先原则、比例原则、信赖保护原则、合法预期（正当期待）原则、正当程序原则等。这些原则或是移植继受域外、为规范我国行政而来，或是基于本土制定法（制定法本身也可能受移植理论的影响）的提炼。虽然逻辑严密的基本原则体系的共识或通论尚未形成，但以上所列为经常见诸学者笔端且影响司法实务的。

2. 行政组织法是关于公共行政组织的法规范之集合。这些规范或集中载于专门的组织法，如《国务院组织法》《地方各级人民代表大会和地方各级人民政府组织法》《公务员法》，或散见于有关各行政部门或领域的立法乃至规范性文件之中，如《银行法》对中国人民银行的规定、《证券法》对证券监督管理机构的规定等，不胜枚举。作为一般行政法组成部分的行政组织法，并未聚焦零散的公共行政组织性规范，而是以“行政主体”概念为核心，以在林林总总的行政组织形式之中定位责任主体为旨向，对行政组织进行“行政机关”“被授权组织”“受委托组织”的类型划分，附带梳理公务员、行政助手与这些组织的法律关系。

3. 行政行为法是关于公共行政组织所作行政行为的法规范之集合。由于

---

[1] 参见金自宁：《风险行政法研究的前提问题》，载《华东政法大学学报》2014年第1期；沈岿主编：《风险规制与行政法新发展》，法律出版社2013年版。

[2] 参见[美]本尼迪克特·金斯伯里、尼科·克里希、理查德·B.斯图尔特：《全球行政法的产生（上）》，范云鹏译，载《环球法律评论》2008年第5期；[英]卡罗尔·哈洛：《全球行政法：原则与价值的追问》，徐霄飞译，载《清华法治论衡》2011年第1期；于安：《全球行政法的进路——基于两篇经典文献的诠释》，载《行政法学研究》2015年第6期。

[3] 宋华琳称相近部门行政法的横向比较研究，可以抽取“中度抽象水准”的论题。参见宋华琳：《部门行政法与行政法总论的改革——以药品行政领域为例》，载《当代法学》2010年第2期。

行政行为形式多样,一般的行政行为法为总结抽象共性,对行政行为进行类型化处理,并分别结合各类行为于法律效果上的特性,形成可普遍适用的原理和规范要求。行政行为的类型论、构成/成立要件论、合法要件论、效力论、错误和瑕疵/违法论、撤销废止论、付款论等,也都是为同样目的展开的一般原理,成为行政行为法的重要内容。我国行政法上的行政行为概念,其内涵和外延远超德国法、日本法上定位于法律行为的"行政行为"。[1] 2017 年修订的《行政诉讼法》将行政组织可能被诉的行为尽收"行政行为"囊中,[2] 似乎进一步固化了广义行政行为在我国的存在。当然,广义行政行为概念之存在,与移植继受的行政行为效力论、错误和瑕疵/违法论、撤销废止论、付款论等,在我国传统上有严重的错位谬误。因为,这些原理在德国主要因出于规范作为法律行为的行政行为的需要而产生。[3] 另外,行政行为法既有实体法规范,也有程序法规范,故与民事法和刑事法领域完全不同、具有独特重要之价值的行政程序法,也可以在逻辑上归入一般的行政行为法,并与各类行政行为相勾连。

4. 行政监督和救济法是关于对公共行政实施监督并对其合法或不法侵害的正当权益予以救济的法规范之集合。在传统上,其与行政行为法并列为一般行政法的两大核心。由不同主体基于不尽一致的理论和原理展开的监督,如立法机关的监督、行政系统内部的监督(上下级一般监督、纪律监察、审计、行政复议等)、司法机关的监督(通过行政诉讼的法院和检察院监督),皆有一系列法规范予以设置和完善,包括监督主体、程序、手段、标准、效力等方面。其中,较为令人瞩目的是《行政复议法》和《行政诉讼法》。往往与监督法规范交织在一起但又有其独立意义的,则是对行政侵益造成损害的救济法规范,如《国家赔偿法》中的行政赔偿规范、散落于一些专门立法(如《土地管理法》《国有土地上房屋征收与补偿条例》)的行政补偿规范。

---

〔1〕 参见应松年主编:《行政行为法》,人民出版社 1993 年版;马生安:《行政行为研究》,山东人民出版社 2008 年版;叶必丰:《行政行为原理》,商务印书馆 2014 年版。关于德国法上"行政行为"归属法律行为的专门论述,参见赵宏:《法治国下的目的性创设——德国行政行为理论与制度实践研究》,法律出版社 2012 年版,第 98 - 99 页。

〔2〕 《行政诉讼法》(2014 年)第 2 条第 1 款规定,"公民、法人或者其他组织认为行政机关和行政机关工作人员的行政行为侵犯其合法权益,有权依照本法向人民法院提起诉讼"。

〔3〕 参见赵宏:《法治国下的目的性创设——德国行政行为理论与制度实践研究》,法律出版社 2012 年版,第 98 - 99 页。

□ 新行政法的两个进路

那么,究竟公共行政的剧烈变动直接或间接对具备以上特点之一般行政法,已经或将要形成怎样的影响或挑战呢?综观既有的研究,学者的观点各异,但大体上可分为两种进路。本文于此将其分别贴上标签为“内生增长论”和“结构转换论”。前者虽然认为一般行政法正在面临巨大挑战,需要进行较大程度的改变,但新行政法基本可以在传统框架和结构内寻求增长和变革;后者则强调传统行政法结构已很难适应新公共行政以及相应法规范的需求和变化,新行政法的适应能力和前景寄托于实现结构层面上的转换。进路对应的是观点而非学者,因为在同一个学者身上,针对不同议题,可能同时混杂两种进路。以下主要结合传统行政法的基本框架,来展开新行政法两种进路的范例观点。

1. 关于行政法基本原则

如前所述,在我国,行政法基本原则理论依时间进展而有不断丰富,但对具体原则的开发、探索,基本没有脱离传统上对“作为结果的行政行为”与既定规范的一致性进行评价的法治主义。例如,姜明安曾经撰文提出,传统行政法基本原则是形式法治,为应对21世纪的发展,应当以合理性原则补充合法性原则,以比例原则、信赖保护原则补充依法行政原则、放弃或限制“主权豁免”原则,以及以程序法治(正当程序权利)补充实体法治,从而实现由形式法治到实质法治的变迁。[1] 虽然该文尚未明确提出“新行政法”概念,却也是基于新的公共行政变迁而对应讨论行政法的未来发展。此外,戚建刚针对风险规制的兴起,提出行政法基本原则还应植入预防原则和应急原则,以回应风险规制与常态管理交融的现实需要,但其仍然是在完善行政活动的合法性评价框架。[2] 此类未摆脱原有框架的观点可归入“内生增长论”。

与之不同,同样是强调从形式法治向实质法治的转变,部分论者已经注意行政法基本原则需要在构成上进行新的奠基和打造。例如,王锡锌认为,合法性分析和合理性分析其实都是形式合法性原则,而对“行政活动结果的实质合法性分析,本质上是政治过程分析而不是法律分析,需要分析行政体制的结

---

〔1〕 参见姜明安:《新世纪行政法发展的走向》,载《中国法学》2002年第1期。

〔2〕 参见戚建刚:《风险规制的兴起与行政法的新发展》,载《当代法学》2014年第6期。

构、行政活动的程序、利益的均衡代表、利益竞争和沟通的平台、行政结果选择的理性论证等”，为此应当引进公平行政原则、开放和包容性原则、理性行政原则以及行政民主性原则。[1] 这一创新行政法基本原则之路径，已经超越行政结果合法性框架，将过去被严重忽略的现代行政重要过程——规则、政策和重大决策的制定——的“政治性”放到高亮的位置，提出与之匹配的原则。

相较于对行政过程政治性的关注而引入的原则偏重于程序、过程，朱新力等则仍然把视点放在行政结果上，只是在传统合法性之外，提出“最佳性”视角，即“面对纷繁复杂的行政事务，政府如何设计最佳的治理结构（包括组织、人员、手段、程序等）实现政策目标”。在此基础上，这一学说主张行政法基本原则体系引进行政效能原则，该原则具体包括行政活动应当遵循成本—效益分析、行政组织、手段和程序应当与行政目的和任务相匹配、行政行为应当具有可接受性等内涵。[2] 以上试图超越传统行政法基本原则定位的努力，本文将其归入“结构转换论”。

2. 关于行政组织法

在“内生增长论”的视野中，公共行政有社会组织和私人的参与，带来的是行政权行使主体的变化。行政组织法的任务就是改变对政府的聚焦和集中，转而“确定何时和如何将法律的要求拓展至履行公共职能的私人主体”。[3] 这种关注点的转移，可以通过继续在传统行政法的行政组织类型学——行政职能的“授权”和“委托”——维度上延伸发展来完成，如“通过法律、法规、规章授权非行政机关的组织行使国家行政职权”“行政机关委托非行政机关的组织行使国家行政职权”“社会公共组织根据内部章程行使公共权力”。[4] 类似地，将行政主体概念扩展包括国家行政主体和社会公行政主体，其中，社会公

---

[1] 参见王锡锌：《行政正当性需求的回归——中国新行政法概念的提出、逻辑与制度框架》，载《清华法学》2009 年第 2 期。类似地，江利红在介绍日本行政法的“行政过程论”时，也提到传统形式法治主义只关注作为结果的行政行为的合法性，而轻忽作为整体的行政过程的适当性，故依法行政原则的实质化应该包括行为的合法性与过程的合法性。不过，其未具体展开“过程合法性”的基本原则。参见江利红：《以行政过程为中心重构行政法学理论体系》，载《法学》2012 年第 3 期。

[2] 参见朱新力、唐明良等：《行政法基础理论改革的基本图谱：“合法性”与“最佳性”二维结构的展开路径》，法律出版社 2013 年版，第 7、54 – 55 页。

[3] 参见敖双红：《后现代语境下的行政管理改革与行政法》，载《国家行政学院学报》2007 年第 5 期。

[4] 参见姜明安：《新世纪行政法发展的走向》，载《中国法学》2002 年第 1 期。

行政主体等同于非政府公共组织，由授权性和自治性两类构成。[1] 如此延伸隐含的目的是传统的，即确定行政法调整的公共行政权力组织类型和范围，也就是确定哪些组织应该担纲行政法上的权力、职责和责任。

与“内生增长论”不同，“结构转换论”认为行政组织法的使命不再是框定作为行政法主体、承担行政法责任的组织及其类型，而是把所有完成行政任务的组织都纳入其关注的视野，无论任务的具体展开主要是适用私法规范还是行政法规范。这一功能主义定位的行政组织法研究，可以考虑新的行政组织类型学，如胡敏洁关于“承担行政任务的行政机关、私法形式的组织、承担行政任务的私人、承担行政任务的公营造物”的梳理；[2] 更可以考虑“公共行政组织的形态与行政任务、政策目标的匹配、公共行政组织的效能等”。[3] 其隐含目的不是确定哪些组织属于行政法调控范围之内，而是研究可以独自或合作完成公共行政任务的组织形态以及与行政效能有关的行政组织其他问题。

3. 关于行政行为法

传统行政行为法对行政行为的类型化处理，主要是出于控制、规范的目的，以行为法律效力（对个人或组织权利义务的影响力）为关注焦点，针对不同类型行为的性质和特点，提出既有共性又有差异的实体与程序要求。“内生增长论”基本延续这一思路。在我国，由于“行政行为”概念产生伊始即获得了广义空间，所以，虽然行政行为法的未来发展需要解决前文提及的严重的错位谬误，但是，其本身先天性地具有广阔的包容性。“内生增长论”承认行政目标、任务多元化以及随之而来的行政活动、手段多样化，只是更多地将新的行政活动、手段纳入传统的行政行为法体系之中，在描述这些新的行政活动、手段的特性与作用同时，概括其服务、指导、合作性质，从而区别于以往行政行为法对管理、强制的强调。[4]

与之不同，属于“结构转换论”阵营的观点认为“传统行为形式理论对行政实体政策面向关注不足，不能告诉我们什么是一个好的政策”，故其主张引进

---

〔1〕 参见石佑启：《论公共行政与行政法学范式转换》，北京大学出版社 2003 年版，第 177 页。

〔2〕 参见胡敏洁：《给付行政与行政组织法的变革——立足于行政任务多元化的观察》，载《浙江学刊》2007 年第 2 期。

〔3〕 参见朱新力、唐明良等：《行政法基础理论改革的基本图谱：“合法性”与“最佳性”二维结构的展开路径》，法律出版社 2013 年版，第 73－82 页。

〔4〕 参见姜明安：《新世纪行政法发展的走向》，载《中国法学》2002 年第 1 期；参见石佑启：《论公共行政与行政法学范式转换》，北京大学出版社 2003 年版，第 203－222 页。

规制工具及其选择理论。[1] 因为,源于西方经济学的规制理论,并不着眼于规制形式的法律效力,而是关心其实现规制政策目标的效用和过程,其对规制形式的分类往往源于实践中行之有效的规制措施,如标准制定、信息规制、事前批准(许可)、价格控制、公共特许分配、资源配置、私的规制、国有化等。西方公法学者对规制的研究也是出于类似目标、延循类似思路。[2]

4. 关于行政监督和救济法

在多数新行政法论者的著述中,对于行政监督和救济法基本未予关注。即便是认为其需要回应公共行政变迁的,也似乎未在结构性转变意义上予以阐述。例如,石佑启主张,将救济范围扩大至非政府公共组织的公权力行为、抽象行政行为和内部行政行为,并将审查标准从侧重于"合法"到"合法"与"合理"并用。[3] 这基本是在原有框架内的拓展。又如,金自宁提出,风险行政法领域,司法审查范围的扩大、司法审查规范标准的发展是不可避免的,尤其是,风险规制往往是一种基于不确定性信息、基于对未来预测的决策,传统的对行政行为合法性证成起关键作用的举证责任之适用,也存在疑问。[4] 这个观点也没有对司法审查的结构提出崭新转变的设想。本文于此将以上归入"内生增长论"。

对行政监督和救济法部分提出较为显著改造观点的,当属朱新力等的"合法性+最佳性论"。该学说将注意力落在国家责任体系(责任体系是行政监督和救济法部分在实体法维度上的核心),指出传统行政法的国家责任以负面的消极评价责任(过错原则)和追究责任(赔偿或补偿)为主,其很难适应以"有组织地不负责任"为特点的风险社会的到来。为此,该学说主张,国家责任体系需要朝国家积极承担风险保障责任方向实现转型。[5] 然而,且不论风险保

---

[1] 参见朱新力、唐明良等:《行政法基础理论改革的基本图谱:"合法性"与"最佳性"二维结构的展开路径》,法律出版社2013年版,第91-102页。

[2] 参见[英]奥格斯:《规制:法律形式与经济学理论》,骆梅英译,中国人民大学出版社2008年版;[美]布雷耶:《规制及其改革》,李洪雷等译,北京大学出版社2008年版。奥格斯在其书英文版序中提道:"本书的目标,正是在于分析和解释各种规制形式并评估它们达成公共目标的能力和过程。"

[3] 参见石佑启:《论公共行政与行政法学范式转换》,北京大学出版社2003年版,第230-241页。

[4] 参见金自宁:《风险行政法研究的前提问题》,载《华东政法大学学报》2014年第1期;沈岿主编:《风险规制与行政法新发展》,法律出版社2013年版。

[5] 参见朱新力、唐明良等:《行政法基础理论改革的基本图谱:"合法性"与"最佳性"二维结构的展开路径》,法律出版社2013年版,第137-159页。

障责任是否已经成为国家责任体系革新的基本方向，单就其观点本身而言，它们尚未展现出国家风险保障责任与传统国家责任体系在逻辑上的必然断裂，换言之，其并没有阐明风险保障责任是不可能在既有国家责任体系的延长线上获得一席之地的。故本文仍将其视为“内生增长论”的范例。

以上对新行政法诸论之综述难免挂一漏万，可对待新行政法的两种进路，在艰难的爬梳之中还是比较清晰可鉴的。接下来的问题在于：两种进路是如何形成的？“内生增长”是在什么起点和延伸轨迹上进行的？“结构转换”又是企图实现怎样的起点和轨迹的变革？当下行政法学体系转型的议论与它们是如何存在关联的？体系转型又将在什么意义上展开和完成？

■ 若隐若现的手：监控者和管理者

在新行政法的“内生增长论”和“结构转换论”进路之背后，潜藏着两个隐约可见的角色：监控者和管理者。前者以监控公共行政、使公共行政合于法律统治为主旨，而后者则关切公共行政所面对的管理任务（此处为广义的含秩序维护、福利促进、公共服务等在内的管理）、以行政目标的实现为导向。这两个角色或有交织重叠，但因其旨趣之不同，而在诸多方面的偏重上有所差异。

在行政法的成长历程之中，监控者和管理者的立场和方法一直存在，只是在不同国家和/或不同历史阶段有其各自特殊的面貌体现，在行政法学研究中的重要性也有起降沉浮。为更好地理解新行政法的两个进路，更好地应对新行政法提出的行政法学体系转型之任务，有必要将这两个角色作为理想类型予以整理和提炼，以使其各自的侧重特点更加清晰地展现出来，进一步可以研究二者在行政法学体系中进行统合的可能性与不可能性。由于篇幅关系，以下讨论限于国内行政法语境，而暂时放弃对国际、跨国、全球行政法的关切，尽管后者是全球化背景之下行政法学体系的重要组成部分。

□ 监控者：传统行政法的内在主角

前文已揭，本文所指“传统行政法”，系指 20 世纪 80 年代中后期渐趋成型的一般行政法/行政法总论体系。在其之前，无论是民国时期的行政法学，还是 1949 年以后至 20 世纪 80 年代以前我国的行政法学，都不在本文应用这个范畴的指涉范围之内。该传统有着两个非常重要的彼此交织的渊源：一是大陆法系现代行政法的知识渊源；二是1989年制定、1990年开始实施的《行政诉讼法》的实践渊源。

20世纪80年代中后期，急于走出苏联“国家法”阴影的中国行政法学者，在纷纷介绍法国、英国、美国、日本等国行政法的同时，逐渐形成了对一般行政法/行政法总论框架的基本共识，且抹上了较为浓厚的大陆法系行政法色彩。尤其是，被公认为中国当代行政法学巨擘的王名扬，在研究域外行政法的同时，参与编写了高等学校法学专业统编行政法教材——《行政法概要》[1]——的第七章“行政行为”，这个“在当时看来不起眼的一章却发展出了以后我国行政法学教材最重要的部分”。[2] 其中，关于事实行为和法律行为、抽象行为和具体行为的分类，关于行政措施内容分为命令、许可和免除、赋予和剥夺、认可和拒绝、代理、确认、证明、通知、受理、指示等各项的描绘，关于行政措施的效力要件、效力发生时间和包括拘束力、确定力和执行力在内的效力内容的论述，都烙有典型的大陆法系行政法总论的印记。

1989年《行政诉讼法》的通过，是中国行政法/行政法学发展史上的一个重大事件。在此前后，行政诉讼法的教学和研究受到普遍重视。由是，在很短的时间内，第二本高等院校统编教材——《行政法学》[3]——正式将行政诉讼制度专门作为一章写入其中。而且，该教材也不再针对不同的国家管理领域设置分论，而是对行政行为进行类型化处理，“这种变化可以说是受前一本统编教材中王名扬‘行政行为’一章影响的产物”。[4] 在“行政行为”和“行政诉讼”两个核心概念的引领之下，这一教材已经具备“传统行政法”的雏形。此后的中国行政法总论体系，在不同学者笔下有着不少的差异，且经历了1/4个世纪的演进和发展，但仍然在相当程度上继受了第二本教材的衣钵。

中国当代行政法学形成初期的移植和本土再造，给后学者留下形式上容易学习、继承和发展的体系，却不无遗憾地隐藏了形式背后的立场和方法。《行政诉讼法》作为一部对行政进行司法审查的法，其在本土的生成以及对行政法学改造的影响，肯定无疑地加强了行政法总论体系框架和内容背后的“监控者”角色。而被移植的大陆法系行政法知识渊源，在漂洋过海施加影响的过

---

〔1〕 参见王珉灿主编：《行政法概要》，法律出版社1983年版。

〔2〕 姜明安主编：《公法理论研究与公法教学》，北京大学出版社2009年版，第501－502页。

〔3〕 参见罗豪才主编：《行政法学》，中国政法大学出版社1989年版。

〔4〕 姜明安主编：《公法理论研究与公法教学》，北京大学出版社2009年版，第503页。

程中,很难让受影响者从一开始即关注其为何出生。但是,当域内外既有共性又有差异性的公共行政变迁引致新行政法,进而引发行政法学体系转型思考的时候,对中国传统行政法影响因子的来龙去脉进行考察,也就成了自然之事。

大陆法系行政法源于法国,但德国行政法先驱奥托·迈耶在吸收法国行政法知识和经验基础上,创造了其影响力超越德国、波及法国、日本和中国等许多国家的行政法总论体系。[1] 而奥托·迈耶的目标就在于克服极权国家或警察国家的弊端和建立法治国家。[2] 为此,奥托·迈耶将"依法律行政"注入行政法,强调行政的合法律性、可控性以及司法对行政合法性的控制和检验;其选定行政行为作为基础概念,关注行政行为的形式化及其可预测性与可计算性,仍旧是希望借由法的形式理性限制国家权力;而与形式法治主义相随的法教义学/法释义学,在奥托·迈耶处也表现为以行政行为为核心的"行政方式法释义学",使行政法最终发展为"行为方式——权利救济"的固定模式。[3] 因此,对中国"传统行政法"具有形塑作用的大陆行政法知识渊源,内在地就是奠基于监控者(尤其是法官)的立场和方法。

必须指出,无论是理论上,还是经验上,监控者角色的属性存在多种可能。然而,驯化国家行政权的监控目的,与行政法生成初期其他共时存在的历史要素偶然结合,形成了绵延至今仍然影响我国一般行政法体系的监控者立场和方法。具体而言,它主要有以下特性:

1. 行政法目的在于驯化、监视和控制行政权,保护个人在宪法上的基本权利。[4]

2. 依循法治原则,以代议机关的"立法"为行政权的行使设定驯化规矩,行政权由此纳入"合法/违法"的二元符码约束体系之下,而这是法律系统有别于

---

〔1〕 参见陈新民:《德国行政法学的先驱者——谈德国19世纪行政法学的发展》,载《行政法学研究》1998年第1期。

〔2〕 参见[德]何意志:《德国现代行政法学奠基人奥托·迈耶和行政法学的发展(代中文版序)》,载[德]奥托·迈耶:《德国行政法》,刘飞译,商务印书馆2002年版,第1页。

〔3〕 参见赵宏:《行政法学的体系化建构与均衡》,载《法学家》2013年第5期。

〔4〕 先于奥托·迈耶且对其完成现代行政法总论的奠基产生影响的德国行政法学者之一格贝尔"为行政法传授了决定性视角,因为他'不把法律理解为国家进行社会塑造功能的技术手段,而是把它理解为对民法中的个人自由空间进行界定,对公法中的国家权力进行驯化'。"而另一位先驱萨韦强调"真正的"行政法是和个人权利保护联系在一起的。参见[德]米歇尔·施托莱斯:《德国公法史(1800-1914)》,雷勇译,法律出版社2007年版,第532、537-538页。

政治、宗教、道德系统的独有的符码体系,[1]行政法得以具备独立于其他学科的存在价值。

3. 以尽可能中立公正的监督机制——特别是(但不限于)司法审查——保证代议机关的立法得到行政组织的遵守,确认合法、纠正违法。[2]

4. 行政组织与私人类似的活动,已受私法约束,而行政具有强制公权力性质的活动,才是属于公法范畴的行政法规训的范围,此乃法治背景下行政法之所以兴起的原因,[3]西方古老的公法、私法二元划分理论才得以适用于此、重新焕发活力。

5. 纷繁复杂的行政组织、行政行为的相关规范和制度以及从中可提炼的行政法基本原则,在一般行政法/行政法总论体系中,均受到一种监控者眼光的搜罗和整理,尤其隐含着对法院和其他监督机制审查判断行政合法/违法的关切。[4]

6. 行政法上的行政致害救济责任也纳入"合法/违法"二元符码体系之中,对应产生赔偿/补偿的"法律责任"体系,而行政的"政治责任",即原则上向人民负责,因为同以法官为蓝本的、以形式法治要求的"合法/非法"判断为任务的监控者无涉,而在行政法上的行政责任体系中缺席。[5]

7. 将行政法学作为一门独立法律学科的使命,使其从民法学中汲取营养,并与行政法驯化行政权的监控目的相结合,形成了注重形式逻辑和理性、强调整体化和体系化、主张通过法律论证和逻辑涵摄将价值予以法律化的法解释学/法教义学的方法。[6]

---

〔1〕 参见赵宏:《行政法学的体系化建构与均衡》,载《法学家》2013 年第 5 期。

〔2〕 "议会立法者授权行政进行活动,行政活动的合法性,即行政是否在议会立法的范围内行为,复又受到法院的审查。在此意义上,行政法从根本而言是由议会立法、行政活动和法院审查构成的'控权法'制度。"参见[德]何意志:《德国现代行政法学奠基人奥托 · 迈耶和行政法学的发展(代中文版序)》,载[德]奥托 · 迈耶:《德国行政法》,刘飞译,商务印书馆 2002 年版,第 8 页。

〔3〕 参见[德]何意志:《德国现代行政法学奠基人奥托 · 迈耶和行政法学的发展(代中文版序)》,载[德]奥托 · 迈耶:《德国行政法》,刘飞译,商务印书馆 2002 年版,第 119 – 125 页。

〔4〕 "法治国的模范形象要求行政法中的概念要尽可能清晰明确,并在司法上能进行审查。"参见[德]米歇尔 · 施托莱斯:《德国公法史(1800 – 1914)》,雷勇译,法律出版社 2007 年版,第 557 页。

〔5〕 关于政治责任和法律责任的区别,参见张贤明:《政治责任与法律责任的比较分析》,载《政治学研究》2000 年第 1 期。

〔6〕 参见赵宏:《行政法学的体系化建构与均衡》,载《法学家》2013 年第 5 期。

8. 行政法追求以行政合乎立法为核心的形式法治，以法治的确定性、稳定性、可预期性等形式理性要求，约束行政。由此，一般行政法/行政法总论体系基本上对具体行政目标和任务的实现不予关注，[1]其内含假定，合乎立法即可实现立法者要求行政完成的任务、实现立法者预定的目标。

以上可知，传统行政法学的体系和方法，既非无目的的随意性产物，也非单一历史要素所决定，但其最终的形成无疑是以驯化和监控行政以使其合法为核心宗旨和依归的，这一主线可以将传统行政法学的诸多其他特点串接在一起。

□ 管理者：被主流传统排挤的角色

与监控者角色不同，管理者的着眼点是如何高效实现行政任务和目标。虽然在自由民主的法治国家原则之下，行政任务和目标可以被认为是代议立法确定的，有效率地履职、完成任务，也是属于广义的"合法"，但是，立法对政府及其部门的总体目标往往是抽象的、原则的规定。[2] 行政作为立法授权的组织体，更准确地说，行政首长作为政府或部门的政治责任担纲者，作为影响具体行政的关键行动者，注定是首先关切行政目标的实现，而不是关切如何守规矩。在此意义上，管理者与监控者存在根本上的差异。

在历史上，德国行政法学的独立建立在行政学/行政政策学和行政法学的分野基础上。前者的目的是追求行政的正确性和效率性，专门研究行政权应如何实行方可确保社会需要，讲求行政效率及行政方法以求行政目的的实现，故对行政的要求是"合目的性"；后者是以法学的方式，研究行政权的运作，以使其面朝"合法性"方向。由此，"行政法及行政学不仅是分道扬镳，且在法学界分量是前重后轻。"[3]然而，这也"造成行政法被双重截肢。一方面，它和行

---

〔1〕 奥托·迈耶在打造行政法概念及其体系的时候，经常是强调形式要素、勾销目的，这符合公民社会的法治国观念，因为自由主义理性法的法律概念是形式主义的，而不是目的论的。参见[德]米歇尔·施托莱斯：《德国公法史（1800－1914）》，雷勇译，法律出版社2007年版，第546－547页。

〔2〕 例如，第十二届全国人民代表大会第一次会议审议批准的《国务院机构改革和职能转变方案》规定，国家食品药品监督管理总局（现合并为国家市场监督管理总局）的设置是为了"加强食品药品监督管理，提高食品药品安全质量水平"，其主要职责是"对生产、流通、消费环节的食品安全和药品的安全性、有效性实施统一监督管理"。

〔3〕 参见陈新民：《德国行政法学的先驱者——谈德国19世纪行政法学的发展》，载《行政法学研究》1998年第1期。

政实践以及它的前生警察学(旧的)和行政学说(新的)之间的联系被切断;另一方面,为了新专业的‘独立性’,与行政法的政治原生领域之间的联系也被消除。留下来的是对行政法进行不带实践内容的和政治中立的‘法律’陈述,其任务是进行抽象化和教义化”[1]。

可见,在对中国行政法产生移植影响的德国,与现代行政法学“独立”运动对应,警察学、行政学曾经展现管理者立场和方法。而自奥托·迈耶对行政法总论集大成之后,管理者角色就再也没有对一般行政法体系构成支配性影响。然而,这并不意味着管理者角色从此在行政法体系建构中销声匿迹了。据20世纪30年代的日本学者铃木义男研究,奥托·迈耶以后的行政法学有所谓“规范法学的行政法学”和“综合的行政法学”两条途径。前者受麦克尔(A. Merkl)和凯尔森(H. Kelsen)等实证主义法学的影响,在法学理论中排除一切目的论的以及社会学的见地,对国法规范意味的内容及其与时代思想精神的关系,都回避不予说明;延伸至行政法总论和一般行政法学,都以实定法为资料予以归纳演绎,纯技术地抽出共通法理,作为行政法解释适用的基础。而后者是对前者的反思,认为前者使法学一变而为内容空虚的形式科学,忽视背景、资料、内容等的概念论理,有使法学成为概念游戏之虞;延伸至行政法学,行政法规范的成立、存在、运用之过程,与作为其背景的社会文化不无关系,单纯论理不能对解明各分论的行政法规范获得什么意义。[2] 综上,“规范法学的行政法学”基本与具备前文所述特征的监控者角色一致,而主张对行政法规范目的、背景、作用等应同时研究的“综合的行政法学”,确实含有管理者的眼光。只是,即便“综合的行政法学”有其效用,也被铃木义男认为更适合于行政法各论之中,行政法总论仍然是论理主义合理主义占优。[3]

进入20世纪中后期,面对公共行政变迁的新现象,德国、日本等国有学者继续反思并尝试重构奥托·迈耶奠基的行政法总论。在这些努力中,总是会若隐若现地出现管理者的影子。例如,德国学者沃尔夫、巴霍夫和施托贝尔在其编写的行政法教材中明确,若要建立系统的现代行政法,就必须协调和整合

---

[1] 参见[德]米歇尔·施托莱斯:《德国公法史(1800－1914)》,雷勇译,法律出版社2007年版,第513页。

[2] 参见[日]铃木义男等:《行政法学方法论之变迁》,陈汝德等译,中国政法大学出版社2004年版,第29－55页。

[3] 参见[日]铃木义男等:《行政法学方法论之变迁》,陈汝德等译,中国政法大学出版社2004年版,第56页。

各种研究方法，其中就包括“着眼于国家任务或者国家目的的研究方法”，而“毫无疑问，只有应用行政学的方法和知识才能为行政法的问题提供面向未来的解决办法，实现公共行政的现代化。行政学应当成为行政法的基础科学。”〔1〕阿斯曼认为，法学不能满足于对个别法律规定及法律制度作诠释性整理，还必须使法律能够践行其秩序任务，行政法学也就因此必须被视为管制（调控）学；另外，法官的法律适用长期决定了行政法学方法论，但是，行政法学方法论必须同时兼具“适用（法令）导向的解释”及“制定法令导向的决定”之学术；再有，行政法若要有效执行其在社会、国家与经济上之调控任务，则行政法学必须引入自然科学、科技学、经济学、社会学等学科的知识。〔2〕日本学者大桥洋一结合德国学界自20世纪60年代开始发生的行政学与行政法学再度融合，指出传统行政法学过于关注行政的病理，而遗漏了合目的性、简易性、经济性、节约性、适时性、迅速性、对市民的关照、无形式性（灵活性）、对环境变化的适应性（制度创新）等视角，因此，有必要整合行政学和立法学以重构行政法学。而如果传统的“对法官眼中的行政现象的把握”这一立场没有变化的话，就无异于“茶杯中的风暴”。〔3〕总之，对行政任务、合目的性和效率、制度设计、行政与行政法学的融合以及法学以外其他学科知识的关注，无不折射出管理者需要的视点。

在我国，20世纪50年代初和80年代初曾经译介的苏联行政法教材，倒也反映出一种建立在全能主义国家管理学基础上的行政法体系化建构。〔4〕而行政法学于80年代复兴之时，也有论者强调，行政管理的科学化、法制化和现代化需要打破门户之见，将行政管理学和行政法学紧密结合。〔5〕但是，由于行政法学专业独立的需要以及在经济、法律等方面走出苏联影响的需要，加之当时可借鉴的大陆法系传统行政法学已经成熟，管理者视角并未在我国的行政法学研究尤其是行政法总论建构中成为主流。直到前述新行政法研究兴起之

---

〔1〕参见［德］汉斯·J. 沃尔夫、［德］奥托·巴霍夫、［德］罗尔夫·施托贝尔：《行政法》（第1卷），高家伟译，商务印书馆2002年版，第12－16、109页。

〔2〕参见［德］施密特·阿斯曼：《秩序理念下的行政法体系建构》，林明锵等译，北京大学出版社2012年版，第20、29－31页。

〔3〕参见［日］大桥洋一：《行政法学的结构性变革》，吕艳滨译，中国人民大学出版社2008年版，第57、258－264页。

〔4〕参见沈岿：《平衡论：一种行政法认知模式》，北京大学出版社1999年版，第111－124页。

〔5〕参见袁曙宏：《现阶段我国行政管理学和行政法学的历史任务》，载《安徽大学学报（哲学社会科学版）》1987年第3期。

后,许多论者开始注意到传统行政法忽视行政任务和政策目标的结构性缺失,并希望通过法解释学(所谓的传统法学方法)、社会学、政策学(行政政策学和立法政策学)等方法的结合,建构一个“应该兼容法解释功能与承担政策目的的制度设计功能的中国行政法学理论体系”。[1] 这些努力是基于对域外和国内公共行政变迁、传统行政法局限的反省和检视,也就是对监控者(尤其是司法)导向的行政法的一个反动,其中隐约有管理者的目光。

同监控者角色一样,管理者角色的属性也是有着多种可能的。苏联在计划经济、全能集权国家背景下行政法的管理者导向,有其特殊的属性,总体上已经失去吸引力,故本文不予关注。如前所述,由于监控者导向的传统行政法一直占据支配优势地位,管理者的立场和方法似乎尚未有成熟的、公认的体系。更何况,许多行政法论者在提及管理者视野时,往往奉传统行政法的监控者立场和方法为“立身之本”。[2] 所以,对管理者角色属性的提炼,较之监控者角色,更属不易。就理想类型的构建角度而言,一是需要努力将零星、散落的观点聚拢,二是需要对管理者视角予以“提纯”,剥离监控者的影响,在这个意义上,有可能留下推至极端的印象。根据域内外学者已有的学术成就,对应监控者模式的向度,本文尝试梳理管理者导向行政法的属性如下:

1. 行政法目的在于高效实现行政目标和任务,这个目的并不必定导致高度保障行政权支配地位的意涵,在民主—法治国家原则下的行政目标和任务的实现,并非必须依靠行政集权和高权,[3]但必定意味着行政法学应当面向公共行政所面临的现实任务和问题,而不能仅仅进行不带实践内容的抽象化和教义化。

2. 行政法基本原则必须有合目的性原则、行政效能原则以及行政开放、包

---

〔1〕 关于这个体系建构的愿景,参见朱芒:《中国行政法学的体系化困境及其突破方向》,载《清华法学》2015 年第 1 期。而对近年来与此相关的学术动态的综述,参见李洪雷:《中国行政法(学)的发展趋势——兼评“新行政法”的兴起》,载《行政法学研究》2014 年第 1 期。

〔2〕 例如,李洪雷指出,“行政法释义学作为行政法学的核心内容,是行政法学者的安身立命之所在,也是行政法学与公共行政学、经济学、社会学等等其他学科对话交流之‘资本’所系。中国行政法释义学体系的建构,仍应是中国行政法学研究的重点甚至重心所在,这一点不应因‘新行政法’的崛起而受到太大的冲击”。参见李洪雷:《中国行政法(学)的发展趋势——兼评“新行政法”的兴起》,载《行政法学研究》2014 年第 1 期。

〔3〕 就此而言,这个目的并不一定导致行政法平衡理论视域中主要以苏联行政法为蓝本而提炼的“管理论”。关于“管理论”,参见沈岿:《平衡论:一种行政法认知模式》,北京大学出版社 1999 年版,第 104 - 143 页。

容和参与原则等。在代议立法往往不能通过明确无疑的指令让行政执行的情况下,“合法/违法”二元符码体系已经捉襟见肘,因此需要引入:(1)合目的性原则,以使管理者在(通常是宽泛的)行政目标的框架下较为自由地选择实现目标的方案和手段;(2)行政效能原则,[1]以明确管理者高效实现行政目标和任务的标准,对其提出大致可行的效率要求;[2](3)行政开放、包容和参与原则,[3]以使现代行政的准政治角色——规则、政策和重大决策的制定——获得一个类比政治的过程和平台,促进其可接受性以及执行的高效性。

3. 行政法应该积极形塑有助于行政任务实现的行政组织架构、行政活动方式和行政过程,以使公共行政具备充分的应责性和正当性,而不是过分依赖注重行政病理分析、在事后纠纷解决中矫正行政、追究行政法律责任的司法审查。

4. 行政目标和任务的高效实现,并不依赖于公法、私法二元论,私法规范和类似私人的活动方式以及公私合作的方式同样具有助益,因此,公共行政必须充分且灵活运用公法和私法规范以及二者的结合。此外,为行政目标和任务计,高权强制的行政以及“硬法”的支持,绝非唯一的选择,柔性的、指导性的、协商性的、沟通性的规范和方式也日益受到公共行政的青睐,故“软法”的用武之地十分广阔。[4]

5. 行政组织的类型化、行政行为的形式化,都是便利人们认知繁复现象的不可或缺的学术抽象,但只要是有利于行政目标和任务实现的组织和行为形式,只要是对此起阻碍作用的组织和行为问题,都应该在视野范围之内,而不是单纯从便于司法审查的角度予以观察和研究。[5]

6. 有效的管理不可能脱离责任的缰绳。然而,一个以违法责任、侵害责任

---

〔1〕 关于行政效能原则的阐述,参见朱新力、唐明良等:《行政法基础理论改革的基本图谱:“合法性”与“最佳性”二维结构的展开路径》,法律出版社 2013 年版,第 54 – 63 页。

〔2〕 之所以称“大致可行的”,系因为行政效能原则所含的成本—收益分析(经济分析)要求并非解决行政自由裁量权问题的完美方案。参见[美]理查德·B. 斯图尔特:《美国行政法的重构》,沈岿译,商务印书馆 2003 年版,第 48 – 61 页。

〔3〕 关于行政开放、包容和参与,参见王锡锌:《行政正当性需求的回归——中国新行政法概念的提出、逻辑与制度框架》,载《清华法学》2009 年第 2 期。

〔4〕 参见姜明安:《把握社会转型趋势,加强对“新行政法”的研究》,载姜明安主编:《行政法论丛》(第 11 卷),法律出版社 2008 年版,第 9 – 10 页。

〔5〕 例见胡敏洁:《给付行政与行政组织法的变革——立足于行政任务多元化的观察》,载《浙江学刊》2007 年第 2 期。

为核心的、事后主要由法院追究的责任体系，只是树立了行政不可逾越的一部分边界篱笆，在其可以自由驰骋的天地，尤其是涉及资源配置、价值选择、利益平衡、规则设定等方面，无法形成有效指引。可如果将违法/侵害责任体系延伸介入这些地带过深，又可能阻碍行政的效率。因此，有必要既强调合目的性又富有新意的“政治责任”，以使管理者可以高效应责。

7. 当代行政经常扮演的制度设计者角色，注定其不时担负复杂的且互相套嵌的行政目标和任务，[1]而这不是仅仅依靠形式理性的法律适用即可实现的，法解释学/法教义学的方法往往对此一筹莫展。因此，行政法学面对行政的这个角色，有必要利用法政策学的方法，为其提供立法的、制度设计的思维模式，以及问题确认、议程设定、政策形成、政策合法化、政策执行和政策评估等的过程模型。同时，也就需要吸收法学以外其他大量相关学科的知识。[2]

8. 由于代议立法的局限，传统行政法过分追求形式法治，只会带来两种结果，要么是让管理者束手束脚、僵硬迟滞、削足适履，要么是让一般行政法/行政法总论被现实撞得支离破碎，而基于对行政实践的关切和对当代行政特色的注意，必须建构有助于行政目标和任务高效实现的新型法治。

通过理论上的综合、剥离和抽象，可以明显看出，以上管理者角色的属性，不是对应一个集权、高位、专制的管理者形象，而是一个在民主—法治总体框架下为人民负责、以完成各种复杂程度不同的行政任务为目标的管理者。它所导向的行政法是对传统监控者立场的检视。它的核心宗旨与关注焦点就是行政目标和任务的高效实现，为此，其为行政法学设计了一系列（在此不见得已经穷尽）新的属性。

■ 统合的维度与限度

两种作为理想类型的角色，是否应该和可能，在新行政法的发展之中以及行政法学体系革新之中，实现统合呢？新近，行政法学研究关于“应该统合”的呼声日渐高涨，也有不少论者对“如何统合”进行探索。只是，似乎鲜有对二者

---

〔1〕例如，教育平等目标的实现，可能涉及教育考试制度、户籍制度、社会保障制度、财税制度等相关方面的彼此嵌套关系。

〔2〕参见鲁鹏宇：《法政策学初探——以行政法为参照系》，载《法商研究》2012 年第 4 期；高秦伟：《行政过程中的政策形成——一种方法论上的追问》，载《当代法学》2012 年第 5 期。

在什么范围内可以统合、在什么范围内又不可能统合的问题予以直接讨论的。

行政法学研究与行政法学体系化是两个不同的互动场域,前者的范围涵盖后者又远超后者,而后者又是行政法学研究的核心基础。行政法学体系化是通过抽象的、在一定范围内可普适的概念、原则和教义,将零乱散处的行政法规范和制度,在形式、内容和结构上进行内在具有统一性和一贯性的整合,使其成为一个无矛盾的、和谐的有机整体。[1] 而行政法学研究的任务除体系化以外,还要应对大量行政法具体规范的适用(解释)和创制,以及对行政法学方法论、行政法历史等的观察和思考。本文为论述方便起见,将行政法学研究大体上分为"体系化"和"专论"两类任务,"体系化"又分为"行政法分论体系化"和"行政法总论体系化",分别针对这三个方面,讨论监控者和管理者统合的维度和限度。

□ 行政法学的"专论"

此处所言的"专论",对应于"体系化"。因此,但凡与概念、原则、教义的阐述、整理及其系统性结构安排无关的专门研究,皆可归入"专论"范畴。反之,即便通常话语中所谓的行政法学专门著述或专论,只要其任务基本是体系化方面的,也就不属于这里的"专论"。[2]

在行政法学"专论"场域,监控者和管理者角色始终是并存的,甚至在有些著述中会出现相当程度的统合。行政法研究者若仅以监控者角色、对行政是否合法合规进行分析,而根本无视具体行政法规范的阐释和可能存在的局限,无视行政所面对的问题,无视行政同样需要的问题解决方案和制度设计,无视管理者角色的重要价值,那么,行政法研究者必定会在"更好行政(法)"议题上失语,且很容易被认为不切实际、不接地气。

其实,行政法学"专论"题域本身具有的问题多样性——法律适用、政策选择和制度设计等维度上皆有专门问题——的特点,注定会使研究者感觉到,简单"套用"形式抽象化的、教义化的行政法总论,对其所关注的专门问题之解决用处甚少。前文所揭铃木义男关于概念法学、纯粹法学方法不宜适用于行政

---

〔1〕 参见赵宏:《行政法学的体系化建构与均衡》,载《法学家》2013 年第 5 期。

〔2〕 例如,应松年主编的《行政行为法》、马生安的《行政行为研究》、叶必丰的《行政行为原理》、赵宏的《法治国下的目的性创设——德国行政行为理论与制度实践研究》,虽然通常也可被称为行政行为专论,但其主要工作是进行体系化整理,故不属此处所言"专论"范围。

法分论的观点，已经对此有所反映。既然这种认识由来已久，也就可以佐证监控者角色实际上并未真正支配行政法专门问题的研究，两个角色的并存乃至统合倒是常见之事。

因此，真正感到棘手的统合难题，发生在行政法学的体系化（含“体系转型”）场域。换言之，这个难题就是，监控者角色和管理者角色是否能够经过统一、综合而形成有机协调的整体，从而使传统的行政法学体系得以重塑，以适应公共行政以及相应法规范的变迁。有必要指出，此处所谓“体系化”指向任何旨在为概念、原则、教义实现有机统一的工作。诸如对行政主体、行政活动、行政行为、行政合同、行政指导、行政程序、行政责任等概念的内涵、外延、解析、原理、相应规则、相互关联性等进行研究的，即便是分散而独立的，也可归入行政法学的“体系化”。但是，由于行政法学体系化的完整表现，集中在教材或成体系专著的撰写，所以，下文将更多结合教材或成体系专著的体例，对统合的可能性进行讨论。

□ 行政法分论的体系化/转型

行政法分论与部门行政法（含“跨部门行政法”）同义。我国20世纪90年代初曾经出版“中国部门行政法系列”教材，大致有《民政行政法》《土地行政法》《工商行政法》《审计行政法》《环境行政法》《海关行政法》《公安行政法》《交通行政法》等。[1] 这些教材的编写，其体例结构在相当程度上都受到主导的行政法总论教材的影响，基本可以认为是在总论框架下“注入”特定部门法律法规的内容和解读，因此监控者角色的特性相当明显。

进入21世纪，统一规划的、成批的部门行政法教材已经不再出现，许多研究者将注意力转向部门行政法领域的“专论”问题。如上所述，在“专论”场域，同时聚合监控者与管理者的目光，已经不是问题。这些“专论”统合的结果，对既涉及法规范解释适用又牵扯政策方案、制度设计的专门问题之解决有益，但迄今尚未形成对行政法分论的体系化重构。当前零星存在的分论教材仍没有摆脱传统模式。[2] 至于未来部门行政法教材体系，是否有必要以及在多大范围内可以实现监控者和管理者角色的统合，与行政法总论体系面临的问题基

〔1〕 参见何海波、晏翀、严驰恒：《法治的脚步声》，中国政法大学出版社2015年版，第114页。

〔2〕 参见高文英：《警察行政法探究》，群众出版社2004年版；刘志坚：《环境行政法论》，兰州大学出版社2007年版；严励：《海关行政法》，中国政法大学出版社2008年版。

本一致。

不过,也有部门行政法的成体系专著,试图形成与传统行政法总论有区别的、有着该部门自身特色的体系。例如,《风险规制与行政法新发展》一书,尽管是由若干篇论文构成,但在结构上已经有意进行关切风险规制过程特殊环节、特殊原则和规范,兼顾管理者和监控者角色的安排。域内外学界和实务界关于风险规制过程由风险评估、风险交流、风险管理三个方面构成的基本共识,以及关于风险规制不可或缺的风险预防原则的讨论,都在书中有所体现。[1] 此类挣脱传统行政法总论框架的努力,确实可以使部门行政法的体系化有其自己的关注点,而不至于成为总论模子的套用产品和概念游戏。这也就意味着,各个部门行政法的体系重塑,因部门或领域而有所不同,不可能再有框架上基本的整齐划一;而且,由于体系重塑往往需要更多的共识,短期内可能形成众说纷纭的局面。

□ 行政法总论的体系化/转型

最后也是最艰难的统合问题,落在行政法总论的体系化方面。行政法总论自始的使命,就是在林林总总的行政法现象之上实现抽象化和教义化。单就抽象化、教义化任务本身及其所要实现的法体系、法秩序稳定和持续而言,其必然需要剥离纷繁复杂的目标、任务和政策,完成概念、原则和教义的高度形式化以及由此所具有的广泛适用性。否则,始终考虑因部门或领域而异且变动不居的特定目标、任务和政策,必然会使总论的体系化成为不可能完成的任务。

然而,这并不意味着监控者角色和管理者角色,在行政法总论的体系中,没有任何统合的可能性。首先,前述以适法法官为模本的监控者角色,并不是唯一的监控者。至少在原理和经验上,立法者也是一种监控者。大桥洋一指出行政法学应发挥行为规范学的作用,而行政政策学也可视为规范学,德国法学院出现"重心由面向法的适用朝着面向法律政策制定的转移"倾向。[2] 因

---

[1] 参见沈岿主编:《风险规制与行政法新发展》,法律出版社2013年版。该书体例为:第一章 当行政法遭遇风险社会;第二章 风险规制的合法性;第三章 风险评估:科学与法律;第四章 风险信息与交流;第五章 不确定性与风险预防;第六章 风险规制决策程序。

[2] 参见[日]大桥洋一:《行政法学的结构性变革》,吕艳滨译,中国人民大学出版社2008年版,第255－260页。

此，以驯化、监视、控制行政权为目标的监控者角色，其属性是可以超越法官适法而发生延伸或补充的。

其次，“高效”目的其实也是对行政提出一个可控的要求。“高效”目的所需要的、有助该目的实现的组织架构、活动方式、行政过程、法律规范等，也都可以且必须进入监控者视野，以弥补传统上其以法官为模本、以行政是否合法为审视着眼点所存在的局限。当然，任何与行政任务、目标高效实现有关的新行政和行政法现象，纳入行政法总论体系的过程，也应该是抽象化、教义化的，亦即在相当程度上抽去其与特定部门、领域和背景的关联性，而使其具备必要的普适性、稳定性、持续性以及体系的融贯性。

最后，行政法总论体系，尤其是教材体例，不仅可以而且应该将管理者的立场和方法，作为行政法学的研究方法，收入其中。管理者关切行政目标、任务的高效实现，由此对行政法原则、公共行政的组织、行政活动的形式、行政的责任、行政侵害的救济等都有其独到的观察。这种观察不局限于法解释学/法教义学的方法，而是更多地利用法政策学的方法，同时吸收法学以外的相关学科知识。总论体系不仅可以将这些方法应用后所得的抽象化、教义化成果纳入其中，更可以承认和阐述这些方法本身的意义、局限及其应用价值。

基于以上三点理由，本文认为，从行政法始终是规制行政权、行政活动的法规范体系这一点出发，行政法总论的基本导向仍然是“监控者”，只不过，未来体系转型的目标是一个经过改造的、扩宽视野的、充分考虑行政目标和任务实现的监控者角色，而不只是适法的传统监控者类型。具体而言，针对两个理想类型的统合问题，就行政法总论教材体例“所应有的内容”，[1]本文提出以下设想：

1. 管理者视野下的公共行政及其发展。行政法的规范对象是公共行政，故公共行政是什么、经历过怎样的发展、不同历史阶段的特点、现在所处的状态等，都应该有所介绍。这里的介绍应该结合行政目标、任务、模式、活动方式，以及与市场、社会之间的关系等要素，对行政进行抽象化、类型化的处理（如秩序行政、福利行政、社会行政、环境行政、风险行政、全球行政等），以凸显不同历史阶段的主要行政类型和不同类型行政的特点。

---

〔1〕 这里提到“所应有的内容”，并不意味着以往行政法总论教材体例没有此类内容，而是从理想类型角度考虑，指向传统监控者角色在逻辑上可能会忽略的内容。至于传统行政法总论教材较为常见的内容，在此不列入“所应有的内容”。

2. 多样化的行政法学问题和研究方法。研究方法的应用与所需研究的问题是相关的。行政法总论教材,应该罗列、梳理并类型化行政法学研究的问题(如法律适用/解释问题、政策和规则制定问题、制度设计问题等)和研究方法,指出各类问题、方法的特点。尤其是,需要介绍更多与监控者角色匹配的法解释学、法教义学方法及其适用价值和局限,以及更多与管理者角色匹配的法政策学、社科法学方法及其适用价值和局限。但是,法政策学、社科法学方法的应用势必与现实的行政实践密切勾连,不宜在总论教材里全面铺开。

3. 关怀行政目标、任务高效实现的行政法基本原则。我国主流行政法学说一直以来都将行政法基本原则定位于贯穿行政法之中,用于指导行政法的制定、修改、废除和实施的基本准则或原理。[1] 但是,自 20 世纪 90 年代以来基本成熟、逐渐发展的原则体系,如合法性原则、合理性原则、法律保留原则、法律优先原则、比例原则、信赖保护原则、行政公正原则、行政公开原则等,主要都是监控者角色所需要的"合法性"判断准则。指导管理者的"精简原则、效率原则、行政负责原则、行政效能原则"等,在 20 纪 80 年代有学者提出,[2] 但很快就不再作为普遍公认的行政法原则。而与这些原则类似的提法,却见于当代德国行政法教材,如"目的性原则、节约原则、经济原则、效率原则、谨慎原则和专业原则"等。[3] 这些原则之所以长期未进入传统行政法总论教材,就是因为它们在司法舞台上极少有亮相的机会。它们在政策形成、规则制定、制度设计等维度上有意义,但基本对政策、规则、制度不予审查或保持高度尊重的法官,也就不可能需要这些原则以及原则内含的、可实际操作的具体要求。然而,未来的行政法基本原则体系,是可以考虑监控者和管理者的统合的。[4] 值得注意的是,一些在部门行政法领域至关重要但尚不具备整个行政领域普适性的原则,如风险预防原则、政府对环境质量负责原则、互联网监管线上线

---

〔1〕 参见张尚鷟主编:《走出低谷的中国行政法学——中国行政法学综述与评价》,中国政法大学出版社 1991 年版,第 61 页。

〔2〕 参见许崇德、皮纯协主编:《新中国行政法学研究综述(1949－1990)》,法律出版社 1991 年版,第 107 页。

〔3〕 参见[德]汉斯·J. 沃尔夫、[德]奥托·巴霍夫、[德]罗尔夫·施托贝尔:《行政法》(第 1 卷),高家伟译,商务印书馆 2002 年版,第 16 页。

〔4〕 章剑生对应"有效率的行政权",构建了"行政效力推定原则""行政裁量合理原则""司法审查有限原则",对应"有限制的行政权",构建了"行政职权法定原则""行政程序正当原则""司法审查必要原则"。这是一次统合的努力,尽管仍需推敲。参见章剑生:《现代行政法基本理论》(第 2 版),法律出版社 2014 年版,第 90－108 页。

下避免双重准入原则,还是不宜列入行政法基本原则体系。

4. 担负行政任务的组织形态及其类型、保障行政高效的组织机制及公共治理体系。行政组织法未来的发展或可增加考虑任何担负行政任务的组织形态,如公私合作、私人行政、区域合作、部门协作等,从管理者角度对其进行类型化,阐明不同类型组织形态的价值、常见领域以及基本的法律规制(如公私法混合规制)。相关地,多元主体合作的公共治理(governance)体系,对于行政目标、任务的实现也都至关重要,总论教材可纳入评述之。当然,也需要适当厘清,若发生以这些组织形态为一方当事人的诉讼,应该如何与传统的行政机关、授权组织、受委托组织等概念和教义对接,应该定位行政诉讼还是民事诉讼,以及在诉讼纠纷中是严格适用公法或者私法还是适用相关适宜的法规范(无论公法私法)。

5. 有效实现行政目标和任务的行政活动及其过程。"行政行为"是我国行政法学中有着核心地位的概念,但在法律/法学移植和本土发展的影响之下,其内涵外延又是极富争议的。经验世界中,行政机关和其他公共行政组织赖以实现行政目标和任务的活动,内容、形式和法律性质繁复各异。有发出指令、在法律上有权要求个人或组织服从的(行政命令、行政处罚、行政强制等),有发出指示、在法律上无权强制要求服从但希望个人或组织自愿选择遵从的(如行政指导、建议、劝告、引导等),有提出警示的、但又不属于作为行政处罚或处分种类的"警告"(如约谈、诫勉谈话),有不对特定个人或组织提出强制要求、指导或警示、但会涉及其声誉的信息发布(如曝光、披露企业质量控制措施、公开"黑名单"等),有与特定个人或组织协商的(如行政合同),更有这些措施的"组合拳"(如"事前建议 + 发现问题约谈 + 责令改正 + 信息披露")。以上还只是针对特定事项的具体措施,在当代行政过程中,对经济、社会有着更普遍重大影响的是行政立法和其他规范性文件的制定、政策形成、规划或计划、发展战略、财政预算、资源配置决策、重大建设项目审批等。它们是众多具体措施的基础和依据,但经常是在具体措施落到民众头上,才被意识到其存在性。

就所有这些活动形式而言,是否必要创造一个具有统领性的概念,将其尽数收入,并在此之下,进行有意义的类型划分,再针对不同类型相应发展不同的教义?这个问题不仅关乎体系化所必需的逻辑完整性和自洽性,也关乎是否可以超越传统监控者视野下的行政行为概念、原理和教义体系。从行政法疆域自有其范围和边界着眼，主要受私法规制的活动形式，即便可以高效完成行政任务，也不宜纳入行政法总论教材予以详细论述，简单的提及足矣；只是有必要说明，这些活动形式并不能完全摆脱公法规制，否则，容易产生"公法完全向私法逃遁"的现象。这可以视为监控者和管理者角色统合的限度之一。至于其他合目的的、有效的行政活动形式，若基本受公法规制，皆可考虑予以逻辑体系化的可能性。

此外，传统监控者角色的目光主要落在作为结果的行政行为，而较少关注行政活动的全过程，尤其是影响最后结果的内部活动环节或者前置活动环节。行政法学体系的转型，应该从已有的"行政过程论"学说汲取有益成果，对行政活动过程给予全方位的关切。已有学者对此专门论述，只是更多仍然站在监控者的延长线上。[1] 本文认为，对行政过程的整体观察和检视，势必会采取管理者的立场，考虑行政任务有效完成所需要的部门间协调、上下级之间共享信息等问题，以及考虑网络化环境下行政所需要的特别活动形式和环节，如电子文书、企业质量控制的电子化与政府监管的衔接等。而行政过程的整体关注，在行政法总论体系中如何体现，值得进一步探究。

6. 促进行政应责、胜任的政治责任。传统行政法学体系的监督、救济、责任部分，自然需要对应公共行政和新行政法的变迁，进行相应的细节调整。不过，行政法总论教材的这部分内容出发点就是监控者角色。然而，管理者视野下强调合目的性的"政治责任"，还是有必要纳入一个促进行政更好应责、更加胜任的责任体系之内的。行政的政治责任，从字面上看，很容易令人联想监控者而非管理者。本文之所以反从管理者角度，去观察和讨论这一最初出发点旨在监控的责任类型，主要是虑及两点：第一，政治责任给了行政更大的空间，可以为其高效实现行政目标和任务提供更多"有约束的自由"的保障；第二，政治责任的监控与传统法官适法导向的监控是不同的，前者属于更广义的监控者范畴。一个完整的行政责任体系，应该是将法律责任与政治责任统合起来的，这样才能发挥各自的用处，使公共行政既能回应负责又能有效胜任。

■ 结　语

行政法学体系转型的学术使命在当下被提出，有着公共行政激烈变迁和

---

〔1〕 参见何海波：《内部行政程序的法律规制》（上、下），载《交大法学》2012 年第 1、2 期。

新行政法及其研究兴起的背景。在我国,这个学术使命面临三大任务:第一,更加成熟的体系化,即如何全面实现行政法学概念、原理、教义等的逻辑关联性、融贯性、统一性和整体性;第二,接地气的本土化,即如何在中国行政法的规则、制度、判例等经验基础上成就自己的体系;第三,超越传统法学局限,即如何突破以法官适法为导向的行政法学传统体系格局,回应行政法学促进行政目标、任务高效实现的需求。

本文尝试在第三项任务上进行探索。为了凸显传统行政法学体系之特点,凸显"面向行政所面向"的方法之特点,从而有助于研究未来体系转型的方向,本文努力建构监控者和管理者两个理想类型,挖掘二者各自偏重的立场、方法和向度,最终以此为基础,探讨二者在行政法学研究上统合的可能性与不可能性。建构理想类型以助讨论,有其简明高亮的优势,但也完全可能挂一漏万、疏忽复杂性。若能对中国行政法学体系转型确有丝毫裨益,乃本文之幸也。

▣ 阅读指引

1. [美]诺内特、塞尔兹尼克:《转变中的法律与社会》,张志铭译,中国政法大学出版社2004年版。

本书的主题和内容同行政法没有直接关联,之所以在此提供作为阅读材料之一,有两个考虑因素:第一,诺内特、塞尔兹尼克作为美国法社会学家,运用理想类型方法,提出了压制型法、自治型法和回应型法三种法律模式。该方法的特点是"任何社会科学的类型学"普遍具有的,类型学产生的抽象概念所涉及的经验事物往往是类型的混合,但又相对地"更接近于一种类型"(第19页)。这对我们进行行政法理论模式的探索有借鉴意义。第二,自治型法和回应型法的一些特征性要素,在传统行政法和新行政法之中似乎也有一定的对应。

2. [日]铃木义男等:《行政法学方法论之变迁》,陈汝德等译,中国政法大学出版社2004年版。

此书尤推其中铃木义男的《行政法学方法论之变迁》一文。该文经翻译后发表于1937年,虽然已近一个世纪,但对了解行政法学方法论的脉络有着重要助益。"规范法学的行政法学"和"综合的行政法学"之间的对立,也是当下新行政法探索的知识基础。行政法学人可从此文中窥知"我们从何处来,有可能往何处去"。

3. [德]施密特·阿斯曼:《秩序理念下的行政法体系建构》,林明锵等译,北京大学出版社2012年版。

施密特·阿斯曼教授是德国倡议新行政法的先驱者之一。其在本书中提出行政法既有保护人民权利的任务,也有有效执行行政的任务。这两个任务领域是反思奥托·迈耶以来德国行政法学偏重于法释义学的传统之基础。阿斯曼教授在书中对行政法体系、行政法各论、行政任务、行政组织、行政行为体系等方面的探讨,对于理解和发展新行政法有着重要的启迪。

4. [日]大桥洋一:《行政法学的结构性变革》,吕艳滨译,中国人民大学出版社2008年版。

大桥洋一教授在德国访学写作此书时,受到施密特·阿斯曼教授的"鼓励"。阿斯曼教授的《秩序理念下的行政法体系建构》一书,也由大桥洋一教授等翻译为日文。二者之间在学术上的亲缘性可见一斑。本书主张行政法学应该挣脱纯粹的"法学上的方法"的束缚,打开本系统之门,与邻近学科进行积极的交流,从而构建新的行政法体系。作者对行政过程的动态分析、对给付行政的组织、程序及法律关系的研究、对行政法学跨学科发展与国际化的展望,都是在基本方法转变的基础上完成的,展现出新行政法的一种努力。

5. 朱新力、唐明良等:《行政法基础理论改革的基本图谱:"合法性"与"最佳性"二维结构的展开路径》,法律出版社2013年版。

国内第一部系统阐发新行政法的著作。由于不同论者对新行政法的事实和规范有着不同的认识,本书作者提出的新行政法"合法性"与"最佳性"二维结构说,是迄今唯一成体系的学说。其试图将此二维结构注入传统行政法基本框架中,探讨行政法的对象、原则、主体、行为、程序、救济、体系等如何因此发生变化。该学说是否成立,有待更多检验,但实为学习和研究新行政法的必要参考。

北 大 法 学 高 阶

国际法方法论

李　鸣

关于作者

李　鸣

北京大学法学院国际法教授、博士生导师，国际法研究所所长，中国国际法学会副会长。北京大学法律系国际法专业本科，曾获耶鲁大学法学院硕士学位、北京大学国际法学博士学位（在职）。研究领域为国际法理论、和平解决国际争端。

■ 引　言

国际法方法对于学习国际法非常重要。你只有了解了方法，才会知道国际法是什么以及有什么用，才会知道如何学习、研究国际法。

我们从国际法是什么开始讲起。首先我想问有没有国际法这一事物，答案是肯定的。从国家缔结条约、相互派遣使节、参加国际组织、到国际机构解决争端等都是事实，在这个意义上，国际法可谓是客观的存在，是客观存在的社会现象。但另外，国际法又是主观的东西，它是人们对国际法这一现象的观察、认识、理解和解释的产物。有人说国际法并不存在于智力的真空，此言极是。国际法是人们脑海里的东西，是思考的结果，它作为一种知识是一个认识问题。不同的人由于价值偏好和利益偏好不同，对国际法的认识可能不尽相同甚至大相径庭，就像一千个人眼里有一千个哈姆雷特一样。

什么叫国际法方法？国际法方法可以说是考察国际法现象的视角、立场、观点、路径和用语之和，它包含五个要素。第一个是视角。从什么视角来看国际法现象很重要，比如，第三世界国家看待国际法和西方国家是不一样的。再如，中国人对主权、平等、不干涉、不使用武力等国际法原则有自己的认识。这源于民族的历史记忆。国际法传入中国后，中国人看到的国际法在很大程度上是不平等条约，是领土的割让，是领事裁判权，是租借地和势力范围。中国人讲主权，讲的是毛泽东主席所说的“中国人民站起来了”，讲的是平等、尊严，讲的是自己的事情自己管，讲的是领土不能被分割。这是他们基于历史记忆对主权的理解，当然也有现实（对抗西方遏制政策）的考虑。正因如此，新中国倡导“和平共处五项原则”。

第二个要素是立场。立场是指利益的偏好和价值的偏好，立场常常左右对国际法的认识。批判国际法学认为，法律是什么乃立场预设的。美国最高法院法官分自由派和保守派，这一划分本身就说明立场对于法律决定的重要性，哪一派成为多数就可能决定具体案件中的法律为何。

第三个要素是基本观点。由于视角不同、立场不同，对国际法的认识也会不同。把国际法视为法律原则、规则的总体是一种认识，把国际法视为政治也是一种认识，还有把国际法说成一个决策过程的。这些都是基本观点，还可以进一步发展观点。简言之，每一种方法都带有(基本)观点。正因如此，方法和理论、法理常常不太区分。当然，理论也可以比较具体，如关于国际法渊源、国际法与国内法关系的理论。所谓国际法理论应该是从整体上考察国际法的理论，它要回答国际法是什么以及国际法的作用如何等国际法的基本问题。

第四个要素是分析的路径。实在国际法学(实在法学)是用归纳法来证明法律原则和规则的存在的，即在国家实践基础上总结出法律原则和规则。而自然法学则采用演绎法。自然法学认为存在一些来自理性的原则，例如，公平、平等、正义等，从中可以演绎出来一些具体的原则和规则。实在法学是从个别到一般，而自然法学是从一般到个别，分析的路径不一样。

第五个要素是用语，实在国际法学采用一套法言法语，如权利、义务、责任等。但政策定向学采用另一套用语，如 process(过程)、power(权力或力量)、authority(权威性)。批判国际法学也有一套自己的用语，如直觉、现实主义、形式主义、理想主义、乌托邦。任何一种国际法方法或理论恐怕都要具备这五个要素。

下面讲国际法的一些重要方法。

■ 实在国际法学

讲实在国际法学可以从国际法的历史开始，因为国际法的历史在很大程度上就是实在国际法的历史。而实在国际法就是实在国际法学眼中的国际法，它主要由来自条约和习惯的用以调整国家之间关系的法律原则和规则构成。实在国际法学的传统常常被归功于荷兰法学家格老秀斯，他享有“国际法之父”的美誉。但实际上，调整国家之间关系的法律的概念出现更早，格老秀斯之前的西班牙学者维多利亚、苏亚雷斯都曾谈到过条约和惯例，并把它们视为不同于自然法、教会法的法律。但格老秀斯确实对国际法有所贡献。当时罗马法上有“万民法”一语，拉丁文是 Jus Gentium，指的是罗马帝国处理本国人与外邦人之间关系的法律。但格老秀斯来了一个“旧瓶换新酒”，用它指来自习惯、条约的专门调整主权或半主权国家等实体关系的法律。他改变了这个用语的意思，把罗马法上的一个私法概念变成了公法概念。这是他的一个贡献。谈到 Jus Gentium，还可以说说它的翻译。很多人不清楚 Jus Gentium 的英文表达，其实就是 law of nations。中文将 Jus Gentium 译为万民法，而把 law of nations 译为万国公法或国际法,这是有问题的。因为在外国人眼里 Jus Gentium 和 law of nations 是一回事,而中文里的万民法和万国公法或国际法意思并不等同。格老秀斯的另一个贡献是比较系统地梳理了新的万民法的内容,包括海洋自由、使节、缔结条约、中立等方面的规则。

格老秀斯虽然提出新的万民法,但由于深受自然法的影响,他将调整新兴的民族国家之间关系的法律视为自然法和"万民法"的结合,并且自然法更重要,构成"万民法"的基础并高于"万民法"。他因而被认为是折中法学派。用自然法和万民法两种方法来共同诠释主权国家之间的法律这一传统,在格老秀斯之后延续了大约两百年。其间欧洲大学里的国际法教席被冠名"自然法与万民法"(jus naturale and gentium),而且设在哲学系。这期间还出现了很多杰出学者,他们不断总结调整国家之间关系的条约和习惯规则,国际法也慢慢朝着实在国际法靠拢。

实在国际法学在 19 世纪下半叶战胜了自然法学成为国际法方法的独尊。原因比较多,主要是实在国际法学的唯经验论所起的作用。实在国际法学强调实践的重要性,它从国家实践总结归纳出法律原则和规则的方法,被认为符合当时对科学的认识或科学观。而来自人类理性的自然法被认为是不可知的,因而退居幕后,被打入"道德冷宫"。由于从条约、习惯总结归纳的实在国际法被认为是科学的因而是可以教授的,就像物理学一样,它进入了法学院成为一门课程,用以培养熟知国际法原则、规则的人才。

有两个证据可以说明实在国际法学的胜出。一个是 19 世纪末英国国际法学家韦斯特雷克所做的调查,他请英国的国际法教授谈谈国际法是什么,压倒多数的学者认为国际法是来自条约和习惯的规则。这说明实在国际法已成为国际法的主流,自然法已基本上被排除于国际法之外。另一个是常设国际法院 1926 年"荷花号"案的意见。常设国际法院认为,国际法是主权国家通过条约和习惯表达的旨在促进国际社会共同利益的自由意志。这是典型的实在国际法学对国际法的认识:国际法是国家的意志法,条约和习惯是法律渊源,促进国际社会共同利益是宗旨和目的。

在格老秀斯之后还有一个人对国际法的发展起到重要作用,他就是边沁。边沁为国际法做了两个贡献:一是给国际法起了 international law 的名字,这个名字逐渐取代了 law of nations 并一直沿用至今;二是提倡国际法的编纂。国际法编纂写进了《联合国宪章》,联合国还设立了国际法委员会,专门负责编纂和逐渐发展国际法。很多人都以为国际法编纂只有理论价值,但实际上,这个概念具有重要的实践意义。我在这里多说几句,以便大家更好地认识边沁对国际法的贡献。

国际法编纂主要是指对已经存在的习惯国际法(习惯法)的宣告,这意味着一个编纂文件可以包含习惯法。习惯法常常被认为是不成文法,而实际上,所谓的不成文法是以成文的形式加以体现的,这是为什么书面资料可以用来证明习惯法的存在。使馆不得侵犯是古老的习惯法,但我们可以通过1961年《维也纳外交关系公约》来加以证明。条约特别是造法性条约对于证明习惯法的存在非常重要。国际法在边沁时代是由私人来编纂,到了联合国时代改为官方编纂,而官方编纂的工具是条约。这就有意思了,因为条约本身对当事国就具有约束力。用条约编纂已经存在的习惯法,意味着条约的规定也可能是习惯法。其结果是,条约当事国要受到条约规则和条约所宣告的习惯法的双重约束。这是国际法院在1979年"德黑兰"案中的意见。此外,条约当事国还可以条约的规定同时是习惯法为由要求非当事国予以遵守。在国际法院1969年"北海大陆架"一案中,诉讼双方就提请法院对1958年《大陆架公约》关于大陆架划界的等距离线是否为习惯国际法作出判决。这两个案件都能够说明条约和习惯的密切关系。当然,条约和习惯是国际法的两个渊源,它们又彼此独立并且分别具有约束效力。国际法院在1986年"尼加拉瓜"案中表达了这个意见。

简言之,国际法的概念是由格老秀斯等人建构的。这说明,国际法是主客观相结合的东西,是学人对客观存在的国际法现象的认识、理解和解释;如果把国际法理解为万民法或万国公法,国际法的历史其实就是实在国际法的历史。国际法曾经是欧洲国际法,对我们来讲是舶来品,它是随着欧洲列强的殖民扩张传到世界各地的。

实在国际法学有以下一些特点:首先是国家中心论。例如,国家是国际法的主体,国际法是国家意志的体现,国家同意构成国际法的基础。传统上,只有国家才是国际法的主体,个人不是主体而是客体。但实在国际法学现在承认个人在国际法上具有一定地位。这主要是因为第二次世界大战后两次审判确立了个人的战争责任,以及人权条约规定了个人权利。将个人视为国际法客体无法解释这些现象。

其次是法官视角。你是谁、我是谁,这是视角问题。法官的视角会带来一系列推论，包括规则是客观、中立的，法律面前应人人平等，规则具有确定性等。实在国际法学承认规则有可能是抽象或含混不清的，但坚持这种情况可以通过规则的解释加以澄清。1969 年《维也纳条约法公约》第 31 条还规定了条约的解释规则，它要求解释条约要依据条约文字的通常意义、条约的目的和宗旨以及上下文等，以此来消除条约的歧义。从法官的视角来看待国际法，容易把国际法仅仅视为一些法律原则和规则，视为解释和适用这些原则和规则的问题，视为采用“三段论”判断行为合法性的问题；也容易把国际法研究局限于这些原则、规则的含义、逻辑关系及适用上。

最后，法言法语也是实在国际法学的特点之一。国际法采用的法言法语和国内法区别不大，主要是把个人的权利、义务和责任变成了国家的权利、义务和责任，把法律主体从个人变成了国家。这些法言法语是怎么来的？主要是借鉴了国内法，有人说主要是罗马私法或民法。经过长期发展国际法就形成了一套自己的法言法语，如协定国际法、条约法、习惯国际法等，并且它们的使用和组合是有自己“语法”的，只有符合“语法”才能形成有效且有力的论辩。掌握这些法言法语及其语法对于学习国际法非常重要。

■ 自然国际法学

自然国际法学是自然法学向国际法的延伸。有人说每个人讲的自然法都不一样，其实绝大部分人讲的自然法都是指“老天爷”给的东西。自然国际法学家菲德罗斯说自然法是造物主的产物，人类天生就有公平、平等、正义、善恶等理念，这些与生俱来的理念可以从理性和良知中发现，它们构成了自然法。霍布斯也讲自然法，但他讲的是另外一种东西。他假设了一个自然状态，认为在自然状态下大鱼吃小鱼、适者生存的“丛林法则”是自然法。但一般讲的自然法都是基于理性的自然法，是由理性而来的理念构成的自然法。自然法不是人定的，而是从理性发现的，这是它和实在法或制定法的本质区别。

自然法还讲人类良知。人类良知对于国际法的发展应该说有积极意义。国际人道法就是人类良知带来的。正是因为战争的惨烈使人类良知受到震撼，才开始有了在战争中讲人性的战争法。战争法开始主要包括救助伤病员、限制作战方式等内容，之后又发展了禁止攻击平民和民用目标等内容，因而又被称为国际人道法。

那么，为什么自然法最后被人定法所取代了呢？它过于抽象、不具体是重要原因。什么叫公平？什么叫正义？什么叫平等？这些都需要根据具体情况具体分析，需要结合具体的语境来予以解释。而人定法或意志法则可以根据社会的需要与时俱进地加以制定，并且可以制定得很具体很详尽。

关于自然法与人定法之间的关系有不同学说，有人认为人定法不能违反自然法，否则无效。也有人说人定法违反自然法仍然有效。这其实就是“恶法是不是法”的问题。纳粹德国曾制定迫害犹太人的法律，战后德国的法院裁定该法律无效。无论恶法是不是法，可以肯定的是，人定法或实在法不等于公平和正义。自然法的伟大意义就在于为实在法的发展提供了目标。刚才提到的自然国际法学家菲德罗斯曾说，自然法学家对自然法有各种各样的解释，但有一点是共同的，这就是都认为实在法必须向自然法靠拢，自然法为实在法的发展指明了方向。实在国际法通过自然法得到发展的例子有不少，人权国际法就是其一。1945 年之前实在国际法上几乎没有关于人权的规定，人权被认为是国内法主要是国内宪法问题，不是国际法问题。1945 年之后通过《联合国宪章》《世界人权宣言》等国际文件，人权开始大规模进入国际法领域，一个国家如何对待自己的国民不再单纯是国内问题，它也受到条约的规制。现在有一般性的人权条约如 1966 年的两个人权公约，还有专门性的人权条约，涉及反对种族歧视、种族隔离，禁止酷刑，保护少数者，保护妇女儿童。也出现了关于国际人权的一些理论，比较著名的有所谓三代人权的理论：第一代人权是指政府不能做什么或如何限制政府的行为，也就是公民权利和政治权利；第二代人权是讲政府必须做什么，像每个人都有工作的权利，每个人都有受教育的权利，这些都要求政府有所作为，政府要提供就业机会，要盖学校提供免费教育等；第三代人权是指发展权、和平权、生存权、环境权等所谓新人权，更多是集体权利。那么，这些权利特别是第一代人权的理论基础为何呢？不少人相信是所谓的“天赋人权”。而“天赋人权”指的就是与生俱来或自然的权利。菲德罗斯就认为，自然法能够合理解释国际法上人权的来源。实在国际法上还有一些自然法遗产，如国家基本权利和义务的概念。什么叫国家的基本权利？基本权利就是国家固有的权利，它包括国家的自保权，国家的独立权，平等权。这些权利都是与生俱来的，只要是国家就都享有这些权利。基本权利明显是一个自然法的概念。自然法的遗产还有《联合国宪章》第 51 条，它规定联合国会员国在遭受武力攻击时可以行使自卫权。这里的自卫权的性质按照宪章法文本就是“天然权利”。今天有人谈自然国际法的复兴，主要是因为人权大规模进入国际法领域，国家不再是国际法的唯一主体，尊重和遵守个人基本权利及自由也被载入《联合国宪章》宗旨之列。

■ 政策定向学

信奉政策定向学的学者也被称为“耶鲁学派”，因为这种理论或方法的创始人来自耶鲁大学。

政策定向学的视角与实在国际法学不同，它不采用法官或者律师的视角，而是采用政策制定者、决策者的视角。这让我想起郑斌教授的三个层次国际法一说，政策定向学观察国际法的视角和郑斌的学说有异曲同工之处。郑斌教授认为国际法分三个层次：第一个层次是国家自我解释的国际法。这个层次的国际法占了国际法的一大部分。国际法主要是国家制定的，国家是国际法的生产者，也是国际法的消费者。国际法上虽然有国际法院，但它的管辖权是自愿性质的，如果国家不愿意打官司，它是不能强迫国家的。因此在大多数情况下，国家适用或“消费”国际法时都是对国际法进行的自我解释，并且是有利于自己的解释，这是国际法的一个本质特点。国际法之所以常常出现“公说公有理，婆说婆有理”的情形，之所以出现双重标准问题，是因为它主要是自我解释的法律，而无论是谁，都会对国际法作出有利于自己的解释并加以适用的。

第二个层次的国际法被称为仲裁的国际法，指的是在具体情况下什么是国际法由国际仲裁机构说了算。但他认为这种情况很少见，国家之间的案子提交到国际仲裁的是少之又少，仲裁的国际法在国际法中所占比重不大。

第三个层次的国际法叫作司法的国际法，是指由国际司法机构通过案例来解释和阐明的国际法。但这样的案件也不多，涉及国家重大利益的案件就更少，诉讼当事国大部分也都是中小国家。国际法院的前身常设国际法院设立时，中小国家强烈要求赋予它强制管辖权，但大国不同意，最后达成妥协，形成了“任意强制管辖”。也就是说，一国如果愿意接受法院的强制管辖权，可以通过发表单方面声明的方式，接受法院对于某类案件的管辖权。接受不接受依凭该国意愿，因而称为“任意”。而一旦接受，法院就可能有管辖权了，即所谓的“强制”。国际法院的管辖权奉行自愿原则，它处理的案件不多，主要是其管辖权的自愿性质所致。在这一点上,国际法院与国内法院有本质不同。到国际法院打官司,首先要解决管辖权问题。1986 年国际法院受理尼加拉瓜诉美国一案。美国认为法院无管辖权,但法院坚持有管辖权,最后判决美国在尼加拉瓜的军事、准军事行为违反习惯国际法上禁止使用武力和不干涉原则。美国一怒之下撤销了对国际法院强制管辖权的接受,根本不执行法院的判决。因此,国际法不单是法院、律师眼中的法律,还是政府眼中的法律,而政府都是很现实的,现实主义又都讲力量的重要作用。政策定向学的决策者视角和郑斌教授的第一个层次的国际法乃异曲同工。

政策定向学的提出是对形式主义法律反思的结果。政策定向法学对实在国际法学和自然法学都不满意,但主要是反对实在国际法学的形式主义。它认为法律不是书本上的法,而是行动中的法,主张透过现象看本质寻找真实的法律(real law),而不被形式主义法律所困。在它看来,真实的法律要有最低限度的有效性,缺乏有效性或力量支撑的法律乃虚构的法律。

政策定向学反对将法律(包括国际法)视为客观、中立的法律。它认为法律并不自动发生效力,它是由人来操作的,包括人来解释和适用;尤其是,法律有政策目的,是以政策为导向(政策定向)的选择过程,国际法是这一过程参加者塑造的法律。

政策定向学又反对将法律视为静态的规则,认为法律不是静态的规则而是动态的过程,法律不仅存在适用的问题,还包括制定、援引、解释、评价、重订等一系列环节,法律是这样的动态过程。法律是动态过程还因为情况在不断变化,法律也要不断随之变化以满足社会新的需要。

政策定向学还反对法律的确定性,认为法律规则常常是抽象或含混不清的,并且具有相对性。例如,你说主权他就说人权;你说贸易是贸易,他就说贸易里面有人权,不能用血汗工厂的产品;你如果再说贸易是贸易,他就把贸易与知识产权联系在一起。规则的抽象性也是常见的现象。以中国和日本之间的东海大陆架划界为例。1982 年《联合国海洋法公约》规定,海岸相邻或相向国家间大陆架的划界,应按照公认的国际法通过协议来取得公平的结果。本来应该写清楚划界的规则或划界公认的国际法,结果又回到了“公认的国际法”,非常含混不清,需要进一步解释。国际法院试图进一步澄清这个问题。在 1969 年“北海大陆架”案中,法院根据公约有关规定对大陆架划界提出了意见,认为划界首先应该以相关国家的协议为准,在没有协议的情况下应采用公平原则。法院还发展了关于公平的标准，包括大陆向海底的自然延伸、海岸线长短以及岛屿分布情况等要素。实际上，在政策定向学眼中，国际法的不确定性不仅来自规则的抽象性和相对性，还来自时空的变化带来的情况的变化。

由于上述一些原因，政策定向学认为寻找并确认在具体问题上什么是法，要具体情况具体分析，因此这种法被称为“语境法”（context law）。例如，1999年北约轰炸南联盟。按照国际法，使用武力攻击他国领土涉嫌违反禁止使用武力原则；此外，使用武力必须在联合国框架下进行，要有安理会的授权或决定。所以当时有国家到国际法院起诉北约。而北约则声称动武是因为南联盟发生大规模种族清洗严重违反了国际法，并且安理会对此未有所作为。那么，具体适用于南联盟情况的国际法到底是什么？这恐怕就是政策定向学所说的语境法问题。北约轰炸南联盟之后不久，美国《国际法杂志》就轰炸的合法性问题专门举行研讨会，美国顶级的国际法教授几乎尽数出场。他们有说违法但正当的，有说违法但符合道德的，有说不合法也不道德的，还有说既合法又正当的，各执一词，莫衷一是。禁止使用武力这一公认的国际法原则遇到具体情况尚且如此，国际法的其他原则、规则在具体情况下的境遇便可想而知。语境法一说有助于我们认清国际法的不确定性，特别是立场对于国际法解释和适用的重要性。北约轰炸南联盟后成立了一个所谓“科索沃共和国”。国际法院还就科索沃独立问题发表过咨询意见。在这个咨询意见中，法院兜来兜去回避要害问题，即如何看待领土主权与民族自决权的关系，包括两者如何取舍或平衡。总之，法律是什么需要具体情况具体分析，不能简单化或一概而论。至于分析的结果如何与个人的价值偏好、利益偏好有关，甚至可以说是由个人的价值或者利益偏好预先决定的。换言之，有什么样的立场就有什么样的法律。这是批判国际法学的观点，我们稍后要讲。

政策定向学是一种建构或塑造国际法的理论。它有一套自己的描述国际法的话语，这套话语不是法律的语言，而是政治的语言。所以它认为自己是关于（about）国际法的理论而不是国际法的（of）理论。简单总结一下，它有如下要点：第一，国际法是一个过程（process），是一个从制定、援引、适用、解释、评价到重订的完整过程，其中的每一个环节也是一个过程，因此国际法是在大过程中套一些小过程，而不是我们常说的法律规则、原则的总体。第二，国际法是有目的的，近期的目的是政策，要以政策定向，无论国际法制定、解释、适用或重订，都要围绕政策进行并符合政策的要求；国际法远期目的是实现个人的八个价值;终极目的是人类尊严,国际法的制定、解释、适用等都要朝着这个方向进行。第三,国际法是一个选择的过程,是一个政策选择过程,如何选择最终要看是否符合人类尊严。第四,国际法也是由两个要素构成的,一个叫作权威性(authority),另一个叫作力量(power),两者相伴相生,缺一不可,离开了authority 的力量是强权,而缺少 power 的权威性只是虚构的法律。

关于法律两要素再举例说明。例如,强盗拿刀到商店对店主说,“把钱交出来”,这就是强权,缺乏权威性。而如果一个戴着大盖帽的收税官对店主说,“该交税了”,这就是法律,“大盖帽”是国家的象征,有权威性,其背后又有国家执法机关的支撑。再如,联合国 20 世纪 60 年代的秘书长哈马舍尔德,被政策定向学派认为最擅长国际法。因为他每次希望安理会通过决议时,总是事先私下征求大国意见,征得大国同意后他立马召开安理会会议并通过决议。有决议(authority)并且有大国支持(power),他战无不胜。

政策定向学显得很复杂,主要是用语晦涩,不容易理解。另外,它的大过程套小过程的量化分析也过于烦琐,以至于有人说它背了一个沉重的工具箱。但我们可以把它对国际法的认识化繁为简:国际法是基于权威性和力量的决策过程。你如果能够在这个基础上展开解释,对它就有了基本认识。政策定向学也是站在别人肩膀上建构的理论或方法,它是美国国内现实主义法学在国际法上的反映,并且吸收了自然法学的营养,所谓人的价值、人类尊严都是自然法的内容。可以说,它是自然法学和现实主义法学的结合。

我现在比较关注国际法如何为“一带一路”建设服务的问题,政策定向学对于思考这样的中国国际法问题是有帮助的。改革开放初期,因为要改革开放,要把别人“请进来”,要吸引外资,要与各国交往、合作,因此国际法就成为必需。当时我们对国际法采取的是拿来主义,实际上是接受了以西方为中心的国际秩序。到了 2000 年,为了跟国际接轨我们作出几十项特殊承诺,最后才以加入方式进入世贸组织,而加入意味着参加别人塑造的一个秩序。而“一带一路”是什么呢?是“走出去”、是在中国成为第二大经济体或实力极大提升的时候中国对外的一个倡议。这要求我们积极地拥抱国际法而不能再被动地接受国际法了。我们必须要有自己的国际法主张和方案,要更好地运用现有的国际法原则、规则并努力改进其不合理不公正之处,我们也有能力这样做。我现在认为,我们要做的一件重要的事情是跟沿线国家专为“一带一路”倡议的实施缔结双边条约,以便更好地保护我们的海外利益,包括我国公民人身和财产的安全。当然中国讲“双赢”,双边条约也要体现别人的利益,要保护当地的劳工权益和自然环境。为什么要专为“一带一路”建设缔结双边条约?道理很简单。我们既不干涉内政,也不使用武力,更不输出革命,而沿线国家的政府时有更迭,和我们关系好的政府说话可能算数,而反对派一上台可能就翻脸,撕毁合同甚至逮捕我国公民都有鲜活例子。在这种情况下,如何保护我们的利益呢?恐怕只能依靠国际法,依靠详细规定我们的权利的双边条约了。条约是有约束力的,其约束力不因政府更迭而消失。我们不仅可以以双边条约为依据,要求对方切实保护我们的利益,还可以在对方违约时采取反制措施。历史经验表明,双边条约是保护投资国、贸易国的比较有效的手段。改革开放后西方国家和我们的合作,基本上都是通过双边的投资保护协议打前阵的。美国建国后跟外国发展贸易关系,也一直依赖于双边的通商、友好、航行条约。双边条约不仅具有权威性,而且对较强一方更有利,较强一方有力量谈判并实施对己有利的约文。

国内学者现在开始关注中国的国际法理论创新,有人把人类命运共同体与这一创新联系在一起。这当然没问题,关键是如何创新?你如果想结合人类命运共同体创造或创新国际法理论,恐怕要借鉴自然法学特别是政策定向学。自然法学和政策定向学都是目的法学。自然法学是将公平、正义等理念作为法律发展的方向,而政策定向学则以政策(近期)和人类尊严及其八个价值(远期)来引导整个法律过程。构建人类命运共同体也是一个过程,而人类命运共同体作为一种理念是这一过程的目的,它由持久和平、普遍安全、共同繁荣、开放包容和清洁美丽五个价值目标构成。结合人类命运共同体创造中国国际法理论,起码需要阐明实现人类命运共同体理念及其价值目标的国际法原则、方法和程序。这实际上就是一种目的法学,需要采用目的法学的方法。

■ 批判国际法学

批判国际法学(批判法学)我 2013 年才开始接触。当时我们国际法有几位老师访问赫尔辛基大学,认识了批判国际法学的大家科斯肯涅米(Koskenniemi)教授,我们一块儿开研讨会,他的发言给我很大冲击和启发。他用了一些幻灯片、配了几个单词对国际法做了一个叙事。大概是这样:第一幅幻灯片是西方殖民者端着枪前往东方国家；第二幅是东方国家对殖民者进行抵抗；第三幅是东方国家打不过西方殖民者的坚 船利炮；第四幅是东方国家被迫签订条约；第五幅是东方国家转而学习西方，派留学生留学；第六幅是留学回国者学了一套外国的理论。科斯肯涅米确实很聪明，他用这样一个简单的叙事就把国际法的欧洲中心论说清楚了，把国际法的本质说清楚了，同时还点到了视角对认识国际法的意义：东方国家和西方列强对于国际法的认识不一样，前者是被迫接受国际法的，国际法被它们视为不平等的来源，而后者是把国际法作为自己的政策工具来使用的。批判法学让我更加清楚地认识到视角对于理解和解释国际法的重要性。一个穷人和一个富人看到的世界是不一样的，小国弱国和大国强国也是如此。

我最近总结了批判法学的视角，叫作“鲁迅的视角，冷眼看世界的视角”。批判法学是要战斗的，是要反对不平等的世界，是要寻求公平正义的。这就是为什么它衍生出女性法学、批判种族主义法学、第三世界国际法学。有一位英国的国际法教授(应该是批判国际法学的同情者)提出，要把人类从苦难中解救，要消除贫困，消除酷刑，消除人剥削人、人压迫人的现象，消除对弱者不公平的待遇。这应该是弱者的国际法视角，是弱者认为国际法应做的事情。因此，批判法学从根本上讲是弱者的视角，所以才能衍生出女性法学、批判种族主义法学和第三世界国际法学。

批判法学是对主流国际法学的反思，是通过描述国际法的事实来揭露国际法的本质，暴露国际法的问题，是一种解构的方法。而政策定向学是建构，它建构的一套理论是在反思基础上沉思的结果。批判法学认为国际法的本质是政治，是大国推行政策的工具，是欧洲或西方中心的国际法，力量深刻影响国际法甚至左右国际法过程。中国入世的谈判代表龙永图先生曾经介绍过WTO一些回合的谈判。他说基本上都是重要贸易国在开会，而小国则在外面喝咖啡等待签字。这说的也是政治或力量对法律的影响。但批判法学似乎更强调政治在国际法的解释和适用过程中的作用。实在国际法学认为法律制定以后法律就是法律，与政治无涉。但批判法学则说，在法律的解释和适用过程中，斗争仍在继续。这话太精辟了，它讲的是政治斗争贯穿于国际法的整个过程，讲的是国际法是斗争的工具。我们讲国际法常常局限于其交往和合作功能。交往和合作肯定是国际法的重要功能，这没有问题。但是我们还要看到国家之间的冲突，看到它们的斗争和博弈。这两方面的功能国际法都有。国际法是追求和捍卫自己利益和价值的工具。

科斯肯涅米认为国际法的本质是政治,国际法是为政治辩护的法律话语,是以法律形式表现的政治,是国际法律论辩术(international legal argumentation)。国际法是法律论辩术是指谁都可以利用国际法,国际法是谁都可以利用的工具,它对大国和小国都有用。国际法之所以是法律论辩术,是因为法律规则具有相对性。在规则的相对性这一点上,它和政策定向学看法一致,不过相比之下讲得更深刻一些。它从语言学上考察了规则的相对性问题,认为词语都是成双成对的,这些成双成对的词语是辩证关系,既相互对立又相互依存,如战争与和平,好与坏,善与恶。而彼此相对的词语又谁也离不开谁,没有战争就无所谓和平,离开了好哪儿来的坏,没有善就谈不上恶。从语言学上解释规则的相对性令人称奇。

和政策定向学一样,批判法学认为法律论辩是一个如何选择法律语言和规则的过程。但它又进了一步,认为如何选择是由决策者的立场包括其价值及利益的偏好预先决定的事情。美国最高法院的自由派和保守派法官,完全是根据他们的政治、道德立场来划分的。立场决定法律是什么,直截了当,不像政策定向学还有所掩饰。批判法学和政策定向学很类似,但前者是解构,是曝光;而后者是建构,是重新塑造国际法。

■ 结 论

首先,国际法方法是多元的,不存在唯一的方法,如何观察、理解和解释国际法也没有绝对的"真理"。实在国际法学不是解释国际法现象唯一的方法和绝对真理。

其次,多元的方法有助于我们全面、深入理解国际法现象,能够帮助我们开阔眼界。

再次,国际法研究的范围应该很广,不限于所谓的法律"legal"问题。我们可以研究国际法原则、规则背后的东西,可以研究其本质特征,可以研究其目的或功能。此外,我们不仅应该研究国际法的今天,还应该研究国际法的昨天和明天,因为三者密切相关。我们不能作茧自缚,把国际法的研究局限于阐明原则、规则的意涵、适用范围以及合法性问题。我们要有所突破。在这方面,批判法学还有政策定向学都给我们以启发。

最后，学习、研究国际法，形式主义、现实主义和理想主义缺一不可。所谓形式主义是指形式的国际法或国际法的法律形式。学习国际法必须掌握用法律语言表达的国际法原则、规则和程序，明白它们的意思，清楚它们的用法，提高组织和运用它们的能力。所谓的现实主义是说，不能割断国际法与政治、道德的联系。国际法要想接地气，要想有用，就不可避免地跟力量、利益、价值挂钩。如果说政治是权力追求利益和价值的过程，那么它一定会贯穿于并深刻影响甚至左右国际法的整个过程。但国际法还是要有自己理想的，否则就可能沦为强者的附庸。国际法如果想不断接近正义，就一定要有某种价值和利益的目标追求，理想主义对于国际法也不可或缺。但关键是这三个主义如何结合，"度"在哪里。这恐怕又要问"我是谁"，"我的理想为何"。

▣ 阅读指引

◻ 经典著作

1. R. Jennings & A. Watts (eds.), *Oppenheim' International Law (Nineth Edition)*, Addison Wesley Longman Inc., New York, 1996.

   《奥本海国际法》是实在国际法的经典著作。詹宁斯和瓦茨修订的第九版保留了原书的精华，也反映了"二战"后国际法的一些重大发展。该书对实在国际法原理的精辟而简明的论述，至今无人超越。它需要精读，细细品味，其注释也很丰富，为研究国际法提供了基本的资料索引。

2. M. S. McDougal & M. Reisman (eds.), *International Law Essays: A Supplement to International Law in Contemporary Perspective*, The Foundation Press, 1981.

   这本论文集包含政策定向学创始人麦克多格尔和拉斯韦尔以及该学派现掌门人瑞斯曼的一些重要论文，涉及对政策定向学本身的论述，以及运用这一方法对国际法一些重要问题的分析，它对于了解政策定向学很有帮助。

3. M. Koskenniemi, *From Apology to Utopia: The Structure of International Argument* (*Reissue with New Eilogue*), Cambridge University Press, 2005.

   批判国际法学的一部重要著作。科斯肯涅米根据国际法律资料(主要是国际法院案例和学说)，对国际法一些基本的相对的概念和规则作了解构分析，指出国际法结构上存在问题和偏见。该书对于了解批判国际法学不可或缺。

4. M. Koskenniemi, *The Gentle Civilizer of Nations: The Rise and Fall of International Law 1870 – 1960*, Cambridge University Press, 2004.

国际法史著作，但与努斯鲍姆的《简明国际法史》明显不同，它主要是从国际法思想史的角度讨论国际法历史，并且触及西方中心的国际法本质。它是学习国际法史的必读书。

5. [奥]阿·菲德罗斯等：《国际法》(上下册)，李浩培译，商务印书馆1981年版。

自然国际法学家菲德罗斯主要用德语写作本书，李浩培先生把他的这一著作介绍到国内，对不懂德语的国际法学人了解菲德罗斯的思想帮助很大。

6. [美]阿瑟·努斯鲍姆：《简明国际法史》，张小平译，法律出版社2011年版。

用实在国际法方法撰写的一部基础的国际法史著作，有助于我们了解实在国际法如何从格老秀斯时代开始一路发展壮大。该书的英文版简明易懂，中英文版可以对照学习。

7. 万鄂湘、王贵国、冯华健主编：《国际法：领悟与构建》(W. 迈克尔·赖斯曼论文集)，法律出版社2007年版。

由于用语比较晦涩，政策定向派的论文不太容易理解。瑞斯曼(又译赖斯曼)教授的这本论文集以中文刊行，方便了国内学人了解政策定向学的精髓。

国际法英文学习网站

1. 联合国国际法视听图书馆(UN Audiovisual Library of International Law)，网址：https://legal.un.org/avl/lectureseries.html.

联合国主办的国际法视听学习网站，分领域由不同的专家学者进行专题授课，适合国际法研究生以及想深入学习国际法的本科生。授课语言为英文或法文。

2.《欧洲国际法杂志》博客 EJIL: Talk! – Blog of the European Journal of International Law，网址：https://www.ejiltalk.org/.

知名国际法期刊《欧洲国际法杂志》的博客，注重时效性，是世界各地学者对国际法热点事件进行讨论的平台。适合对国际法热点问题有兴趣的学生。

3. Opinio Juris，网址：https://opiniojuris.org/.

国际法学者讨论国际法学术问题的一个综合平台，既有对最近热点的讨论，也有对国际法经典问题的辩论，注重追踪最新的国际和国内司法实践。

4. Lawfare Blog，网址：https://www.lawfareblog.com/.

"法律战"博客，重点关注国际和平与安全问题，追踪与冲突地区有关的国际法实践。

5. 国际法观察家(International Law Observer)，网址：https://internationallawobserver.eu/.

侧重对国际法理论问题的讨论，注重搜集国际法学界动态，包括国际法期刊的征稿启事、最新目录以及国际法博士招生信息等，为国际法不同领域的学习提供了相关参考文献。

北大法学高阶

从零思考公司法修改

彭　冰

彭　冰

北大法学院教授、博士生导师，北京大学金融法研究中心主任，主要研究领域为金融法、证券法和公司法。

■《公司法》修改的必要性

□ 各国《公司法》频繁修改

我们可以放眼全球,看看其他国家和地区。

美国是普通法国家,也是联邦制,公司法属于州法,基本上有两个来源,一个是特拉华州的公司法,另一个是《标准公司法》。特拉华州公司法虽然颁布有成文法,但主要依赖于特拉华州法院的裁判。它的公司法经常修改,因为法院在不停地作新的裁决。特拉华州公司法成功的要诀是有很好的公司法法官,每一个重要判决都会引起学界争论——隔三差五,特拉华州法院的公司法判决就会引发讨论,这就相当于在修法。而如果大家看《标准公司法》就会发现,ABA 美国律师协会下属有一个专门委员会,该委员会每隔两三年、三四年会检讨一遍《标准公司法》,看看哪些地方需要修改。

日本《公司法》经过几次大的改造,历史很长,2005 年之后从原来所谓的学德国的大陆法公司法模式转变为美国模式。自 2005 年日本《公司法》大修之后,其《公司法》几乎每两年要改一次,也有专门的委员会负责研究修改事宜。

为什么公司法要频繁修改?道理跟证券法的修改一样,因为其面临一个很活跃的实践这个法律的团体——商人组织。商人们都很活跃,他们频繁创新,而这些创新需要得到法律支持,所以需要不断调整公司的相关法律规定来对实践进行确认。实践对法律供给有巨大的需求。同时,因为法律规定也可能对商业实践造成阻碍,增加商业运营成本,在全球化国际竞争环境下,各国也希望能够修改法律,减少对商业的阻碍,创造更好的营商环境,以发展本国的商业、吸引更多资本,促进本地的或者本国的经济增长,典型就是在美国发生的公司法的州际竞争。美国公司法是州法,各州都通过修改公司法来吸引企业注册,最终造成公司法的竞争。当然,在美国公司法理论上这也是一个最经典的争议:这个竞争到底是好还是坏,竞争的结果是公司法规则更完善还是更偏向某个利益集团?不过大家都承认,现实是特拉华州公司法在竞争中胜出。

其他国家因为不一定采用联邦制,所以并不存在国内法层面的竞争。欧盟在 2000 年以后有一些判例承认公司注册地和公司实际经营地可以分开,等于承认了欧盟中不同国家的公司法是可以竞争的,所以在欧盟层面颁布的一系列公司法指令,只规定了底线,而各国国内法可以在这底线上自己作更多的规定。所以公司法在欧盟成员国层面可能会形成竞争。

日本为什么频繁修改《公司法》?其认为,传统的大陆法系公司法并不利于商人创业,所以日本在2005年毅然学习美国法。日本《公司法》将近百年的历史都是大陆法德国法传统,但2005年改成英美法传统尤其是美国法模式,显然是它认为这种模式在全球化国际竞争中有利。

□ 中国《公司法》修改的窘境

回到中国,中国《公司法》处于很尴尬的局面。

中国《公司法》1993年颁布,1994年实施,到目前为止改的次数不少,但重要的修改只有两次,一次是2005年与《证券法》同时修改,另一次是2013年在注册资本制上采用了认缴制。之后也有一点点小修改,2018年改了股份回购,最后只改了第142条这一个条款。

那中国企业没有对《公司法》修改的需求吗?当然不是。中国《公司法》在实施中面临很大的尴尬局面:中国大部分企业——按照统计数据,2018年年底,所有经过工商注册的商事组织将近1亿家,其中包括3000多万家企业、7000多万个体工商户,这3000多万企业里真正遵守《公司法》的有多少?我认为,其中4000多家上市公司大概是要遵守的,因为有证监会和交易所在监管。但这4000多家上市公司里真正遵守《公司法》的又有多少呢?遵守《公司法》中关于董事信义义务的又有多少呢?根据我的观察,大概100多家。为什么这么说?因为中国《公司法》中的核心内容(三会程序),主要针对的是股权分散的股份公司(所有权与经营权分离的公司),而中国4000多家上市公司里股权分散的公司只有100多家。换句话说,中国《公司法》跟现实差距很大,因此我们企业其实对《公司法》修改的诉求很高。

可现实中《公司法》修改的进程也很尴尬——我们刚刚改了《证券法》,《公司法》修改程序也启动了,但到底什么时候能改还不知道。为什么?因为中国立法程序一定要有一个机构在背后强力推动,这个程序才能顺利进行。《证券法》背后有中国证监会在推动,很多法也都有相应的机构。《证券法》修改于2014年启动,2015年4月提交一审稿,但2015年6月股市发生了异常波动,修法的事就搁置下来了。一直到2017年,在2017年《证券法》修法程序快要到期时,相关部门匆匆提交了一个二审稿,等到 2019 年又要到期时就又提交了一个三审稿。三审稿公开征求意见大家才开始讨论《证券法》的修改。不到一年,2019 年 4 月公开征求意见,2019 年 12 月底《证券法》修改四审通过。总体来看,这次《证券法》修改是一次很匆忙的修改,其真正展开讨论时间不到一年。

回头看《公司法》修改。《公司法》修改的最大困难是没有一个主管机构,没有谁对《公司法》负责,没有谁有动力去推动《公司法》的修改。唯一一次例外是 2005 年。2005 年证监会主导《证券法》的修改,但这是因为 1998 年《证券法》在体例上与《公司法》纠缠不清,股票的发行、上市等内容都规定在《公司法》里面。证监会认为要修改《证券法》也必须同时修改《公司法》,因为不改《公司法》,股票发行、上市条件等都没法修改,《证券法》也不完备。所以 2005 年这次修改是《公司法》和《证券法》联动修改,背后是中国证监会推动的。这次修法之后,《公司法》与《证券法》的关联就不是很大了。2018 年证监会又推动修改了一次《公司法》,但只改了关于股份回购条文。而现在《公司法》修改面临的窘境就是没有什么机构在背后推动。

因此,对于修改《公司法》,尽管现实中有需求,但其实背后没有一个有力的机构在推动。名义上讲,市场监督管理局负责企业注册,它应该有一定的动力,但原来的工商总局变成了市场监督管理局之后,其主要工作是在反市场不正当竞争、反垄断方面,对企业组织层面关注不多。特别是注册资本制度的改革要求他们放松监管,所以他们的修法动力非常不足。

因此,《公司法》修改在中国很尴尬,没有一个有力的机构来推动,也就没有办法及时回应市场和实践的需求。这和《证券法》不一样,《证券法》在法律层面有证监会推动修改,即使在立法层面解决不了,证监会也会通过规章、指导性文件对现实予以积极的回应。《公司法》没有这样的机制,尽管看起来其比《证券法》更基础、更应该回应现实中的需求,但现实不是这样:我们在《公司法》修法层面没有一个有效的反馈和实施机制。

□ 修改的态度:从长计议、战略思考

《公司法》修改的机会来之不易,这次全国人大主动把它列入立法规划。所以这次修改应该是一个机会。但我认为从学者角度来讲,要把眼光放长远,为什么我提"从零思考公司法修改"? 因为我越来越认为,法律条文具体怎么

写虽然很重要,但这些其实都是暂时的,都是可以修改的。立法者写一句话、修改了几个词,就可能废掉了半个法律图书馆。更重要的是观念的变化。从长期来看,最终能够影响实践的是观念,是人们的认识,不是具体的某个条文,条文可以是不断变化的。

"从零思考"的意思是应该从整体上或者从长期、从根本上想清楚我们到底要什么样的《公司法》,即《公司法》到底要解决什么样的问题,而不是具体纠结于某些技术性问题。"这个条款怎么写""注册资本是实缴还是认缴""资本维持原则、回购、对赌条款的效力",这些现实中的问题每天都吸引着大家的眼球,有很多口水争议,但问题是法条变几个字就不是问题了。比如,《公司法》第16条是关于公司对外担保的规定,有关该内容的论文已经有几百万字,核心期刊轻易也能搜到,但有什么意义吗?如果这次修法时随手改一下,比如,像1983年之前我国台湾地区的"公司法"那样规定不许公司对外保证,[1]该问题就能得以解决。那所有以前的争议是不是都没有意义了?但公司需不需要对外提供担保呢?为什么可以对外提供担保或者一定不能对外提供担保?我认为,没有什么根本性或者不可辩驳的理由一定要、一定不要,它只是一个规则,在现实中哪个规则更好用就可以使用哪个。我国台湾地区的"公司法"一直到1983年之前都是不允许公司对外提供保证的,而这并未给其经济带来负面影响。目前,大陆公司对外担保产生了许多问题,带来了许多纠纷,造成了很大的经济成本。我们2015年之前一直禁止企业相互借贷,但允许企业对外相互担保,而现在允许企业临时相互借贷,又反过来限制企业对外提供担保,这不是很奇怪吗?所以我觉得还是要回到根本性问题,从长期来思考到底需要什么样的公司、什么样的《公司法》。

这是我要讲的第一个问题,就是是否应该有一个《公司法》立法修改的回馈和实施机制,从而能够及时回应社会需求。对学者来说,是不是启动修法其实并没有太大的影响,因为学者们讨论的只是根本性的观念问题。这个从长期来看才会有意义。按照凯恩斯的说法,"那些经济学家和政治哲学家们的思想,不管是对是错,其影响力都被大众所低估了。没错,世界的确由少数人统治。自以为不受知识分子影响的'实干派',大多不过是一些已故经济学家的

---

〔1〕在1983年修改之前,我国台湾地区"公司法"第16条规定:"公司除依其他法律或者公司章程规定以保证为业务者外,不得为任何保证人。"1983年11月,该条被修改为"公司除依其他法律或者公司章程规定得为保证者外,不得为任何保证人"。

奴隶”。《公司法》也一样，或者以前的法律也一样，我们在立法的时候脑海中是有某些理念的，认为公司是一个实体还是认为公司就是股东的财产这种理念，决定了立法的时候怎么立、执法和裁判的时候怎么解释法律。从长期来看，我们要形成的是某种关于公司的理念。

■ 为什么需要公司法

第二个问题，怎么“从零思考”？我认为应该问一个根本问题，就是为什么需要公司法？这个问题讲起来好像理所当然，但仔细想一想中国曾领导全球经济一千多年，1500 年之前（明朝中期）中国就是全球领先的经济体，可那时候有类似公司法的东西吗？没有。有经济组织吗？有商业组织吗？肯定是有的。但没有公司法，经济不也很繁荣吗？那公司法有什么必要呢？我认为，我们当时肯定是有合同、财产之类法律的，但好像没有商事组织的专门法。而在西方，在罗马法中有合同、物权，其有千年以上的历史，但现代意义上的公司法是什么时候才有呢？1844 年英国《公司法》被大家认为是现代公司法的起源。1844 年，英国已经完成工业革命了，这时候才有《公司法》。也就是说，在英国开展工业革命、经济腾飞的时候，英国还没有公司法，或者即使有，也不是我们现代意义上的公司法。那公司法有什么用？公司法的这些条款写下来有什么用处，为什么要写？

有两种解释。第一种解释是公司法是一种标准合同范本，换句话说，公司法就是契约模板，总结了大家的日常商业安排，规定在公司法里，都是非强制授权性的，大家可以选，可以不选，这是最自由化的想法。自由派公司契约这套理论认为公司法就是一个合同模板，可以节约大家的缔约成本——大家不再需要起草复杂的各种合同，而是直接适用公司法，除非有特殊需求，在章程或者合同上另外约定。但如果是这样，这就不需要立法，制定合同范本，就解决了。我不太赞成这套理论：因为如果这个理论能成立，就不需要立法了。

所以我一直认为还有第二种解释思路，就是公司法上的有些安排恐怕必须通过立法才可以实现。这些安排不能通过合同来处理，或者是因为合同具有相对性，或者是因为缔约和执行成本太高。这些公司法上的特殊安排都有哪些，我也在思考，并不能完全列举出来。

□ 有限责任制度

可以先举个例子。大家都很熟悉有限责任制度,股东有限责任是《公司法》规定的一项特别权利,很重要。但其实有限责任制度符合上述第一种公司契约解释理论。为什么呢?因为有限责任是可以用合同规定下来的。假设几个人准备成立一个公司,但觉得应该设立股东有限责任,那很简单,这些人可以要求公司在和所有交易对手交易时,都在相关合同里附上一个股东有限责任条款:告知交易对手其是在与公司交易,其对公司的债权只能在公司财产里得到偿还,不能要求股东还钱。只要把这个条款写入所有公司对外交易合同里,就能形成一个有限责任的保护,不需要《公司法》特别规定。而《公司法》把它写下来,只是因为要求公司将其作为必备条款写进每个合同太麻烦了,不如直接规定在公司法里面作为默认条款。而如果有人不愿意适用,可以在合同中明确规定股东要对公司债务提供担保。

现实中,有限责任被写进英国《公司法》是 1855 年。在此之前,1720 年英国通过了《泡沫法案》(与《公司法》有关的法案),规定除国王和国会特许,任何人不得设立 7 人以上的股份公司。但大量的商人没有办法拿到这个特许,所以他们就用订立信托契约的方式成立所谓的合股公司(joint stock company)。但合股公司因为没有法律规定,不能享受有限责任保护。这些商人就采用前面提到的方式,在合同中明确写明有限责任条款,从而在现实中享受有限责任的保护,不需要《公司法》规定。所以有限责任不是一个公司法必须有的条款,公司法之所以规定它,是因为它符合公司契约理论。即通过公司法的规定,让股东自动享受有限责任保护,不需要公司在与每一个交易对手做交易的时候都在合同上写入一个有限责任条款。从这个角度来讲,有限责任就不是公司法必备条款,公司法规定它只是为了节约交易成本。

□ 法人人格制度

但反过来还有一个条款,就是规定公司具有法人人格,这个条款是公司法必须规定的,是法律才能规定出来的,不是合同可以约定的。假设,某个股东的出资是一套房产,如果没有法人人格制度,这套房产就只能规定在该股东名下或者规定在所有股东名下——所有股东共同持有该房产,因为公司不是独立主体,不能登记为房产所有人。当因为发生房产纠纷去起诉或者应诉时,这个主体只能是房产所有人，也即只能是原股东或者所有股东。那怎么以公司的名义去起诉、应诉呢？这只能由法律规定。法律可以明确规定经过什么样的程序，可以成立一个具有法人人格的主体，这个主体可以持有财产，可以起诉、应诉，可以独立去缔结合同。所以，类似这样的条款——独立人格制度——就是《公司法》必须规定的，有限责任反而不是。[1]

还有其他类似条款吗？例如，公司内部的治理结构。现在规定公司必须有“三会”，股东会、董事会、监事会，这是强制性的。但这个强制性规定有必要吗？我觉得值得讨论，看起来似乎没有必要。尤其是监事会和监事的设置，从全球来看我们的设置是比较特殊的，美国法上没有，德国法上的监事会也是个董事会，而且是上层董事会，与我国不一样。日本有监事会，但日本监事会权力最大，与我们国家恰好相反。从这个角度来讲，三会设置、公司内部治理结构的设置到底是《公司法》的必然产物，还是路径依赖（政治或者其他原因）导致的？《公司法》有很多条款可能会受到其他因素的影响，这些影响我们也没法消除，但到底是不是《公司法》所必需的，我认为我们从零思考的时候就需要讨论。

□ 公司分立制度

再讲一个比较典型的例子。我前几年写过一篇文章讲公司分立的定义，[2]这个问题也很有意思。现行《公司法》在第九章规定了公司的合并与分立，我们一般将分立理解为合并的反向，但其实不是这样的。美国公司法上只有合并制度没有分立制度，也就是说，美国公司分立没有法定特别规则。这是因为美国人觉得，分立不需要在公司法上做特殊规定，公司按照出售资产或者分配红利的方式就可以分立了。实际上，将分立制度写进公司法，是从1966年法国开始的。此后，尽管欧盟1982年颁布《公司法第6号指令》专门规定了公司分立制度，但德国1994年才将其引入国内立法；日本于2000年才规定了公司分立制度，而我国在1986年《民法通则》（已失效）就将它写进去了，也就是说，我国引入分立制度在全球是比较领先的，但问题是我们没有讲清楚什么叫分立，也没有人去想过公司法为什么要规定分立。美国公司法没规定分立制

〔1〕 关于法人人格和有限责任制度的相关分析，请参见 Henry Hansmann & Reinier Kraakman, *The Essential Role of Organizational Law*, 110 Yale Law Journal 387 (2000)。

〔2〕 彭冰：《论公司分立行为的界定》，载《证券法苑》（第9卷），法律出版社2013年版，第621－640页。

度,效果也很好,也没影响他们的企业“实质分立”。本文即讨论这件事——分立真的不需要写进法律,这是我的结论。

以前我认为分立有必要写进《公司法》,为什么呢?原来我们都认为分立是合并的反向。公司法为什么要写合并?理论上也不需要,因为两个公司签协议进行合并就好了,为什么要在公司法规定合并的程序、合并的效果这几个条款呢?很简单,在两个公司合并时,不管是吸收合并还是新设合并,都会涉及至少有一个公司要消失——吸收合并是被吸收的公司消失,新设合并是两个公司都消失,成立一个新公司。传统公司法关于公司消失(解散、注销、破产),都有一套复杂的程序,要求清理所有的债权债务,然后公司才能消失。而合并时公司消失不需要经过清算程序,因为其还要正常经营。所以,《公司法》规定了专门的合并程序和效果,合并应该通知债权人,合并后的公司承继合并前所有的债权债务。在这两条规定下,消失的公司不需要经过清算程序就可以注销。换句话说,公司法对合并规定提供了一个简化程序,使合并之后注销公司不需要经过清算,节约了成本。

我原来认为公司法规定分立制度也应该是这样的逻辑,分立也会涉及企业消失,也不需要经过清算程序,因为公司法规定分立后的公司对分立前的债务应该承担连带责任。但写作过程中发现我想错了。企业为什么分立?分立是因为企业觉得,多元化经营在管理上没有发挥效益,要把某些部分独立出去。从这个逻辑上来讲,分立最重要的功能是分割财产出去,分割财产之后并不一定要注销企业。

原来我还认为,在派生分立中,即从一个大公司分立出一个新设公司来时,应该把新设公司的股权给所有大公司的股东,这才叫完成分立。原来我认为这也应该是公司法规定分立制度的理由,因为在这种情况下,大公司分配新设公司的股权给所有股东受到利润分配规则的约束,而专门规定分立制度,就可以避开这个约束。但我在研究中也意识到,分配新设公司股权其实是没有必要的,它对分立的功能没有影响。

因此,经过研究,我这篇文章否定了我原来的想法,承认公司分立制度在《公司法》上并不一定需要规定,并不是必然需要规定。这个例子可以给大家讲我们怎么理解公司法的条款,为什么要有这些条款。

□ 公司债券制度

另外一个可以讨论的,现行《公司法》第 7 章是“公司债券”,从 1993 年《公司法》第一次颁布的时候就有这一章，这些条款自1993年以来也没什么变化。但似乎从来没有人想过公司法为什么要写这些条款，为什么要专门用一章规定公司债券呢？

公司债券是什么？不就是公司向人借款吗？公司向人借款这件事需要公司法授权吗？显然不需要。正常的公司借贷天天都在发生，从银行贷款、向个人借款、向其他企业借款——原来禁止企业相互借贷，现在也容许了。这种情况下通过发行债券方式向其他人借款也很正常。那为什么法律上要专门规定呢？如果是考虑到证券发行监管，《公司法》完全可以这么写："发行公司债券应当符合《证券法》规定的发行条件，公开发行证券应当经过相关机构批准或者注册"，一个条文就够了。

我有个想法——《公司法》应该写公司债券这一章，其核心理由是：由公司债券形成的债权，与公司普通借贷形成的债权是不一样的。看起来都是到期还本付息，公司债券持有人也是公司的债权人，但他和普通债权人是不一样的。不一样在哪？我理解是公司债券持有人一般不能单独行使债权，其债权具有集体性质，只能由集体行使而不能像普通债权一样单独行使。

公司的普通债权人相互之间是独立的，每个债权人都可以单独行使债权。比如，这个公司有很多债权人，每个债权人在债券到期时都可以要求公司偿付，如果不偿付他就可以提起诉讼、冻结财产，在公司不能清偿时还可以申请公司破产。但一次公司债券发行，可能产生上万个债券持有人。假设发行人公司违约，债券持有人如何行使自己的债权？要不要行使抵押权？要不要给公司一个宽限期？这个时候谁来决定？现实中是召开债券持有人大会，以多数决的方式来表决形成决议，这个决议要约束所有债券持有人。比如，决议给公司一个月宽限期，表决90%通过。但如果债券持有人的权利是一个普通债权，是与其他债权独立的，则债券持有人大会90%的决议凭什么来约束这10%的债券持有人呢？这10%的债券持有人会说，"你们给债务人宽限期是你们的事，我的债券就要他还款，我就要强制行使我的债权"。这和股权不一样，《公司法》专门规定了股东大会的决议效果。而《公司法》对于债券持有人大会决议的效力并没有规定。因此，债券持有人大会的多数决就没有办法约束少数异议债券持有人。但现实中少数债券持有人这么做实际上会损害整体债券持有人的利益，因此就要约束他，怎么约束他？只能在《公司法》中把这一条写下来。我们《公司法》没有写这个条款，所以现实中产生了很多的问题。2020年最高人民法院发布的债券会议纪要部分解决了这个问题，[1]但其实是没有法律依据的。这次《证券法》写了，但《证券法》表述也不对，没有表述它真正的意思。[2] 这个内容应该写在《公司法》里，要明确表明债券持有人的债权与普通债权不一样，它是一个集体性债权，要通过集体程序来行使。我国台湾地区的“公司法”就写了一条，并且还规定债券持有人会议的决议要经过法院审议，才会产生效力。[3]

■ 从零思考公司法

我们刚才讲了要从根本上思考为什么需要《公司法》，尤其是某些具体的制度、具体的条款。然后关于为什么要从零思考，我也有一些想法。我觉得现行《公司法》，从其起源一直到适用来看，存在根本性的缺陷。

我国《公司法》在 1993 年制定时，立法的主导思想其实是基于当时的现实——为国有企业改制提供法律依据。所以《公司法》在当时立法时考虑的是国有企业，想象中的模板是国有企业怎么样市场化，也就是所谓的改制。在这个模板的想象下，1993 年的《公司法》有很多在现在看来很严苛的不必要的规定，这些规定本来是要制约国有企业的改制及设立、运转，包括监事会制度的设立也可能与此有关，所以《公司法》才会写上监事会应该有适当比例的职工代表这样的条款。但现实已经发生了巨大变化，1993 年《公司法》颁布之后，尤其是 2000 年之后，中国出现了大量的民营企业，现实中对《公司法》需求最大的不是国有企业，而是民营企业。所以 2005 年的修改在某种程度上适应了这

[1] 参见《全国法院审理债券纠纷案件座谈会纪要》第 15 条规定，“债券持有人会议根据债券募集文件规定的决议范围、议事方式和表决程序所作出的决议，除非存在法定无效事由，人民法院应当认定为合法有效，除本纪要第 5 条、第 6 条和第 16 条规定的事项外，对全体债券持有人具有约束力”。

[2] 《证券法》第 92 条规定，“公开发行公司债券的，应当设立债券持有人会议，并应当在募集说明书中说明债券持有人会议的召集程序、会议规则和其他重要事项”。

[3] 我国台湾地区“公司法”第 263 条规定：“（公司债债权人会议）之决议，应有代表公司债债权总额四分之三以上债权人之出席，以出席债权人表决权三分之二以上同意行之……”第 264 条规定：“前条债权人会议之决议……经申报公司所在地之法院认可并公告后，对全体公司债债权人发生效力，由公司债债权人之受托人执行之……”第 265 条规定：“公司债债权人会议之决议，有左列情事之一者，法院不予认可：一、召集公司债债权人会议之手续或其决议方法，违反法令或应募书之记载者；二、决议不依正当方法达成者；三、决议显失公正者；四、决议违反债权人一般利益者。”

种需求,2013 年又进一步放松的实缴资本制也是这样的趋势。反过来,这就使得国有企业仅依靠《公司法》规制存在不足,所以这些年才会有党委、党建等规则的出现,这是由国有企业的特殊需求造成的。

从这个角度来讲,一部《公司法》其实不能解决中国企业组织的所有问题,我现在倡导的是:我们应该有《普通公司法》,然后加上一些特殊的公司法。我设想是五大类:

第一类是普通公司法。普通公司法应该处理的是向公众融资的企业组织。从历史上来看,现代公司法 1844 年才产生,那这之前就没有企业组织吗?当然有,英国工业革命的完成证明了企业组织的存在,只是他们没有采用公司制度。1844 年之前,英国的公司是要经过特许才能成立的,其必须获得政府特别许可。1720 年的《泡沫法案》规定,经过特许才能有 7 名以上的股东发行可以交易的股份,就是说这个股份公司的股份可以自由交易。自由交易会使股份分散,股东人数变多,就会区分出大股东、小股东,这些小股东不会参与公司管理,那他们为什么会愿意把钱交到别人手上?在特许公司模式下,国家通过特许状给这个企业一定的垄断权,公司依靠这个垄断权才能向公众去发行股份,公众才愿意把钱给他。等到 1844 年取消了特权,所有人都可以设立股份有限公司,股份可以自由交易时,公司凭什么可以吸引小股东呢?公司法规定了一套组织机构和治理机制,就是我们现在看到的董事会和股东会分权,用资本维持原则对财产进出公司进行限制,要求董事和管理层承担信义义务之类的规则,这些都是强制性的规则,实际上约束了公司管理层的行为。在这种约束下,公众才会愿意把钱给公司,公司才能向公众发行股份,股份才可以自由交易。所以 1844 年以来的现代公司所针对的其实就是这样的公司,是一个股份可以自由交易、有向公众融资需求的公司,其本质上是公司通过自我约束来取得公众的信任,才能向公众融资。

但当这个公司法实行并且被大家所采用,并且取得巨大成功时,另一个社会需求就浮现出水面:很多中小企业并没有向公众融资的需求,它不需要向公众融资。例如,一些家族企业本就不打算向公众借钱,也不准备把控制权转让出去,但普通公司法的各种组织机构和治理规则都是基于向公众融资的需求来规定的。在向公众融资的便利下,这些成本是值得的。但当企业没有向公众融资需求时,这些成本就变得不经济。正如有限责任制度对促进公众投资和股份流通都有很大作用,但对于中小企业,它不需要有限责任甚至也享受不到有限责任——银行给这些中小企业贷款时都会要求控股股东、实际控制人签一个连带责任保证合同,所以对这些企业来说,有限责任的特权意义不大。但普通公司法为了对冲有限责任的消极影响,还规定了一套资本维持制度。结果这些中小企业不但享受不到有限责任的好处,还要遵守资本维持原则带来的成本,岂不是没有道理?

再如,股份自由流动制度。对于某些家族企业来说,其不容许股份自由转让,不想让外人参与。所以股份自由流动制度相对应的规则——控制权与所有权分离的规则也就不需要,否则会增加企业的负担。

1844 年之前英国那些没法获得特许的企业怎么做呢?就自己签一个合同,办一个合股公司或者办一个合伙。但他们发现股份公司还是有一个很大的便利,就是法人人格。在法人人格下,他们可以以企业的名义对外经营、对外交易、签署合同、持有财产,不因为某一个股东的离开而导致这个企业解散,所以法人人格变得很重要,或者有很大便利。在这个需求下,很多中小企业尽管享受不到有限责任的保护,尽管也不希望股份自由流动,但还是注册成了股份公司,不过这也给它们带来了巨大的成本。

现在我们看到的有限公司是在 1900 年前后德国法学家创造出来的。就是因为这些德国法学家发现,很多中小企业也希望利用股份公司的形式来经营,但是他们又没有对外融资的需求,所以普通公司法增加的这些负担、这些成本都是不必要的,所以这些法学家就创造了一个新的企业类型——有限公司。现在我们的有限公司其实是德国法学家在纸面上创造出来的,只是把股份公司中比较复杂的规则给简化了。德国的普通公司法是《股份公司法》,另外还有特殊的公司法,即《有限责任公司法》。

也是在 1900 年之后,美国、英国公司法上才开始讨论封闭公司,就是股份转让受限制的公司。他们认为这些公司虽然注册为股份公司,但实际上并没有对外融资的需求,股份也不自由流动,在规则上可以简化一些。和德国的想法差不多。这个需求在 20 世纪 70 年代的美国达到了顶峰。这时大家忽然发现,从理论上讲,没有必要只给股份公司法人资格,为什么必须注册成股份公司才给法人资格?为什么合伙企业不能有法人资格?中国合伙企业目前是没有法人资格的,但有什么道理不给它?法人人格和有限责任这两者在逻辑上是没有关系的。当大家想清楚这件事时,美国就在 1970 年前后创造了新的公司类型 LLC(Limited Liability Company,有限责任公司,也有人称为合同公司),它其实是一个法人型的合伙——赋予它法人资格,然后所有的规则用的都是合伙企业法的规则。从逻辑上讲这完全能够成立,从学理上讲也没问题。

所以,我认为中国目前的《公司法》先可以分为两部法:《股份公司法》和《有限公司法》,两者的逻辑并不相同。前者是传统公司法的逻辑,就是我说的普通公司法,后者则应该与合伙企业一样。现代公司法中绝大部分规定都和向公众融资有关系,没有向公众融资的需求就不需要现代公司法这么复杂的结构,合伙企业法就足以处理它,因为几千年来就是这么做的。1844 年之前的英国、民国之前的中国从来不缺乏经济组织,也不需要公司法,合伙企业法和合同法就能解决问题。但合同创造不了法人人格,所以我们需要一部法律来赋予中小企业法人资格,甚至在税法上还可以考虑是否需要对这种法人征税。LLC 在美国之所以能盛行就是因为取消了对公司层面的税负要求,虽然是一个法人,但是在法人层面可以不纳税,只在股东层面缴纳个人所得税。

中国现实中有 3000 万家企业,3000 万家企业里真正向公众融资的只有 4000 多家上市公司,加上 1 万家新三板挂牌公司,那么只有 1.4 万家公司有向公众融资的需求。当然,现在的小公司也可能是未来准备向公众融资的,如很多创业型高科技公司,他们为了今后能够上市,可能一开始就采取股份公司这种形式。但还有大量中小企业、民营企业没有向公众融资的需求,至少目前没有,那就可以采用上面所说的法人制合伙企业。它为什么要设个董事会或设置一个执行董事呢?两个人成立了一个公司,遇事两人商量着不可以吗?但《公司法》规定必须设董事会或执行董事,还要设监事会或者监事,这难道不是增加企业运营成本吗?

第二类我叫作法人制合伙企业,它应该有专门立法。

第三类是国有企业法。国有企业在本质上与商业企业是不一样的,它不以利润最大化作为追求目标,是代表公共利益的企业。公共利益有时候表现为“赚最多的钱”,但有时也不表现为最大获利,而可能表现为不裁人、产品不涨价等。在这样的情况下,这个国有企业的公司治理的逻辑就与一般商业企业不一样。而当它向公众融资时,对公众投资者来说,国有企业与其他企业也是不同的。当投资者买商业企业股票时,其获得的是管理层为全体股东最大利益服务的承诺,换句话说就是最大盈利。但是国有企业本身设定的目的就不是利润最大化,其追求的是公共利益,因此,当投资者买其股票时,其应该得到这样的提醒。

从理论上讲,国有企业有一套特殊的规则,和民营企业是不一样的。国有企业要考虑国有资产流失,资产有没有为了公共利益而服务,而不是利润最大化;转移资产时不是考虑是不是卖了最高价,而是资产转让是不是符合公共利益。监管逻辑不一样。从这个角度来讲,国有企业应该有一套特殊的专门法律。

实际上,从我国现实来看,我们正在形成一套跟国有企业相关的特殊规则,比较典型的有“党管干部”之类的规则,最近这些年又兴起了党委决定制。这些规则显然是有现实需求的。在这种需求下,形成了一套与普通公司法不同的特殊规则,这套特殊规则我觉得应该由单独的法律来规定,而不是放在普通公司法里,因为民营企业没有办法适用它,并且,盈利性的普通公司与追求公共利益的国有企业在运作逻辑上也完全不同。

第四类是企业集团。这其实是一个特殊的主体,就如我们经常看到“××系”的说法,其实是一个实际控制人注册了无数个企业,控制了无数公司,数量可能高达上千。现行法律将这些企业每个都看作独立法人,但实际运作上根本不是这样。在实际控制人看来,这些企业其实并不相互独立,控制者经常在这些企业之间调度资金,把不同的交易放置在不同的公司。从严格的公司法角度来看,这些调度和安排很多都是有问题的。但这是现实的需求,某种程度上我们也承认这个需求。例如,我们现在承认,可以在企业集团中设一个财务公司,这个财务公司可以在集团内各公司之间调度资金,以便资金可以得到最优化使用。这样的企业集团应该视为一个整体、视为一个统一的主体,而不是把其中的每一个企业视为独立主体。而这个做法也不是只有中国才有,全球化的大型跨国公司往往也是这么做的。

企业集团应该被作为一个特殊的企业主体,因为它和普通公司法想象的企业主体不同。普通公司法想象每一个注册企业都是一个独立法人,而对企业集团来说,每一个注册的企业其实只是企业集团的一个下属、一个子单位。关于企业集团在公司法上是不是应该有一套单独规则,目前其实有不少研究,只是形成成文法的比较少。

第五类是一些特殊行业的特殊企业类型。最典型的是中国最近出现的相互制保险。其实,保险公司采用股份制或者公司制是很晚近的一个现象,在1960年之前,美国保险公司,特别是人寿保险公司,绝大多数是相互制,所有投保人同时是这个保险公司的所有人。但中国原来的保险法对此没有规定,原中国保监会颁布了《相互保险组织监管试行办法》,容许设立相互制保险。这是一个特殊的企业类型。

最近人民银行又规定了金融控股公司，这也是一个特殊的企业类型。特殊在哪儿？要求金融控股公司在财务上并表监管，要求控股公司作为股东对所控股的金融机构在财务出现困难时提供财务支持，这就突破了有限责任。所以金融控股公司在美国是单独立法的。

相互保险、金融控股公司都是一些特殊行业的需求，行业有需求时才需要立法。但前面讲的四种企业类型，股份公司、法人制合伙企业、国有企业、企业集团，是所有行业都可以使用的企业类型，在中国现实里都是应该专门立法的。

■ 如何进一步从零思考

我的上述想法很粗糙。到底怎么样来思考公司法或者怎么样从零思考公司法？我觉得现在面临的最大困难是想象力不够，我们对制度的想象力受到了现实的限制。每天学习的这些制度、这些现有的法律规定限制了我们的想象。

要从根本上反思公司法，我们就不应该受到现有制度的限制，而是应该从逻辑上去想象更多的可能性。从哪儿去找这些资源呢？

我认为有两个层面。一个是历史层面。人类有几千年从事经济活动的历史，在这个过程中创设了无数的经济组织类型，只是很多因为各种原因没有生存下来或者被大家遗忘了。我们可以从这些历史中提取有益的资源。这些企业组织形式在历史形成过程中一定有它本身的合理性，正如中国研究比较多的晋商票号之类，他们有一套行业规则，如怎么样设置股权、控制权和所有权怎么安排、如何激励管理者等，其实有很多有意思也有道理的做法。研究这些，可以给我们提供很多借鉴。

另外一个是中国现在的实践层面。中国这 40 年经历了持续的经济高速增长，这些很多是通过经济组织来推动的，这些经济组织在现实中有很多做法，我们都没有好好研究过。

比如，外商投资企业的“三资企业法”，我们现在将它废除了，其实它有很大的价值。我们 1993 年才有《公司法》，但 1979 年就颁布了《中外合资经营企业法》，用它来吸引外资，并取得了巨大成果。中外合资企业之所以能取得成功,当然是因为它符合了外商的需求。外商投资是追求经济效益的,因此有很多做法很有意思,也符合效率原则。例如,中外合资经营企业里股东会和董事会可以二选一,可以设董事会不设股东会,设股东会就可以不设董事会,这个制度安排就很有意思,法人制合伙企业是否可以借鉴?

再如,在2013年《公司法》承认认缴制之前,1979年的《中外合资经营企业法》就已经是认缴制,广义的注册资本分成"注册资本"和"投资总额",其中注册资本要立即缴纳,而投资总额不需要缴纳,其可以通过向股东借款来实现。在利润分配上,容许某一方的股东可以提前分配利润,提前收回投资。这些安排都很有意思,法人制合伙企业都可以借鉴。

"三资企业法"在中国运行30多年,从1979年一直到2018年,我们出台《外商投资法》才把它废止。30多年积累了丰富的经验,这些经验完全可以体现在《公司法》里,尤其是刚才讲的法人制合伙企业的制度设计中。但目前没有人深入研究过这些问题。

除此之外,我国法院在处理大量公司纠纷中也形成了一些特殊经验,有些还上升为司法解释,这也很值得研究。例如,我曾经研究过的"债随物走原则",这是《公司法》没有规定的,完全是中国法院在裁判中根据现实需求创造出来的,而且与《公司法》的法理相冲突,但到现在还在用,显然是因为现实中有需求,而公司法又没有提供相应的制度供给,法院就只能自己创设和提炼出一些规则。尽管这些规则可能并不完备,但有一定的道理。中国的司法实践很值得研究。

还有中国企业的实践。中国民营企业在这30年经历了大发展,他们在现实中会遵守《公司法》吗?我认为,他们大部分可能都不会遵守《公司法》,他们极有可能会按照自己的需求创造出适合自己的制度安排。这些制度安排也没有人去深入分析和研究。其实这些民营企业植根于中国现实,其创设的制度可能更符合中国社会的政治经济文化需求,我们完全可能把它提炼上升为法律规定。

所以,从零思考公司法,思考的资源从哪儿来?应该是从历史中来,从中国现实中来。未来很多研究课题都可以去做,也并非一定要赶上这次《公司法》修改。《公司法》的修改也可能会越来越频繁,因为要不断适应市场和实践的需求。所以法条的修改不重要,重要的是观念,我们要形成一些观念,用这些观念去影响立法者。这是我们从零思考公司法修改应该具有的最重要的意义。

▣ 阅读指引

◻ 专业书籍

1. [美]弗兰克·伊斯特克布鲁克等:《公司法的经济结构》,罗培新、张建伟译,北京大学出版社2014年版。

   公司契约理论代表著作,影响了公司法理论最近30年的研究范式。

2. [美]莱纳·克拉克曼等:《公司法剖析:比较与功能的视角》(第2版),罗培新译,法律出版社2012年版。

   从功能主义解读和比较各国公司法,很大程度上影响了我对公司法的思考方式。

3. [美]拉里·E.利伯斯坦:《非公司制组织的兴起》,罗培新译,法律出版社2018年版。

   法人制合伙企业的倡导者。

4. 《金融法苑》,中国金融出版社。

◻ 网络资源

1. 哈佛法学院公司治理论坛:https://corpgov.law.harvard.edu。
2. 北京大学金融法研究中心微信公众号。

大资管回归本源的法律视角

刘 燕

刘 燕

北京大学法学院教授，博士生导师，北京大学公司财务与法律研究中心主任。

1991年留校任教，讲授本科课程：会计法与审计法、金融法概论、经济法概念；研究生课程：公司财务与法律专题、金融商法专题等。研究领域包括法律与会计交叉研究、公司法、金融法、税法等。

本文的主题，是从法律角度观察当下我国金融体系正面临的一场重大变革，即由央行、银保监会、证监会等部委联合发布的《关于规范金融机构资产管理业务的指导意见》（以下简称《资管新规》）引领的"大资管回归本源"。从2017年开始，大资管新政对金融行业的冲击前所未有，从某种意义上说，它是对中国现有金融市场格局的重构，也可以称为对金融法体系的重新认知。当然，对于非金融法方向的博士生而言，大资管作为金融领域最复杂的业务，其繁杂的技术细节可能带来一些理解上的障碍。因此，本次讲座的另一个目的是方法论层面的，即通过对大资管法律视角的刻画，展示法律人在面对复杂商事交易特别是金融商事交易时可以采取的一条基本分析进路。

■ 强调法律视角的原因

乍一看，"大资管回归本源的法律视角"是不言自明的，因为法律作为定分止争的工具，本身就是对社会各领域中的现象进行规范的一种治理机制；相应地，每个部门法理所当然地成了"……的法律视角"。这种理解在传统公法或民商法领域不存在异议，但在经济法，特别是金融法领域则不尽然，法律人通常没有多大的话语权。这主要是因为金融市场发展得太快、业务创新太多，呈现的争议都是利益纠葛，它们并非如同刑法中的杀人、放火或贩毒等行为有黑白分明的道德判断。金融领域的定分止争，实质上是要求法律人对市场主体的利益博弈过程或结果的公平性进行判断，然而，隔岸观火的法律人如何能掂量出利益分配的失衡与否？

大资管看起来正是如此。用江平教授的话说，这是一个"学理法理不统一、制度框架不健全，但却存在着极大的市场需求和创新热情"的领域。作为我国金融业最年轻的板块，资管行业在2016年年底已逾百万亿元的规模，直追金融机构的总贷款量，几近银行体系存款规模的2/3。然而，与这种狂飙突进的势头相伴随的是不时爆发的局部甚至系统性金融风险，如2015年夏天的股灾以及2016年宝万之争背后的杠杆收购。以银行理财为核心、以大资管为代表的中国式影子银行成为国内外金融监管机构的共同关切。然而，在法律人尚未对股灾或宝万之争的法律逻辑达成共识的情况下，监管部门便开始对金融乱象进行大力整顿。自2017年起,“三违反”(违法、违规、违章行为)、“三套利”(监管套利、空转套利、关联套利)、“四不当”(不当创新、不当交易、不当激励、不当收费)、“十乱象”(股权和对外投资、机构及高管、规章制度、业务、产品、人员行为、行业廉洁风险、监管履职、内外勾结违法、涉及非法金融活动)等各种违法违规的代名词,在极短时间内被金融监管部门创设出来,令法律人目不暇接、眼花缭乱。

□ 法律视角的必要性

尽管如此,法律视角在这场大变革中仍然不可或缺,甚至可以说至关重要。这不仅是因为,金融市场的变革通常需要以立法或修法的形式予以确认,法律人无法置身事外——如同2018年我国紧急修订《公司法》股票回购条款以回应资本市场非理性下跌;更是因为,大资管中存在以下一对看似矛盾的现象:

一方面,大资管回归本源是一场复杂、多层次的重大制度变革,充满各种争议。而法律人有一项独特的优势——逻辑性强且善于化繁为简,可以透过现象看本质,进而从大资管诸多争议中提炼共识。例如,《资管新规》包含了诸多强制性规范,以推动资管行业转型;但许多业界人士批评《资管新规》的定位有误,其本质是治理影子银行乱象的规则,而非为新型资管业务建章立制的规则。但在法律人看来,破与立是一体两面。无论是被称为“资产管理回归本源”还是整顿“影子银行”与“金融乱象”,《资管新规》均针对以资管业务为支点的金融混业现象以及由此带来的监管重构,因为传统的分业监管已不能适应银行业、保险业与证券业通过资产管理进行混业经营的现实。法谚有云:“法无禁止即可为。”当《资管新规》通过对影子银行特征的限定关上了若干金融交易结构的“窗户”,它同时就打开回归本源后的资管业务交易模式的“大门”。更进一步看,法律人的条分缕析能力可以用于《资管新规》诸多条文的逻辑建构,进而提炼出未来资管业务的基本构成要素。

另一方面,针对大资管回归本源的方向,当业界尚在争议究竟该回归证券监管还是基金监管时,不少法律人特别是信托法学者却响亮地喊出了“回归信托法”或者“回归大信托”。法律人的这种自信在金融体制改革中实属难得一见。追根溯源,“回归信托法”的呼声在20年前我国制定《证券投资基金法》时就已经出现,近年来围绕着银行理财业务的“委托 vs 信托”之争中更是此起彼伏。然而,法律人的执念似乎并未得到业界的热忱回应,毕竟信托或信托法作为舶来品,在我国本来就存在诸多水土不服的问题。虽然“信托”与“大资管”均被解释为“受人之托、代人理财”,但细究语境,人们至少是在四个不同层次上进行“信托”的叙事,包括“委托人—受托人—受益人”的传统信托结构、信义义务、特定信托产品、信托公司/行业。每个层次下的关注点都不相同,因此所谓大资管回归“大信托”的指向并不明确。比如,总不能将大资管都回归到信托公司那里吧?

不仅如此,域外发达市场的监管经验似乎也不支持法律人的主张。各国对大资管的监管框架均从基金法发展起来,因为基金是资管业的起点与核心,这也是业界有观点主张回归基金法的原因。不过,我国的基金法目前只规范证券投资基金,证券投资基金的主管机关为中国证监会。如果大资管在当前的立法框架下回归基金法,便会导致银行理财计划、集合信托计划、保险资管计划等基金法规范范围之外的资管产品不能被纳入其中,也无法协调证监会与银保监会等监管机构在资管业务监管方面的关系,进而不利于形成统一透明、有序竞争的大资管市场。

那么,该如何协调法律人主张的“回归大信托”与域外以基金法为中心的监管模式之间的冲突?“大资管回归本源”究竟应走向何方?

□ 金融法问题的分析进路

在思考上述问题之前,我们需要先建立一个分析金融法问题的基本框架。金融市场的法律问题,肇始于市场主体在法律框架下进行金融交易或配置利益关系,而法律框架又可以分成民商法基础与监管法两个层次,二者都会对金融交易的方式、过程或结果产生影响。笔者将三者之间的关系概括为金融交易、民商法基础、监管法的“三位一体”分析框架,如图 1 所示:

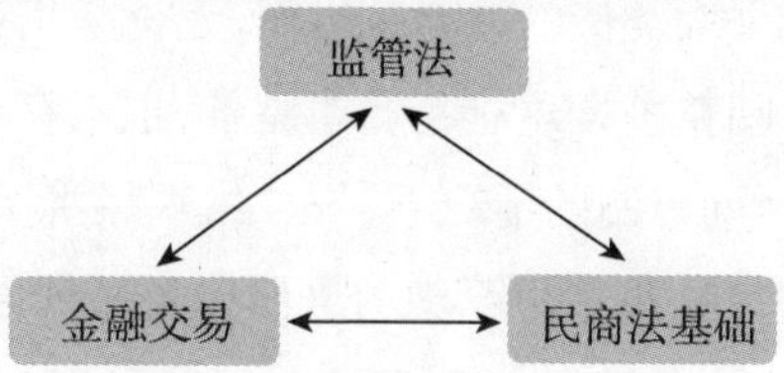

图 1 金融法问题的分析框架

首先,讨论金融法问题需要了解金融交易的市场操作,包括交易结构、流程与机理等，弄清当事人从事特定金融交易所要达到的目的，特别是背后的利益分配。所谓“天下熙熙皆为利来，天下攘攘皆为利往”，没有比金融交易更为显著的了。

其次，确定金融交易的民商法基础。无论是最简单的存贷款，还是最复杂的金融衍生工具，任何金融交易本质上都是与金钱有关的权利义务的跨期配置，因此都需要通过合同将涉入交易的当事人之权利义务固定下来。从这个角度看，每一种金融工具或金融产品都是一份法律合同，都是用法律文书描述出来的，合同与金融工具本质上是一体两面。当然，除合同法外，为了金钱的安全、信用与保障，当事人还会借助于财产法、担保法、信托法与破产法等商法规则的保护。

最后，还需要了解金融交易涉及的监管法（监管规则）。由于单纯的民商法规则并不能有效解决金融交易下的纷争，金融领域受到高度管制，因此存在大量的监管规则。具体而言，两种因素决定了监管对金融交易的介入不可或缺：

其一，金融交易中双方当事人对金融产品相关信息掌握的程度极其不对称，特别是在金融机构与普通的个人投资者或金融消费者各居合同一端的场合，后者很容易因对金融交易背后的风险预期不足或所知甚少而受到损害。在此情形下，监管介入的目的是保护处于信息弱势地位的投资者或金融消费者，而基本的监管工具是信息披露与投资者适当性规则。

其二，金融交易中双方当事人共享信息且均对该交易的结果满意，但特定交易具有负外部性，进而损害社会公共利益。此时，监管介入的目的是防范系统性风险以及维护行业公平竞争。大资管中的刚性兑付便是一个典型的例子。在特定信托计划或资管计划下，金融机构对投资者承诺保本保收益；其表面上看对投资者非常有利，并且这种口碑度会让相关金融机构在市场竞争中胜出，从而引导同行都采取类似的策略。然而，无论是信托公司还是提供资管产品的券商，在没有为刚兑事先建立起资本储备，也不存在类似于存款保险这种由国家财政支持的救助机制的情况下，一旦出现经济下行等宏观不利因素，行业内就可能出现普遍性的“兑付不能”，进而引发系统性风险。因此，刚性兑付的承诺不仅违反了资产管理的商业逻辑，也埋下了行业失败的隐患。尽管刚性兑付乍看上去对普通投资者有好处，却仍然是需要被监管规则所阻却的交易模式。如果换成法律人熟悉的语言表达方式，刚性兑付虽然在个案层面存在合同当事人之间的平等协商、意思自治、互利共赢，但由于违反法律的强制性规定或者违反社会公共利益而应被确认为无效。

总结金融交易、民商法基础、监管规则三者之间的关系，可以说，金融交易与民商法基础互为表里，而监管规则属于外部干预。就民商法与监管规则的关系看，二者则属于不同层次；若涉及系统性风险防范或社会公共利益保护等问题，监管规则将优先于民商法而适用。

□ 法律视角下大资管的三个层次

基于上述分析框架来观察大资管，就可以发现它本身就存在多个层次，这种层次性恰好能与市场操作—民商法基础—监管规则的三位一体形成呼应。

按照《资管新规》对“大资管”的界定，它是指“银行、信托、证券、基金、期货、保险资产管理机构、金融资产投资公司等金融机构接受投资者委托，对受托的投资者财产进行投资和管理的金融服务”。各种传统金融子行业都可以从事资产管理，故谓之“大”；而资产管理这种金融服务可以从微观、中观、宏观三个层面来进行把握：

其一，微观层面涉及资管服务的具体内容，其体现为特定资管产品的设计及其功能，以实现“接受投资者委托，对其财产进行投资和管理”的目的。例如，基金、信托计划、资管计划、银行理财计划等不同资管产品，其具体结构如何，有哪些主体参与，各自扮演何种角色，利益或盈亏的归属如何分配，等等。

其二，中观层面涉及资产管理服务的具体组织方式。每一种资管产品都有众多参与方，除委托人和受托管理人之外，还可能有受托财产的托管人、为投资进行估值和/或记账的事务管理人等。在此情况下，应当以何种方式将上述众多参与者组织起来？比如，采取公司的方式，还是采取信托、合伙的方式，抑或仅采用契约或合同作为纽带？这既是资产管理业务的具体组织方式，也是当事人之间民商法关系的缔结过程。

其三，宏观层面则涉及资产管理作为一种金融子行业的定位，如在金融市场中居于何处，与资产证券化业务或养老金、私人银行等业务有何区别，与信托业或者基金业有何联系等。这种定位既体现了商业逻辑本身的决定性影响，也受制于监管规则对市场边界的设定。如同《证券法》关于“证券”的定义本质上是在廓清证券监管的边界一样，法律对于“大资管”的定义也发挥着同样的作用。

目前,法学界已经在资管产品的结构层面进行了较为深入的讨论,就资管产品的功能取得了一些共识,但对于交易的组织层面基本上局限于过去关于基金组织的研究,大资管行业定位的研究更是乏善可陈,后两个层面恰恰是作为一个行业的大资管回归本源所必须明确的方向。因此,下面我们将从这三个层面来具体观察大资管,思考法律人所主张的"回归大信托"之路是否可行。

■ 大资管的微观层面——产品与工具

任何人初入大资管领域,多半会被形形色色的资管产品晃得眼花缭乱——这正是老百姓进入小区门口的银行网点购买理财产品,或者打开支付宝的理财页面时的第一感受。"大资管"服务提供者的多元化,使得资管产品名目繁多,但其基本的商业逻辑以及产品结构并不复杂。按照欧盟资产管理协会(EFAMA)的说法,资管行业提供的服务主要有两种形态,一种是面向多个委托人的投资基金(或称"集合型资管计划"),另一种是面向单一委托人的专业服务(或称"定向委托"),后者又分为操作资金的专户管理或全权委托,以及不操作资金、仅提供建议的咨询两大类(我国《证券法》将后一类称为"证券投资咨询顾问")。

□ 资管计划的基本结构

集合型资管计划是大众最为熟悉的结构。如图 2 所示,无论是券商或保险公司提供的资管计划,还是信托公司提供的信托计划,抑或银行提供的理财计划,其基本结构都是管理人接受多个投资者的委托(通过向投资者销售资管产品份额的方式),运用投资者资金进行对外投资并收取管理费;而投资者获得管理人投资运用的结果,包括取得资管产品下的投资收益并相应地承担投资损失。

如图 2 所示,资管产品的各个组成部分的技术特征为:

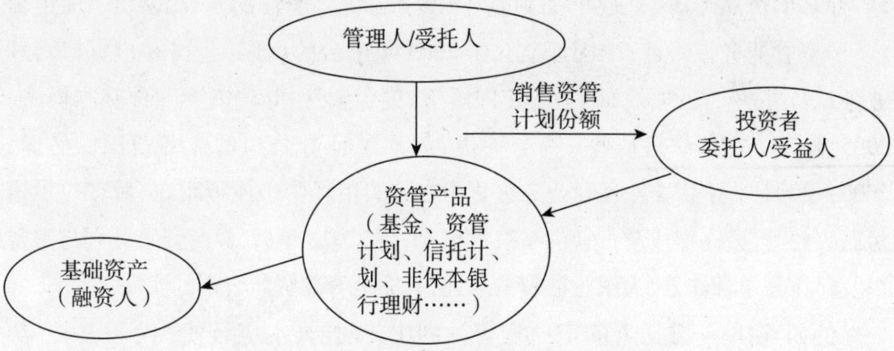

图2 资管计划的基本结构

1. 在管理人方面，管理人包含进行决策的管理人、保管财产的托管人以及投资顾问等。每个服务商在资管业务中扮演的角色难以一概而定，需要在每一单交易下进行具体分析。

2. 在投资者方面，多个投资者之间的关系可能是同质的，也可能存在集合投资背景下收益分配与亏损承担的先后序位特征，后一种又称为“结构化资管计划”。

3. 投资者与管理人/受托人之间的关系并非传统意义下的“委托”与“受托”关系，而是金融产品的购买者/服务接受者与金融产品提供者/服务商之间的关系。这种关系的启动者是金融机构，它们销售或推销资管计划份额，以期获得客户的认购。换言之，尽管投资者在相关合同文本上表现为“委托人”，但合同订立的过程实质是“销售”过程。

4. 在所投资的基础资产方面，传统的投资标的为上市证券，此时资管产品也称为“证券投资基金”。如今，投资标的已扩展到非上市公司股权、房地产、大宗商品等另类投资品种。比如，符合“受人之托、代人理财”特征、以初创企业股权为标的的资管计划称为“风险投资”（VC）或“私募股权投资”（PE）。

□ 资管计划的应用与滥用

资管产品的基本逻辑和结构尽管并不复杂，但在我国大资管迅猛发展的十年间（2008～2017年）却呈现非常复杂的结构，多个资管产品投资于其他资管产品，进而形成“多层嵌套”。即使是对于单一资管产品，当事人构造资管产品的意图也可能与投资管理相去甚远。

以券商系资管计划为例，证券公司提供的资管产品是我国最早以“资管计划”命名的产品形态，也最早受到基于“资产管理”逻辑的监管，算是“根正苗红”的资管业务。对此，中国证监会于2003年出台的《证券公司客户资产管理业务试行办法》（已失效）确立了定向资管、集合资管、专项资管三种基本模式；2005年《证券法》修订后将“资产管理”列入了证券公司的业务范围。然而，2000～2003年券商委托理财业务蜕化为在二级市场中坐庄或跟庄、对客户承诺保底收益等，最终酿成全行业的系统性风险。在2012年后，券商资管计划与银行以及信托公司合作，成为银行放贷的通道，其完全背离资产管理的实质。

例如，在单一委托人的定向资管计划中，受托人本应行使“代人理财”功能，但在我国却蜕变为根据委托人的“具体指令”进行资金传输的通道。在域外的定向资管计划中，委托人一般为保险基金、养老基金、社保基金等机构投资者；而在我国，券商系定向资管计划在2012～2016年成了银行规避贷款监管规则限制的主要通道，券商接受银行委托，为那些无法通过合法渠道获得银行贷款的主体输送资金。彼时，银行运用定向资管计划的目的有三种：一是银行委外业务，即银行确有资金需要投资，故委托投资经验较丰富的证券公司来管理投资。二是投资的事务性管理，即银行自己决定投资于债券的品种和规模，但将一些事务性管理工作（如询价、下单、结算、账务处理等）委托给券商，其类似于债券分仓处理，以降低其投资行为给债券市场可能带来的冲击度，获得更优报价。三是规避监管的通道业务，这也是券商定向资管计划最主要的用途。当银行的贷款客户属于受控房地产或者“三高”（高污染、高耗能、高排放）行业范围，或者银行的年度贷款额度指标已经用完时，银行就会通过券商定向资管计划将银行理财资金投入到信托公司发行的单一信托计划中；由于信托公司有贷款权，在层层指令被下达后，银行资金就可以被放贷给相关客户。由此，“层层嵌套”这一标准的大资管“乱象”便已形成，整个流程也就变成了中国式“影子银行”。

集合型资管计划也不遑多让，其迅速演变为融资加杠杆参与资本市场的工具。无论是2015年股灾中的伞形结构化信托以及结构化资管计划，还是2016年宝万之争中宝能设立的多个资管计划，其中的委托人都并非同质的投资者，而是有优先、劣后区分的投资者。优先级委托人通常是银行理财资金，劣后级委托人则是借助银行理财资金加杠杆炒股或进行收购的企业或个人。在这种集合资管计划中，券商作为管理人并无投资决策之权力，而仅仅发挥下单、账务处理、担保品管理等事务性功能，劣后级委托人却成为资管计划的实际控制人与决策者。在此情况下，集合型资管计划蜕变为实现担保融资目的的工具或载体。

资管计划的滥用，导致了从 2008 年到 2017 年我国大资管高速发展的十年被称为“异化的十年”，本应扮演投资管理的大资管异化为融资活动的工具，本应承担投资决策的管理人异化为为融资方搭建担保融资结构的投资银行。

□ 为什么“委托 vs 信托”的标签“不中用”

从 2000 年前后《证券投资基金法》开始起草，到 2010 年后银行理财、信托计划、资管计划等各类资管产品突飞猛进，围绕资管业务之法律性质的争议从未停止。不少法律人一直强调资管产品的性质为信托而非委托，但此一主张在业界响应寥寥。支持信托的观点认为，我国《信托法》第 4 条规定：“受托人采取信托机构形式从事信托活动，其组织和管理由国务院制定具体办法。”而国务院迄今未就信托机构的组织和管理出台行政法规，仅通过国务院办公厅下发文件的方式认可信托公司和证券投资基金管理公司从事信托业务，因此本应作为一种通用的资产管理工具的信托及信托关系被人为钳制。

这种解释恐怕过于简单。法律人执着于“信托 vs 委托”之争，忽略了资产管理行业自身的逻辑以及在我国的特殊表现，因而无法对鲜活的实践问题给予回应。

首先，以欧盟资产管理协会 2014 年报告为例，各种国际组织文件在描述资管机构的权利义务构造的时候，都认为资管行业最核心的特征是“代理人业务模式”（agency business model），即基金管理人、资产管理人用专业技能为委托人提供投资服务，自己不承担投资风险（有限的资产负债表风险），而由委托人承担投资风险。国际组织文件几乎没有使用“trustee”的称谓，而都是使用“agent”的称谓；“trustee”的含义是特指的（“受托人”），但“agent”的应用场景则宽泛得多。作为代理人业务模式下的“agent”，既可以是“委托—代理”合同下的“代理人”，也可以是信托关系下的“受托人”，还可以是合伙关系下普通合伙人（general partner，GP）对有限合伙人（Limited Partner，LP）所处的“执行事务者”的位置，更可以是一般投资咨询合同中的“受咨询者”。

将资管机构定位于代理人业务模式，就可以与银行、保险公司等区别开来。银行、保险公司与客户之间的交易是“本人对本人”（principal vs principal），而资管机构是客户的代理人，需要对客户承担信义义务。同时，为保护客户资产的免受资管机构破产的影响，资管业务模式中还需要有保护客户资产之破产隔离功能的设计。这一点通常被监管规则要求通过第三方托管来实现。

其次，就我国的资管实践而言，在大资管全面异化时期，无论是信托说还是委托说均未能触及交易的本质。虽然“受人之托、代人理财”常被解读为“信托”,但资管业务链条上的每个环节都有悖于这一定性:在资金端,资管机构与客户之间形成隐性刚兑的默契,预期收益率提示着事实上的债权债务关系;在投资运用端,受托资产集中投放于单一项目或借款人,而非践行资产管理下组合投资、分散风险的基本原则;在受托财产层面,以银行理财为代表,资金池操作导致不同委托人/受益人的财产发生混同,进而无法确定单一受托财产的实际收益或损失;在管理人层面,受托管理本来意味着主动管理与投资决策,但在许多场景下都变成了消极的事务性管理甚至纯粹的通道。

最后,但并非最不重要的一点是,法律人坚持“信托”说的一个执念,是认为“信托”比“委托”对保护投资人更为有利。其实,这只是一种幻觉而已。无论是信托关系,还是委托关系,都要求委托人对受托管理人的投资管理决策承担风险。但实践中的纠纷与争议基本上都是投资者主张自己不承担投资风险,相反要求受托管理人承担,即管理人保本保收益、刚性兑付。因此,将委托人与受托管理人之间的关系称为“信托”还是“委托”,看起来都不能满足“保护投资者利益”的崇高目标;而一旦要求受托管理人对投资人提供刚性兑付,则意味着将二者的关系改造为债权债务关系,显然,这是信托说或者委托说都无法做到的。尽管信托说由于给受托管理人设定了“信义义务”,看起来比委托说下的合同义务要求更加严格,但在信托法学理上,“信义义务”的具体内容可以被当事人之间的合同约定塑造(除不可放弃之核),并非能由事后裁判者任意解释。此外,信托说下的“财产独立性”看起来比委托说对投资者的财产保护更有利,但我国实践中的金融监管规则大多通过“强制第三方托管”的方式消除了委托关系和信托关系中受托财产所有权的差异,即要求券商系、保险系的资管计划中强制实施第三方托管,因此无论贴上哪种法律关系的标签,资管计划下的财产都具有了“准财产独立性”。在《资管新规》发布之前,虽然银行理财不存在第三方独立托管,但银行通过理财投向按贷款管理、“滚动发行+分离定价”的资产池操作,以及银行大而不能倒隐含的终极保护,同样也为银行理财投资者提供了资产安全与收益的保障。

■ 大资管的中观层面——交易组织方式

之前对于资管产品法律性质的讨论,实际上已经开始进入大资管的中观层面，即资管交易的组织架构。资管交易涉及众多主体，法律层面的“委托 vs 信托”之争其实关注的仅仅是投资者与资产管理人之间的关系，但事实上还有托管人、其他服务商等主体参与其中。需要思考的问题是，如何将它们组织起来，同时覆盖从“计划份额销售”到“计划资产对外投资”的全部活动？在这里，我将此前已经提供的资管产品结构图进行了简单调整，如图 3 所示。这样一来，资管计划就从客体变成了主体，即一种“特殊目的载体”（SPV），其功能上类似于银行、保险公司等金融中介，因而可以从商事组织法的角度进行观察。

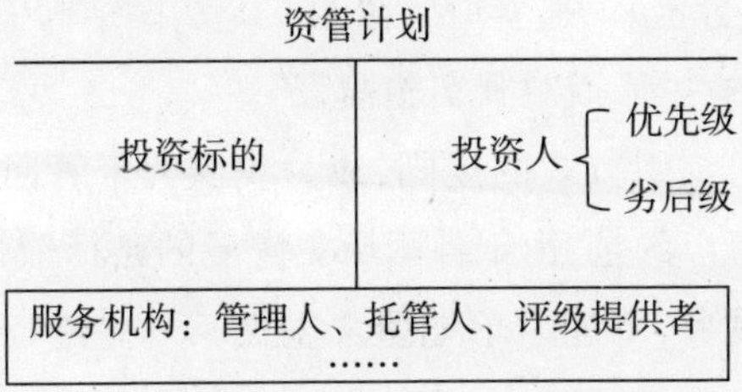

图 3　资管计划的基本结构（调整后）

□ 资管计划的组织方式：楚河汉界？

在我国，资管计划的组织方式问题首先出现于《证券投资基金法》的立法过程中。立法者采纳了“契约型基金”的组织形式，同时明确基金法没有规定的，适用《信托法》的有关规定。在学理上，契约型基金被解释为“信托型基金”，但这样一来似乎强化了“信托 = 合同”的观念，因此与“信托”本质上属于财产制度出现了扞格。

与组织形式相关的另一个问题是，《证券投资基金法》的规定主要适用于证券投资基金，而实践中的私募股权投资基金或者创投基金大多采取有限合伙或者公司组织形式。为了扩大基金法的适用范围，2013 年修订的《证券投资基金法》认可了公司制与合伙制作为基金的组织方式。尽管如此，证券投资基金与私募股权投资基金、创投基金似乎各自据守着契约/信托、有限合伙、公司形式，体现了“楚河汉界，泾渭分明”。

其实，从域外实践看，以基金为代表的集合资管计划之组织形式包括公司、合伙（有限合伙）、信托、契约等多种形式，既遵循商事组织法的一般规则，又受制于监管法对于治理结构的特殊要求。服务商种类多、架构复杂，是集合资管计划最大的特点。法律上虽然无法对资管的组织结构采用统一化的标准,但可以提出相应的要求,即任何一种组织结构都应当保证自投资者处汇集的财产的安全性,同时保证投资者对其财产的受益权得以实现。正如国际证监会组织(International Organization of Securities Commissions, IOSCO)在 1994 发布的《集合投资计划的治理原则》中指出的,“一国监管制度应该对法律形式或结构提出要求,以便能够给投资者评价其在集合投资计划(collective investment scheme, CIS)中的权益提供确定性,同时保证汇集投资者资金而形成的财产区别于其他实体的财产。一国可以采取公司、信托或其他该国法律下可接受的结构(如合伙)。监管应当限制 CIS 法律结构中存在的可对 CIS 资产提出请求的证券的种类,或对其实施监管”。

借鉴域外大资管组织方式的规则,成为我国大资管回归本源的题中应有之义。在此要特别指出的是,由于各国历史发展的路径依赖,大资管的组织方式存在名不副实的现象,不能简单地望文生义。一些流行的说法,如“英国式基金又称为单位投资信托,属于信托型基金”,或者“美国式基金采取公司组织形式,其基金法名为《投资公司法》”之类,都存在对基金组织形式与固有法律概念之间关联性的误读。

□ 英国大资管的组织方式

英国是最早开展资产管理业务的国家,1868 年成立的“海外及殖民地政府信托”被视为现代资产管理的起点。目前,英国有四类资管组织形态,分别是名为投资信托的公司型封闭基金、真正具有信托属性的单位投资信托、开放式可变资本公司以及有限合伙型基金。

在资产管理诞生后大半个世纪中,英国集合投资计划采取的是公司组织形式,但被称为“投资信托”。这一称谓的背景是英国 1720 年南海泡沫事件导致《泡沫法案》的出台,该法案禁止设立未经国会授权或王室许可的发行可转让股票的公司,从而导致接下来的一百年间合股公司的数量微乎其微,人们只能通过不需要政府批准的信托方式来开展商业活动。这种信托与英国主流的以家族财富管理与传统的信托完全不同,只是采用了“信托文件”(deed of trust)来实现商人们的财产(出资)集中到营利事业中(由受托人—董事接收),并在信托文件中照搬合股公司的章程及细则的条款,以便模拟合股公司的运作。因此,专注于证券投资与专注于某一行业的商业活动之间并无本质区别。

当英国《1862 年公司法》要求 20 人以上的自由结社群体必须注册为公司(corporation)并接受公司法的信息公开监管之后,投资者在 20 人的投资信托纷纷重新登记为公司。英国当时的公司法严格奉行“资本维持原则”,这意味着股份可以自由转让但不能赎回,因此采取公司组织形式的投资信托事实上成为封闭式基金。就内部管理而言,此类集合投资计划最开始是由公司董事会作为受托人管理投资人汇集的财产,1873 年后开始出现委托第三人投资顾问进行管理的实践。

真正采纳信托组织方式的集合投资计划,是 1931 年出现的“单位投资信托”,它是从美国引入的、在英国传统的公司型封闭基金之外创设出的开放式基金。在此种组织方式下,管理人向公众募集资金后,把资金交给托管人(也称为受托人)设立信托,公众投资者成为信托的受益人。这种投资信托最开始遵循固定的证券投资组合策略,管理人对于新加入信托的投资人的资金也按照此一投资组合买入证券,然后交给受托人折合成信托份额,故称为“单位信托”(unit trust)。不同于股份公司受制于资本维持原则,此类信托的受益人有自由赎回的权利,可以把单位投资信托份额卖回给管理人,这样就为开放式投资基金提供了法律基础。

第二次世界大战后,随着国际贸易、国际投资的发展,金融全球化成为一股潮流。伦敦作为国际金融中心自然希望拓展欧洲大陆的资管业务,但英国式的单位信托在缺乏信托法传统的欧洲大陆国家不太容易被接受。相反,欧洲大陆的小国卢森堡作为离岸金融中心创设了“开放式公司”这一新的组织方式,专为开放式基金所用。为了与之竞争,英国政府发布了《1996 年开放式投资公司(可变资本投资公司)条例》,明确了这种组织形式的两个特征:其一,在资产端,CIS 的财产形态必须是分散组合投资;其二,在资金端,投资者预期且能够在合理的期限内基于 CIS 所持有资产的公允价值变现其投资份额,且这种变现不同于公司法意义下的赎回。换言之,英国专为基金业创设了一种无须遵守资本维持原则的公司组织形态,股东可自由赎回股本,公司可以从股本中支付股利。当然,赎回基金份额必须严格按照净资产值进行,以保护公司其他股东和债权人的权利。这一组织形式不仅适用于传统的证券投资基金,也适用于另类投资基金(如 PE、VC 和不动产投资基金等)。

可以说,从 19 世纪中叶到 21 世纪初,英国历经一百余年完成了大资管组织方式的进化。

□ 美国大资管的组织形式

美国的资产管理源于19世纪末20世纪初的证券投资基金,其组织形式主要是按普通法成立的信托与按各州公司法成立的公司。其中,称为投资信托的既有单位投资信托,也有主流的麻省商业信托,后者实质上是公司的变形。采取麻省信托的主要原因是美国各州早期的公司法不允许公司持有其他公司的股票,因此专门投资股票或债券的商业活动无法以公司形式组织起来,故借鉴了英国早期投资信托的方式,以信托文件模拟公司章程来进行运作。当然,信托形式的另一个优势是信托份额可以自由转让以及赎回,这一点在20世纪20年代开放式基金出现后更加明显。

当美国通过《1940年投资公司法》时,国会的立法报告中描述了当时存在的四种集合投资形态:其一,管理型投资公司,即管理人向公众发行基金凭证,在募集资金后与投资顾问签订合同委托其进行投资管理,其又分为封闭型与开放型;其二,单位投资信托,该形式下没有管理人,由投资者作为信托资产的份额持有人,组成信托资产的投资组合不变;其三,定期支付计划(periodic payment plan),本质上是一种面向小投资者的销售模式,销售的标的包括管理型投资公司的股份与单位投资信托的份额;其四,面值证书公司(face - amount - certificate company),即投资者支付或分期支付特定对价,公司则承诺在到期时支付给投资者固定面值,或者在到期前支付约定的回购价(surrender value)。

美国《1940年投资公司法》的名称可能引人误解,它其实并不要求基金都采取公司的组织形式。相反,该法明确规定,基金可采取公司法人、合伙、协会、信托等任一形式。不过,该法同时要求基金必须要设立董事会或受托人委员会,其中独立董事必须占一定比重(从40%逐步提升),而无论基金在各州注册成立时选择哪一种组织形式。这相当于监管法在民商法提供的组织形式中强制性地嵌入了公司型的治理结构。此外,《1940年投资公司法》还给予投资者(作为公司股东、信托受益人和基金持有人)比一般公司法下的股东更多的投票权和决策权。因此,有美国学者将美国投资基金的组织方式称为"公司变异体"(corporate anomaly)。其最显著的特征就是民商法规则与监管法规制融冶一炉,创设出大资管组织独有的治理结构。

■ 宏观层面的大资管——行业视角

□ 从机构投资者到资管行业

资管产品、工具与交易组织方式的结合,形成了资本市场中一类特殊主体——机构投资者。20 世纪 60 年代以来,随着资管规模的扩大,此种机构投资者开始引起监管部门的关注,不仅是因为其投资活动对资本市场产生越来越大的影响,而且因为出现了“双重代理问题”,使得对基金业的治理成为工商界与金融界共同关注的问题。

1971 年,经合组织(Organization for Economic Co-operation and Development, OECD)发布了针对证券集合投资机构的白皮书,对这类机构投资者的治理提出了一些原则性要求。1985 年,欧盟出台了关于可转让证券的集合投资事业监管指令,作为对经合组织所关注问题的回应。到 20 世纪 90 年代,国际证监会组织从经合组织手中接过制定证券市场国际监管标准的责任,提出了“集合投资计划”的概念,并将监管关切的范围置于投资于可转让证券的集合投资计划,不涉及投资于不动产、抵押贷款的集合投资计划或风险投资基金等。不过,1998 年发生的美国长期资本管理公司倒闭事件以及 2008 年全球金融危机让各国监管者意识到,此前对私募基金自我管理能力与责任的高估,放任了资管行业普遍的高杠杆以及由此导致的金融市场系统性风险的积聚。在此情况下,国际层面就加强私募基金的监管达成共识,即将私募基金纳入资产管理的范畴,并形成了与中央银行合作的“宏观审慎监管”的全新监管理念。

作为此种理念的一些立法实践,美国 2010 年出台的《多德弗兰克法案》将对冲基金、PE 纳入《投资公司法》下的注册范围。在欧盟,有关投资基金的指令将资管业务分为两大类,第一类是从事公募证券投资业务的集合投资计划,第二类是另类投资基金,包括房地产投资基金、私募证券投资基金(对冲基金)、PE 以及 VC 等。2009 年,主要由发达经济体中央银行组成的金融稳定理事会(Financial Stability Board, FSB)成立,该组织在近年来发布了数份关于大资管与影子银行的研究报告,就可能影响全球经济的金融风险提出警示,投资基金、证券化、回购等均被其纳入影子银行和系统性风险的分析框架。

从这个角度看,作为一个金融子行业的资产管理,其内涵与外延并不单纯由具体业务形态决定,而是同时根据金融监管的需要而定。这一点与《证券法》下“证券”的定义方式非常相似。

□ 资管行业在金融市场中的定位

当大资管作为一个行业时,需要厘清其与整个金融市场的关系。金融市场的基本结构按其最核心的功能可分为两大部分:其一,提供融资并完成资金输送的市场,包括以资本市场为代表的直接融资市场和以银行为代表的间接融资市场;其二,风险管理的市场,包括传统的保险市场以及期货与衍生品市场。但是,如图4所示,大资管贯通了这两个不同的模块,也打破了同一模块中的不同市场以往分业经营的隔阂。换言之,银行、证券、保险、期货、信托公司均可面向投资者或其他终端资金拥有者提供投资管理服务,当然,居于中心地位的是传统的基金业。

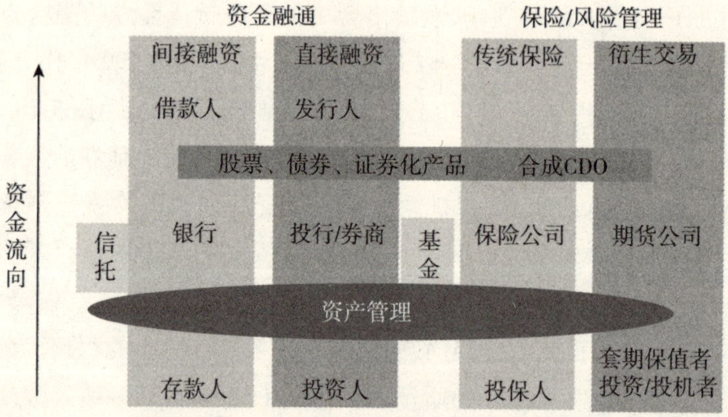

图4 资产管理在金融市场中的定位

之所以称为“大资管”,也正是因为它几乎覆盖了全部的持牌金融机构。这是因为,虽然银行、券商、保险公司、期货公司等金融中介的初始功能分别是存贷款、承销证券或提供保险等,但随着个人财富的增长,金融机构的专业性带来的客户黏性必然会推动其涉入投资咨询、代客理财或资产管理,并由客户承担投资风险。正是在这个意义下,按照摩根士丹利董事长戈尔曼的说法,大资管正成为整个金融服务体系中的单一最大领域。与此相适应的则是传统的分业监管转向功能监管,以及“大证券法”或资本市场法/金融服务法的兴起,金融机构的传统业务与资管业务分别承受了银行/券商/保险监管与资产管理监管。

在我国,资产管理的代表形态也是证券投资基金业。为什么称为“基金业”而不称为“资产管理业”,业界有一种代表性的说法是,我国基金业在20世纪末刚开始兴起时,“资产管理”不是个好词。当时人们只知道有四大资产管理公司,如信达资产管理公司、华融资产管理公司等,各自对应于一家国有商业银行的不良贷款或不良资产重组业务,主要就是在处理不良资产、追讨债务。如果基金业也冠以“资产管理”的名义,恐怕容易让投资者产生误解,以为基金业也是在处理不良资产。所以业界就提出用“基金”而不是“资产管理”的名称。后来,业界又借鉴我国香港特区的“集合投资计划”的称谓,出现了“资管计划”等提法。

另外需要注意的一点是,《资管新规》排除了资产证券化业务的适用。这是因为,资产证券化是从融资端启动的业务,而非从投资端启动的业务,其权利义务上与大资管有本质区别。从上图中可以看出,资产证券化位于融资人与金融机构之间,这表明其为金融机构为融资人提供的融资产品或工具。在域外,特别是2008年金融危机之前,资产证券化业务与衍生品融合形成了“合成CDO”,其亦从融资端启动,由发行人委托金融机构创设相应金融产品并向投资者发行以募集资金。

□ 资管行业与信托业

作为金融子行业的大资管与信托业之间究竟是什么关系,这是法律人主张大资管回归“大信托”时并未深入思考的问题。乍看起来,在图4的各金融子行业中,信托和基金两个比较相似,都是金融机构接受委托人的财产进行管理,因此明显有别于银行业或证券业,后两种业务下投资者都是自己直接进行投资决策。比如,在银行业务中,我们作为存款人,把资金存入银行获得存款利息,或者在证券市场中自己去买股票、债券等,这些都是我们直接去做投资活动。但是基金和信托,本身就反映的是我们这些资金或资产的终端持有者,把我们的财富委托给特定的金融机构去管理,无论是去投资——如基金本身就是一个投资载体,还是由受托人进行财富管理——信托原来最开始是一个持有财产并保值的机制,而非追求增值。不过,后来随着委托人的财产从土地变为现金,投资活动也成为信托受托人的主要管理方式。正是在这个意义下,信托和基金都应置于金融机构与终端资金提供者之间。信托公司或基金管理公司与委托人之间、与投资者之间,均存在一种财产的托付关系,信托公司或基金管理公司则进行受托管理。那么,为什么图 4 中要把二者分别置于银行与投行的“附庸”之位置?

这就跟信托业的定位有关。无论是域外还是在中国,信托公司与银行都有着千丝万缕的联系,更具体地说附属于银行的地位。目前域外实际上没有什么大的信托公司,也没有一个所谓的独立的信托行业,信托业务基本上来说是附属在银行的业务项下。

作为一个行业的信托,可以由受托人群体来代表。从历史上看,英国的受托人主要是个人,包括委托人的亲友、律师以及地方有名望的乡绅。美国的受托人主要是商业机构,即信托公司。在美国,信托公司在 19 世纪 30 年代至 40 年代刚出现时,曾经作为独立机构存在,但其信托业务很快就被保险公司以及后来被银行占据了主导地位;原因无他,就是后者财力更雄厚。保险公司和银行相对于独立的信托公司来说,资本金以及所管理或占有的财产更加庞大,相应地,公众对其信任度就会更高。毕竟如果出了损失,投资者去找保险公司或银行索赔,后者也更能承担得起。所以,美国的独立信托机构,开始是被保险业,后来是被银行业给吃掉了。今天在域外,信托业务基本上是银行的附属业务。

中国的信托公司似乎不然;我国拥有一个即使不是全世界唯一、可能也是非常罕见的独立的信托业。当然,日本也曾经有一个比较庞大的信托银行体系,这一点对我国早期信托业发展的路径也产生了影响。不过,中国信托业的独特存在更是改革开放的阶段性结果。1979 年国际信托投资公司设立,标志着信托公司这一业态的出现,其扮演的就是在传统的资金计划体制——仅由银行作为中介——之外,再创造一条相对市场化的资金融通道路。换言之,信托公司扮演了“第二银行”的角色,因为政府给了信托公司放贷的权利,也允许它从国内外筹集资金,同时它也可以接受企业或者地方政府多余的资金来进行委托贷款。因此,我国信托公司的产生和发展,是基于松动传统单一的银行资金分配体制的改革目的,这就使得它客观上变成了第二银行。这也决定了在很长一段时间内,信托公司实际上不是扮演“受人之托,代人理财”的角色,而是本身就在放贷。后来我们在大资管乱象当中看到信托公司是影子银行非常重要的组成部分,就是因为它有这个基因。

有趣的是,中外信托业也算是异曲同工。虽然起点不同,路径也不一样,但都走到了信托和银行关系非常密切以至于成为银行附庸的地步。未来我国的信托公司将进行重大改革,摆脱放贷或融资类信托业务,真正回归到“受人之托、代人理财”的定位上。只是，面对已经发展得颇具规模的其他受托管理人——基金管理公司、证券资管部门、保险资管公司、银行理财子公司等，独立的信托公司如何能够自足？

■ 资产管理的法律框架

现在我们可以回到最初的问题，大资管回归本源究竟是回归何处？是否就是回归“大信托”？或者，大资管的“上位法”是不是信托法？

大资管可以从微观、中观、宏观来观察，可以有产品、工具、组织形式、行业等不同视角。仅局限于某一个层次，或仅就某一个环节来谈回归“大信托”或“信托法”，均是片面的。我们指出大资管回归本源而非回归“大信托”，并不是在“反信托”，而是因为“大信托”这一表述既含混不清，又过于简单化，其无法完全涵盖大资管任何一个层次的基本特征。信托法也并非大资管活动中的主要法律渊源；甚至，大资管的“上位法”的表达都令人困惑——什么是上位法？

观察域外成熟市场中资产管理的法律框架，它是一个复杂的体系，我把它总结为“三横三纵”模式，如图 5 所示：

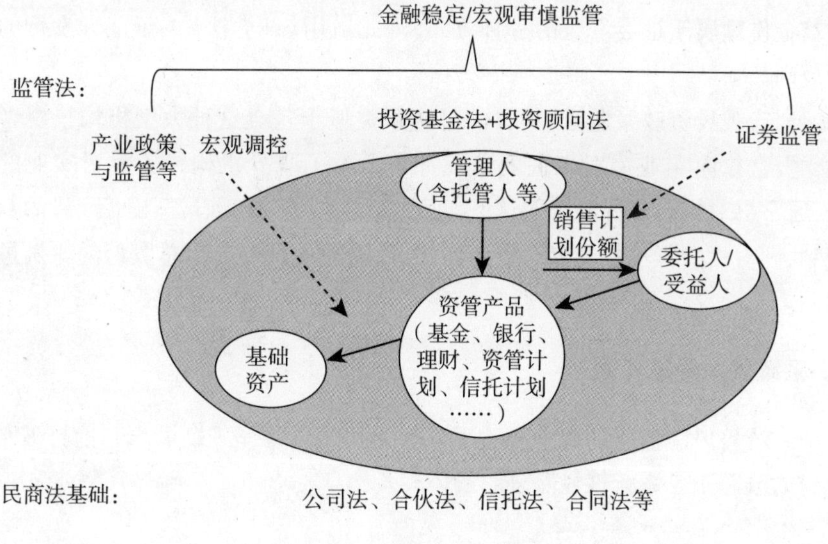

图 5　大资管的法律框架

所谓“三横”，是指大资管受到三个层次的法律约束，分别是民商法与监管法，其中监管法又可以分解为两个层次：传统的基金监管与 2008 年金融危机后出现的宏观审慎监管。所谓“三纵”,是指资产管理组织的业务流程,可大致划分为资金募集、基金管理、投资活动三个环节。“三横”与“三纵”交叉,构成了大资管据以生存的法律环境。

□ 民商法基础

民商法中的信托法与公司法、合同法等法律同样重要。民商法基础一方面影响当事人的权利义务,另一方面影响包括管理人在内的整个大资管组织架构的运转。

□ 监管法

监管法与“三纵”交叉,其包含三个环节:

1. 针对整个资产管理行业或基金组织运作的监管规则,体现为各国的投资基金法、投资公司法或信托业法,这些法律属于行业监管法。就立法体例而言,以美国为代表的“投资公司法+投资顾问法”的两分模式是主流,我国则将对基金的组织运作以及基金管理人的监管统一规定在《证券投资基金法》一部法律当中。

2. 证券监管,其主要针对基金募集投资者资金的行为。基金向投资者发行基金份额属于证券发行的一种方式,因此适用《证券法》关于证券发行的监管规则。

3. 宏观投资政策监管,其目的是防止类似于基金这种大型机构投资者将巨额资金投向实业后对工商业造成冲击。为了减少机构投资者对实业的冲击,通常会对银行和保险公司这些大型“资金池”施加“前端”与“后端”的双重限制,即对投资额占投资者总资产比例、投资额占目标公司总股份的比例进行限制。

□ 系统性风险的考量

系统性风险监管的观念脱胎于2008年全球金融危机。我国目前打破刚性兑付的改革正是系统性风险理念的体现。

■ 结　语

在金融法领域,“从概念出发”是金融法问题研究常浮于表面的主要原因。

金融法不是由教义学统治的世界；相较于金融行业的迅速发展，法律的发展具有滞后性，加上我国金融法律制度不少借鉴自域外，更无法从法律本身的概念出发推导出结论。

即便如此，强调“大资管回归本源”的法律视角仍然是有意义的。它并不是简单地辨析概念，当然也不应该是单纯基于“受人之托”的热情或使命感而高呼口号。目前，大资管领域的主要问题是缺乏体系性的法律建构：在分业监管的情况下建立大资管的统一监管标准，很有可能造成类似于美国州际公司法的“朝底竞争”。前一段时间有关银行理财与基金之间是否存在监管之不公平对待的争议，就是一例。不可否认，监管与业界的共识与合作是我国大资管转型的必要条件，但作为当事人的业界也存在俘获监管的天然动机。作为法律人，我们应当运用自己独特的思维方式与强大的逻辑分析能力，去辨识法律与经济活动的互动中存在的、从交易到民商法再到监管法的层次感，为监管者提供一条比处于利益旋涡之中的业界更客观也更清晰的分析进路。

▣ 阅读指引

◫ 中文文献

1. 吴晓灵、邓寰乐等：《资管大时代》，中信出版社 2020 年版。

   总结中国大资管发展历程及经验教训的力作，揭示了大资管在中国异化为影子银行的制度环境，对大资管行业的未来发展也有深刻的洞察。

2. 柳灯、杨董：《银行理财十年蝶变》，经济管理出版社 2015 年版。

   银行理财是大资管领域最具中国特色的部分，一度成为中国式影子银行的代名词。本书详细记述了银行理财的产生、发展、演变的历史，记者体风格读起来也比较轻松。

3. [美]马修·P. 芬克：《幕内心声：美国共同基金风云》，董华春译，法律出版社 2011 年版。

4. 中国证券投资基金业协会编著：《基金》，中信出版社 2019 年版。

   以上两本书可以参照阅读。这两本书分别展现了美国和中国的公募证券投资基金行业的历史发展过程，以及在此过程中法律与监管的演变。

5. [日]三菱日联信托银行编著：《信托法务与实务》，张军建译，中国财政经济出版社 2010 年版。

   中国的信托法立法以及信托业发展路径均受日本影响甚深。本书对于日本的信托业务与信托法制度的介绍，生动展现了大陆法系国家继受信托法与信托制度的过程，有助于理解信托与资管的关系。

6. 郭强主编:《中国资产管理:法律和监管的路径》,中国政法大学出版社 2015 年版。

7. 郭强主编:《人民币基金法律与实务指引》,法律出版社 2021 年版。

以上两本书可以结合阅读。作者从专业基金律师的视角,探讨了中国资产管理的法律框架以及私募投资基金募集设立及运营合规相关的法律与实务问题,对于了解资产管理的法律实务很有帮助。

英文文献

1. Harvey E. Bines & Steve Thel, *Investment Management Law and Regulation*, 3rd ed., Wolters Kluwer, 2019.

美国资产管理行业法律与监管的经典教材。

2. Kam Fan Sin, *The Legal Nature of the Unit Trust*, Clarendon Press, 1997.

从民商法角度对英国式的单位投资信托进行深入分析的经典著作,有助于理解信托与基金、资产管理之间的关系。

3. Theodore J. Grayson, *Investment Trusts: Their Origin, Development and Operation*, John Wiley & Sons, Inc., 1928.

描述了英国与美国资产管理行业的产生、发展与经营方式,反映了监管产生之前行业生态的自然发育过程,对理解资产管理的内在逻辑很有帮助。

中国银行业和银行法发展40年的本土经验

吴志攀

关于作者

吴志攀

北京大学法学院博雅讲席教授，博士生导师。曾从事过多年高校行政管理工作，参与过全国人民代表大会的一些重要立法工作和最高人民法院司法咨询工作；曾任北京市海淀区人民陪审员。涉足多个领域的法律理论和实践，主要研究方向为金融法、国际经济法、图像与法律等。著有《金融法概论》《图像与法律》《王二的婚事》等。

自1988年留校任教以来，先后讲授过经济法、金融法、银行法、国际金融法、图像与法律、艺术与法律、漫画与社会等专业课与通识课。

（说明：本文为2018年讲课稿。原载《金融博览》2019年第1、2期。）

2018年是我国经济改革开放40周年，各行各业都在总结40年来的经验。对于我国银行业与银行法领域来说，回顾过去40年来所走过的道路，也有许多经验值得总结，特别是外国银行没有而只有我国银行有的成功做法，更值得总结。本人将这种经验称为"本土经验"。

■ 第一条本土经验："存款有息"

在中华人民共和国成立初期，国家经济建设需要资金，政府提倡"勤俭节约"，鼓励人民把节约下来的钱存到银行，支援国家经济建设。为了鼓励居民储蓄，我国长期以来不但实行"存款有息"原则，而且利率水平在国际上都是比较高的。这些做法是对存款人的鼓励。

此外，存款有息原则的意义还在于抵御通胀。在解放前的国民党政府时期，曾经发生过严重的通胀。自1935年以后国民党政府的货币政策转为多发货币，到1947年前后，国内纸币通胀到了没有商店愿意接受的地步。许多商店为防止通胀，不愿意接受当时的纸币，即金圆券。

在中华人民共和国成立以后，中国人民银行长期实施存款有息原则，储蓄利息不仅是对储户存款的鼓励，调节储蓄利率还是国家调节市场物价的金融政策工具。例如，1988年夏季，国内一度货币通胀率非常高，城镇居民开始从银行取出存款，到市场上抢购商品。当时许多商店的货架都空空如也。中国人民银行及时颁布"储蓄保值贴补利率"，根据物价指数的波动浮动调整储蓄存款利率。当时的"三年定期存款利率"曾经超过20%，等到通胀下降以后，存款利率又恢复到原来水平，大约在7%。

1984年中国人民银行办理的居民储蓄等业务划拨给专门成立的中国工商银行来办理。同时中国建设银行（原来是专门从事中长期基本建设贷款的专业银行）、中国农业银行（原来是在农村专门从事大型农业水利和农田基本设施建设贷款的专业银行）、中国银行（原来是专门从事外贸进出口业务贷款的银行）放开原有的业务限制，均可以从事城镇居民储蓄存款等业务。1986年1月7日国务院颁布《银行管理暂行条例》（已失效），其中第47条重申了储蓄原则:国家保护个人储蓄存款,实行存款自愿、取款自由、存款有息、为储户保密的原则。1995 年我国《商业银行法》(已修改)颁布实施,该法第 29 条第 1 款再次重申储蓄工作的原则:商业银行办理个人储蓄存款业务,应当遵循存款自愿、取款自由、存款有息、为存款人保密的原则。

回顾 1995 年以前,在《中国人民银行法》和《商业银行法》起草讨论阶段,曾有人建议不写入"存款有息"条款,因为参考国际惯例,许多国家的商业银行法都没有这一条。但也有人坚持"存款有息"必须写,因为这是我国商业银行的传统,又符合我国民间有偿借贷的习惯。用经济学理论来解释利息,就是金钱的时间费用。20 世纪 80 年代以后,日本的商业银行给存款人的利息逐年减少,后来到"零"利率。我国香港特区的商业银行对"睡眠"储户收取一定比例的服务费,有一个阶段甚至高达 20% 以上。后来我国信用卡的睡眠账户也要收手续费等。

为什么境外银行后来将存款利率降低到可以忽略不计的程度呢? 有几种解释:一是银行办理个人存款业务的成本比较高,甚至是亏损的;二是银行的资金来源已经不再主要依靠个人存款,而是通过吸引大额存款和发行债券募集;三是经济程度较高,个人和企业从银行贷款的需求已经开始下降,所以银行不再依靠存贷差获得收益;四是信用卡普及之后,信用经济的消费观也影响了个人存款的愿望;五是股市和债市以及基金市场的投资收益高于银行存款,所以个人如果有余款会优先选择投资市场。相比之下,我国还处于发展中国家,还有许多公共基本建设需要资金,我国消费物价也需要金融政策和财政政策调控。而且,我国还不是"信用卡消费"为主的市场模式,而是"储值卡消费"为主的市场模式。前者消费者用的是银行贷款的钱,后者消费者用的是自己存在银行里的钱,所以个人储蓄存款仍然是非常重要的。

正因为我国长期坚持存款有息原则,所以在过去 40 年来我国居民个人储蓄一直处于较高的水平。1978 年我国银行总资产约 6 万亿元人民币,到了 2017 年我国商业银行总资产 252 万亿元人民币。40 年间增长了 41 倍。比较美国的银行资产总值,2017 年美国银行总资产 17.41 万亿美元,相当于 120 万亿元人民币。我国银行的资产总值是美国的 2.1 倍。

就我国的股市而言,1990 年在上海成立证券交易所,1991 年 7 月 15 日起开始实时发布上证指数,基日定为 1990 年 12 月 19 日,基日指数定为 100 点。2018 年 11 月 23 日我国沪市收盘 2645.43 点,总市值约为 50 万亿元人民币。

比较我国的经济发展数据,股市不应该是这么低的指数。1978 年我国 GDP 是 3678.70 亿元人民币,2017 年 GDP 是 82 万亿元。2018 年 GDP 将达到 88 万亿元人民币。

上述银行数据与股市数据比较来看,可以说,我国银行业发展与我国的经济发展是匹配的,而股市的发展与我国经济发展是不太匹配的。究其原因,从我国本土银行业和证券业市场化角度来观察,应该说我国股市的市场化程度比我国银行业市场化程度要高。因为股价是市场决定的,银行利率不完全是由市场决定的。但是我国银行业的发展阶段与政府调控方法是互相匹配的,即银行业的市场化程度不是那么高,政府调控的方法也不是完全市场化。

■ 第二条本土经验:国有商业银行与其他商业银行并举

2017 年年底,我国国有商业银行在银行业占比 37% 左右,非国有商业银行及其他金融机构占比 63% 。这是我国银行业的一大特色,因为在外国没有“国有商业银行”这个概念。

1948 年成立的中国人民银行,既是发行人民币和执行货币政策的中央银行,又办理储蓄、结算和贷款等业务。1984 年成立中国工商银行时,才将原来由人民银行办理的储蓄、结算和贷款划转到中国工商银行。那时中国工商银行办理城镇居民和企事业单位的存款、结算和贷款业务,中国农业银行主要办理农村农田水利工程贷款业务,中国建设银行主要办理中长期基本建设项目贷款业务,中国银行主要办理进出口贸易贷款和信用证业务。工、农、中、建四大国有银行当时称为“专业银行”,还不称为商业银行。

直到 20 世纪 90 年代初,专业银行放开原来的专业限制,四大银行可以相互竞争,后来国务院在一些省会城市开展成立地方商业银行前期调研时,我们对“商业银行法”的概念才逐渐从理论上接受。1995 年 6 月《中国人民银行法》(已修改)和《商业银行法》通过,同年 10 月国务院下发通知在全国 30 个城市首批成立城市商业银行,然后第二批在 65 个城市成立商业银行,接着第三批在 50 多个地级市成立商业银行。

现在全国有 167 个城市成立了商业银行,在全国银行业占比 13% 左右。此外,股份制银行占比 18% 左右,农村金融机构占比 13% 左右,其他金融机构(包括外资银行、合资银行、金融信托公司等)占比 19% 左右。这就是我们目前银行业各类银行的市场格局，而且是在世界上非常独特的银行格局。

国有商业银行依托政府信用作为基础，所以拥有较高信誉。此外，国有商业银行拥有网点多的便利。由于我国国有商业银行成立的时间相对比较长，所以营业网点比较多，比较方便客户办理各种业务，减少路途和等候的时间。特别是在一些人口老龄化水平较高的城市，该地区老年群体习惯选择到家门口的实体银行门店办理业务，而且该群体在银行的储蓄存款额占银行存款总额很高的比重。

当然现在各类银行都开办了线上提供业务服务的网页。但是银行门店的营业网点终究是为客户服务的落地实体形态，即便是网络银行，也得有一个实体办公场所，不可能都是虚拟的形态。因为这是《商业银行法》第20条的规定，设立商业银行的条件中的第5项规定："有符合要求的营业场所、安全防范措施和与业务有关的其他设施"。在实际操作中，实体营业场所在司法方面来说，也是十分必要的。

现在已经是一个线上线下融合的时代，没有任何网络平台可以说离开线下合作能发展得更好。银行的存款、转账结算和贷款虽然都可以在网上实现，但依然不可能完全取代实体银行的门店、信用卡和线下人工服务，而是减轻和转化人工服务的负担与方式。在我国银行网点依然是重要的服务窗口，国有商业银行以网点多而成为线下最为便利的连锁门店。我们还应该看到国有商业银行的信用和网点完善的线下服务，在金融服务多元化转型的进程中，将发展出超越人们今天能够想象的未来。

■ 第三条本土经验：网上第三方支付的普及

我国是继美国1998年开放网上第三方支付之后，较早开放网上第三方支付的国家之一。以支付宝为例，2003年5月，淘宝网公司成立。2004年12月网上第三方支付工具支付宝上线运营。根据2017年的统计，支付宝有8.7亿位用户，2017年，年累计支付规模77万亿元，余额宝规模突破1.43万亿元人民币。目前支付宝与微信支付占我国移动支付领域80%以上。我国移动支付排世界第一，普及率为47%，其次是挪威42%，英国24%，美国17%。网上第三方支付虽然不是我国首先发明的，但我国却是普及率最高的。

转账结算原本是中央银行的一项专属权力，或中央银行给予其他专门金融机构的特别授权。自古以来转账结算都是政府的权力。因为这项权力的经济利益很大,因此应该是公权力,必须由政府来掌握。政府是没有市场经营利益的公共机构。发行货币可以带来铸币税,这个收益只能给国库,不能给市场营利机构。转账结算也能带来账面头寸余额,每一时点的头寸汇集起来是巨大的经济利益,所以只能由政府公共机构来掌握,不能交给市场营利机构控制。因此,转账结算的两种常见工具之一的票据转账结算,在当地中央银行的票据交换所(后来是票据交换平台)完成。转账工具之二的银行卡,在我国的银联跨行平台完成转账结算。我国所有支付结算都是在中央银行管理与监督之下进行的。

既然转账结算权是政府的公权力,我国为何能放开给民间非金融机构经营呢?这个问题从表面上看似乎是这样,实际上还是比较复杂的。因为网上第三方支付从本质上说,是一个窗口的作用,后台还有绑定的银行卡作为基础。所以网上第三方支付与银行卡有自动转账协议,消费者支付的货款或服务费最终还是从他们的银行卡划款的。所以网上第三方支付还不是完全脱离银行卡而独立运行的工具。

■ 第四条本土经验:对"非法集资"废除死刑,但须严管

"非法集资"是20世纪90年代开始出现的一个现象。许诺以高额回报,向不特定对象吸收公众存款,从事经营活动,造成公众经济财产损失的,就是非法吸收公众存款行为。还有就是以欺诈为目的,许诺以高额回报,向不特定公众吸收资金,但并不从事经营活动而是要跑路的,这情况就是集资诈骗的犯罪行为。

我国自20世纪90年代以来,"非法吸收公众存款"和"集资诈骗"活动频发。为了打击这种破坏金融秩序的犯罪行为,1995年全国人大常委会通过决定,即《关于惩治破坏金融秩序犯罪的决定》,规定了非法吸收公众存款罪和集资诈骗罪,对于集资诈骗罪,后果十分严重的,可以处以死刑。

在我国刑法和金融法研究领域中,这是一个非常重要的课题。现实中,上述非法活动在我国容易得手,而在国外通常不容易成功,所以,这种行为在我国是对公众财产危害极大的犯罪,而在国外并不是像我国刑法规定的这么严重的犯罪。其中就包含着我国民间金融市场的特点,值得我们去深入研究。

第一例“非法集资”罪改判死缓的案件。2009年12月浙江金华市中级人民法院以非法吸收公众存款罪和集资诈骗罪判处吴某死刑，吴某不服上诉浙江省高级人民法院（以下简称浙江高院），2012年1月浙江高院驳回上诉，维持原判，该死刑案件报到最高人民法院死刑复核。当时社会舆论对民间借贷看法不一，包括一部分知名法学家、经济学家和民营企业家公开发表对吴某案的看法。在随后召开的全国两会，该案成为民营企业家代表和记者关注的热点话题。2012年4月最高人民法院未核准死刑，发回浙江高院重审，2012年5月浙江高院改判死缓，2014年7月减刑为无期徒刑。

在这期间，从第一个非法集资案例的死刑到死刑废除前，非法集资案件一直没有停止过。开始是线下，后来转到线上，数额越来越大，参与的人数越来越多。这说明死刑无法阻止这种犯罪。真正降低和预防这种犯罪的方法是普及金融知识和市场知识的教育。例如，在我国金融行业工作的员工，他们由于金融知识和市场经验比较丰富，所以很少参与这种高回报为诱饵的非法集资活动。

对“网络集资贷款”（P2P）必须严格监管。“网络集资贷款”在国外不应该属于新生事物了，但他们由于长期生活在商业化社会，对商业的认知度比较成熟，对市场上出现的各种商业行为警觉度比较高，风险也随之降低。加之发达国家的信用记录已经发展了一百多年，在市场上有没有信用是第一要务。

我国金融市场经济发展时间还比较短，仅有两代人的经验积累。我国个人征信体系是最近十几年才逐步建立的，并且还很不完善，我国市场商业信用体系也很不健全，信用还不是社会中的第一要务。

“网络集资贷款”只是网络金融中的一项，早在政府鼓励开展“互联网+”之前，网络金融的业务就几乎涵盖了银行业务、个人理财、保险业务、证券业务、私募基金等各个领域。一方面网络金融大有替代传统银行、保险和证券业实体店的趋势，另一方面鱼龙混杂，良莠难分。我们要从两方面来看问题，既要看到网络金融的积极的一面，如降低成本、节省人工、24小时服务等，也要看到其给了不法分子可乘之机的另一面，网络金融诈骗一度沉渣泛起。

网络贷款初期难以划出红线。2003年5月以淘宝网为代表的第一批网络购物平台开始营业，小微电商就有短期小额资金周转贷款的需求。最早的“网络集资贷款”业务为满足小电商的需求应运而生。2007年网络集资贷款逐渐扩大到P2P贷款业务。随着拍拍贷（2007年）和人人贷（2010年）等一批P2P

网络集资贷款公司出现,发展到2012年至2015年全国网络集资贷款公司的数量快速增长。原因有以下几点:一是P2P贷款在一定程度上弥补了实体金融为小微企业和个人提供贷款的短板;二是弥补了民间小额借款信息不对称的缺失;三是采用计算机辅助人工处理,工作效率高,节约人工成本,运营费用低。

但是由于我国个人信用体系发展较晚,目前还处于不完善阶段,如何在现阶段解决资金闲置与资金需求的矛盾,同时,如何解决小微企业和个人的信用缺失与无抵押小额贷款之间的矛盾,采用P2P网络集资贷款可以是一种选择方案。因为它利用计算机网络技术,降低了借贷双方的信息收集成本,使线下民间借贷的"熟人借贷"模式转变为线上的"陌生人借贷"。在传统实体金融机构不能完全满足个人无抵押短期小额借贷的时候,P2P贷款可以部分满足个人和小微企业资金周转的需求,同时还能为大众提供一种小额理财方式。

有关监管机关已经颁布了13条禁止P2P网络集资贷款经营者触碰的监管红线,否则以违法处理,并追究当事人的法律责任。金融监管部门还要求,P2P要将客户的资金实行第三方(银行)存管,同时,还规定对客户资金和网络集资贷款机构自身资金实行分账管理。对于相关的P2P贷款额度的限制,也有一些从事网络集资贷款的机构负责人表示,这虽然可以满足个人电商和小微企业的一些需求,但对于那些做大中型批发生意的个人和企业的较大数额需求,就难以满足了。可见我们目前所划的监管红线,还是较为"一刀切"的办法。为了满足网上集资贷款的不同需求,我们的监管政策还需要不断地完善和细化。

■ 小 结

我国经济学界过去经常以是否"市场化"来衡量国内的某种做法或政府的某项经济政策。我们衡量的标准只有一个,就是政府所做的一切都要有利于我国人民的福祉和人民群众的根本利益。我国的经济发展阶段与其他国家不同,政府出台的政策和立法机关制定的法律必须与我国经济社会发展阶段相适合,如果适合就会促进经济和社会的发展,反之亦然。

上述四项本土经验,我认为都是适合我国经济和社会发展阶段的,所以在过去的实践中已经看到成效。我国过去40年在经济和金融领域也有过许多教训，部分是因为政府出台的政策和立法机关制定的法律在不同程度上与经济发展不匹配造成的。

我们今后只有坚持实事求是的方针，立足于中国本土，深入中国基层的实际生活，从老百姓长期生活形成的常理中，提炼我们的政策和法律，才符合“百姓日用即道”。我们还要从中国社会情理来分析问题和解释经济政策和法律，即“情理切害者，盖欲原其本情，广思慎罚故也”。

■ 附录：数字化人民币对央行和商业银行的多元影响

□ 数字化人民币正在开始推广

2020 年 8 月 14 日，我国央行和商务部在深圳、苏州、雄安新区、成都及未来的冬奥场景等地，开始进行内部封闭试点测试数字人民币，即 DCEP，全称 Digital Currency Electronic Payment，直译：数字货币电子支付。2021 年在北京大兴机场，旅客可以从专门的柜机上领取 100 元电子人民的奖券。2021 年 6 月 11 日，北京“京彩奋斗者数字嘉年华”4000 万元数字人民币红包正式发放，中签者可在北京市近 2000 家指定商户无门槛消费使用。

中国人民银行数字货币其实就是人民币的电子版，与已有的支付宝和微信支付等网络第三方支付方式不同，与比特币和美国 Facebook 发行的 Libra 也不同。前者没有国家中央银行背书，是独立商业机构为了便于网络购物而发展出来的网络第三方支付方式。而我国央行发行的数字化人民币，不但有政府背书，而且这种数字人民币就是我国央行发行的，它与人民币纸币一样，具有主权货币的法律效力。

发行数字人民币的重要性有若干，但是最重要的就是保证央行在金融数字化过程中的主导地位。根据 Worldpay 的 2020 年全球支付报告，“在疫情结束后，全球销售点的现金使用量，有可能从 2019 年的 30.2%，加速下降到 2023 年的 18.7%”。央行仅靠发行现金纸币来制定与执行货币政策，其掌控力度会进一步下降。如果要保持央行的主导地位，发行数字货币是一种政策选择。

另外，随着区块链技术的发展和应用，商业银行之间的转账结算等业务将越来越多地使用区块链技术。区块链的特点即是“去中心化”。这对传统央行在银行金融业务中基于“中心化”的主导地位和集中调控权力形成了挑战。甚至从某种意义上来说是“去央行化”。为此，央行发行数字货币，应对这种挑战。

另外,从普惠金融层面上讲,央行发行数字人民币将给我国那些没有商业银行账户和信用卡的人群带来便利。例如,待业者、不使用手机者、高龄老人和残疾人群,他们或有收入,或没有收入,或使用纸币更容易,或有对手机支付保持警惕心理。我国还有许多小微商店(“夫妻老婆店”),依然在用纸币支付。这种情况即便在今天的一线城市的小角落里,也能见到用现金支付的小店。对于这部分群体而言,数字人民币可以使他们分享经济与社会发展的成果,从而改善他们在社会中的地位。

最后从环节保护的角度看,数字人民币对于环保方面的贡献也是很明显的,对于节省纸币在流通各环节中的人力物力财力消耗,也都具有十分重要的意义。

从法律层面上来说,数字人民币的试点工作,应该要得到全国人大常委会通过颁布决议修改《中国人民银行法》相关条款内容,即《人民币管理条例》第2条规定:“本条例所称人民币,是指中国人民银行依法发行的货币,包括纸币和硬币。”依据现有法律,数字人民币并未包含在法定人民币表现形式之中。还有,因为传统纸币收支不需要专门设备,主要是人与人面对面支付和接收。所以现有的《中国人民银行法》第16条和《人民币管理条例》第3条规定:“以人民币支付中华人民共和国境内的一切公共的和私人的债务,任何单位和个人不得拒收”。数字人民币支付和接收还需要专门的技术设备,在那些尚未安装该设备的商业网点,就可能出现“拒收”数字人民币的情况。

专门设备的广泛普及不仅需要时间,还需看谁来承担成本等问题。例如,是央行出资“免费安装”,还是要商业网点来承担成本呢?现在商业网点和流动商贩所使用的支付宝和微信扫码的成本费用,由网络公司支付了,已经是免费安装和使用了。网络公司是市场化运作的企业,因此没有增加央行的财政负担,也没有增加商业网点的费用负担。银行卡刷卡支付需要商业网点承担一定使用成本,占支付金额的1%~2%。因此商业网点更愿意接受支付宝和微信扫码付款设备,因为其是免费的。现在面临数字人民币付款技术设备的成本谁来承担这个问题,并且该问题还没有答案。要回答这个问题,还需要测算,毕竟这个金额也是一个不小的数字。中央财政如何预算?央行或商业网点谁来承担数字人民币的运维成本?要回答这些具体操作问题和财政问题都需要时间,所以修订相关法律的工作,也要等待有了一定答案之后才能进行。

这也许就是数字人民币立法或修改法律滞后的客观原因之一。立法与修改法律,从来都不仅是全国人民代表大会及其常委会的白纸黑字,更重要的是谁承担执法成本。因为法律从来就不是"无米之炊",也不是"画饼充饥",法律是"真金白银"。

但是这不是数字货币的本质问题,本质问题还是"虚拟金融"的出现,将给现有的商业银行系统及其运行方式、持有纸币的消费者、纸质储蓄账户、用纸币支付结算的小微单位,以及用人民币作国际贸易结算的国外贸易客户及其运作方式带来深刻的变化。这种变化的优点我在前面已经说过了,而且在我之前,有关官方宣传资料和专家学者也早已说过了。我下面要分析的是:数字货币是否有负面因素?如果有,商业银行与广大客户将需要付出哪些成本?

我们先看现有的网络第三方支付方式的例子。2004年我国开始出现支付宝这种支付方式。它是吸收转化美国1995年ebay网络购物的支付方式,即paybal网络第三方支付方式。这种方式却在美国流行得不是如我国所想的那么普及。可能paybal偏重于保护商家,而不是消费者?也可能是美国当时同时还有其他多种支付方式,使得paybal在如此多样化支付的美国市场中,显得像一个"优秀的迟到者"。例如,美国信用卡使用率非常高,并且可以在网上使用信用卡支付,而且信用卡公司对持卡人的保护也非常周到。各种原因都导致paybal的使用场景不像支付宝在我国那么广泛。

当paybal进入中国被改造称为支付宝时,情况发生了很大变化。一方面,支付宝偏重保护消费者;另一方面,国内当时没有其他网上第三方支付方式,加之国内信用卡使用率偏低,国内发卡银行对持卡人的保护远不那么完善,可能还有其他原因,总之支付宝在国内的使用场景迅速扩大。很快,支付宝就发展到淘宝网之外,在餐饮、实体商店、出租车、酒店、高铁、航空等几乎所有可以使用纸币和信用卡的商业场景,都可以使用支付宝。随着手机移动支付的出现,连乞讨者也可以用扫码讨钱了。支付宝发展了10年左右,微信支付方式很快跟进,现在国内两大网络第三方支付方式就是支付宝和微信支付,它们各占半壁江山,并驾齐驱。

抛开手机移动支付的便利,金融机构、商业网点和消费者要承担什么代价呢?在国内谈论代价的论文明显不如说优点的多。先看消费者,最明显的代价有三:一是个人隐私保护在一定程度上需要放松;二是财务安全度心理警惕在一定程度上需要放宽;三是手机丢失或被盗的后果。这些还是消费者个人要承受的代价。银行等金融机构要承受什么代价呢？也可以概况为三点：一是原来的银行储蓄存量需要分出来一部分给网络第三方支付机构，如阿里和腾讯；二是信用卡使用市场也需要分一部分出来给阿里和腾讯；三是银行账户的流动性在一定程度上降低，因为储蓄存量和信用卡存量分走了一部分。

对于商业银行的结算业务要承受的代价，我也概况为三点：一是原来使用支票结算的规模在一定程度上缩小了。二是商业银行支票账户上余额规模也在一定程度上缩小了，这部分相当于商业银行的短期无息存款，所以，商业银行的流动性也相应减少了这一部分。三是商业原有一部分门店柜员服务不需要了。这对于机构来说，是降低人力资源成本，减少商业银行运行经费。但是对于员工个人和其家庭来说，这就意味着是失业，“丢了饭碗”。我国长期强调单纯专业教育和训练，对于那些40岁以上的员工来说，银行裁员后，他们再就业往往十分困难，更不要说他们正处在“上有老下有小”的时期，这更是雪上加霜了。

对于商业实体门店来说，最明显的就是数量减少，因为网上购物使得消费者转移到线上。这不仅是商业生态的改变，也是社会生态的改变。讨论这方面的文章非常多，我就不在此赘述了。

□ 数字人民币中央银行要承担的成本

对于这个问题，讨论中的主流观点认为，数字化人民币的推广使用，将会节省央行发钞的成本，包括纸币印刷、运输、储存、点钞、验钞、安保、提款机运维、破损纸币兑换、破损纸币和旧版纸币的销毁等成本。还有两个比较重要的方面：一是数字化人民币可以节省上述纸币运行的时间成本，二是环保的意义。制造纸币的纸张和油墨都需要耗费环境资源，数字化人民币可以减少这部分环境资料的耗费。

从法律方面看，数字化人民币对于央行有两个突出的积极影响。一个积极影响是，央行开始掌握货币在网络流通的主动权。发行货币是一个国家央行的主要职责，在纸币形态下，央行履行这个独一无二的政府职责是毫无问题的。因为法律规定除央行外，任何单位和个人不得发行货币或代币工具。擅自发钞或发代币券等行为是违法行为，行为人将会受到法律的严厉制裁。在信用卡刚出现时，信用卡只能是银行金融机构发放，所有信用卡持有人都要到商业银行开户。因此信用卡依然受到央行的严格监管。

在美国大约是1995年、在我国大约是2004年相继出现网络第三方支付方式后，经营这种业务的机构不是银行，也不是非银行金融机构，而是网络公司。这种支付方式在以往的法律上也没有规定。因为它是新生事物，法律修订的速度赶不上信息技术发展的速度。这是可以理解的，但也出现了两种情况：在美国这种支付方式限制在一定的场景运行，如ebay平台等。在我国最早也只在淘宝网平台使用，后来才扩大到在线下实体商店使用。在支付宝使用的很长一段时间内，我国央行一直保持开明的旁观者姿态，没有干预，没有参与，也没有主导。从另一侧面看，央行在这段时间也是任其"野蛮生长"的状态。

另一个积极影响是，对于央行反洗钱工作具有积极的意义。纸币流通是不记名的，因此容易被洗钱犯罪分子所利用。数字化人民币流通有电子数据记录，因此可以降低现有洗钱犯罪行为的概率。这些都是数字化人民币推广的积极意义。

任何事物都可以分为正反两个方面，央行决策部门在货币形式选择过程中，也会考虑正反两方面的因素后才会作出选择。我国有句老话说"两利取其大，两害取其轻"。货币形式的选择也会遵循这个道理。问题是从不同利益的角度看，"利"与"害"也是不同的。这就是为什么世界上一些信息科技更发达的国家，如美国、日本、韩国等至今还没有采用数字化货币的原因吧？

数字化人民币对个人财产隐私的保护是上述国家央行考虑的一个因素。因为如上所述，纸币流通是不记名的，因此纸币持有人的财产流动不容易被第三方知晓。但是在数字化人民币的场景中，第三方无时不在场"旁观"和记录。也许正是这个原因，纸币流通量至今在日本居民消费市场占50%左右，信用卡也占相当大的比例，手机移动支付占比较小。去年日本政府为在东京奥运会期间推广网络第三方支付方式，提高流通效率，还特别出台政策对采用网络第三方支付的商家给予一定幅度的减税优惠。可惜由于疫情的原因，这项政策推行得并不如预期那样理想。

还有一个本来不是积极因素，却转变为积极因素的情况。这就是我国信用卡持卡率和使用率都比美国和日本低。美国和日本等国的信用卡在网上刷卡支付，早已经普及，所以在那里似乎没有再采用另外一种"非银行非金融机构"的网络第三方支付方式热切动机。更何况，无论paybal还是支付宝，都是由网络公司运作的。这种公司既不是银行，也不是非银行金融机构，美联储或日本央行对后者也难以监管。在法律上，美联储和日本央行只限于监管银行和金融机构。

在我国,正是由于信用卡使用不普及,才有了支付宝等的市场空间和对其尝试的机遇。支付宝等网络第三方支付在市场上自由发展了大约10年之后,我国央行才制定关于网络第三方支付的管理规则,才颁发许可证等。这当然是我国央行对新生事物的开放心态和运行信息科技产品"先试先行",后总结经验教训再出台管理规定的经常做法。这种做法在以改革开放为主流的我国是被普遍认可和接受的。但是在美国和日本,以及欧洲这些国家,他们政府做事,特别是要做影响国计民生的事的程序是,先在立法机构或行政管理部门讨论,再立法施行。很少有先让公司自由自在地施行,几年之后讨论立法的情况,最后再开始试行的。我国的特殊国情在外国看也许是非积极因素,但是在我国情况相反。因为任何事物中的不利因素,在一定时间、条件下,是有可能转变为积极因素的。

□ 对商业银行的影响

数字人民币对我国商业银行的影响也分正面和负面两个方面。从正面看,减轻门店柜台窗口为客户诸如储蓄和提款服务中的点钞、验钞、储存、运钞、破损纸币兑换等人力、物力和时间的消耗,降低用于上述业务运转的财务成本。同时,也可以提高银行数字化服务的效率。但是,我们还要看到反面——节省下来的这部分成本,还会投入与数字人民币相关的硬件和软件方面去。这方面的投入也会是相当大的,也许节约下来的这部分成本并不足以支撑设备软硬件以及后续更新升级和日常运维的投入。

例如,我们曾经经历过的,大约在27年前,刚开始提出数字化办公时,我们以为真的是"无纸化"办公了,或真的可以节省纸张的消耗和有助于环境保护了。经过27年时间的实际体验之后,我们发现:节省的办公用纸并不像从前预想的那么多,真正节省的是时间,即信息传输的时间。数字化办公软硬件设备的投入比"有纸化"办公更大,而且现在是数字化与"有纸化"办公两套方法同时并行。加之数字化设备更新换代速度快,软件升级也快,更新换代和升级的投入比"有纸化"办公的投入还要大。所以,如果我们真正考核办公成本的话,现在两套办公方式并行的成本,比单独"有纸化"办公方式要高出许多倍,只不过现在人们已经习以为常,熟视无睹了。

同样的历程可能在数字化人民币推广后再次重现:数字货币与纸币并行,

两套设备并行。在这种运行模式下,前面举例所说的节省下来的人、财、物的成本,又会重新投入数字化办公设备的软硬件中去。所以,总体来说,货币数字化最突出的优点是信息传输效率的提升,节省时间。现在办公设备的投入比原来还高。加上更新换代和软件升级的后续不断投入,成本还将不断增加。只不过现在我们大多数人愿意接受这种高投入所带来的便利。

数字人民币对商业银行的影响还有一个方面,就是加速银行实体门店数量的减少。如同网上购物对线下实体门店的冲击一样,如果我们允许那些网络购物平台进入居民社区,那么社区小型超市和"夫妻老婆店"将不复存在。现在的大型商超已经变为"儿童乐园"和"餐饮中心",商品销售面积已经大大减少。人们更偏好在网上购物,免费快递到家,省时省力还省钱。同样地,已有的支付宝和微信支付也已经分担了商业实体门店和银行纸币提款机的一部分业务。银行储值卡和信用卡刷卡设备尽管还在运行,但是相比手机移动支付的便捷,刷信用卡还是太麻烦。银行卡支付场景也不如手机移动支付随处可及:骑三轮车收废品的大叔,早市卖菜的老农,甚至地铁卖唱的艺人等都可以用手机扫码支付。银行卡更多的应用场景是在大额支付。但大额支付的次数很少,就电子设备而言,大额与小额差别几乎等于零。重要的是使用频次和结算余额存放在哪里。

由于支付宝和微信扫码支付都是由市场上的网络公司承担运维成本,所以这种支付方式与现有商业银行的纸币、支票和信用卡等支付系统是平行的,并没有增加商业银行的投入成本。但是当数字人民币支付系统开始后,央行或商业银行自身就要投入相当一部分资源,来建设和运维数字化软硬件设备。如果原来的纸币系统和数字人民币系统都要由央行或商业银行来投入和运维的话,这两项成本加起来还是很大的。

与线下实体商店减少的道理相似,数字人民币推广也会导致商业银行实体门店数量的减少,进而导致门店柜员数量的减少,使得商业银行的结构形式发生很大变化。实际上早在数字人民币之前,网上银行已经可以代替实体银行门店的绝大部分工作。现在主要是高龄老年人去实体银行门店办理个人业务。其中有相当多的老人也在学习手机办理银行业务。数字人民币推广以后,将进一步促进网上银行业务的发展,加速线下实体银行门店的减少,对于老年人来说不一定是好事。

从商业银行这种商业形式出现以来,其就形成了总行与分支行的结构形式。这种结构形式延续了几百年。按照传统的商业银行开设分行的经验来说，通常用户达到1万人，或储蓄额达到一定数额（在我国香港20世纪80年代，这个数额大约是1亿港币），总行就会考虑开设新的分行。那时的香港有一句俗话，即"银行多于米铺"，意思是说香港的银行密度特别高。随着后来信息科技的发展，特别是支付方式的信息化发展，香港的线下实体银行门店形式也大量被线上银行所取代。

现在的我国香港特别行政区本地货币港币依然与美元挂钩，港币与美元等其他主要国际货币可以自由兑换。由于美元和其他主要国际货币没有数字化，所以港币也不会数字化。现在香港支付多元化，既可以用内地的支付宝和微信扫码，也可以用我国香港特区本地的信用卡，还可以用美国的 ApplePay。值得注意的是，香港的信用卡已经发展成为近距离支付方式，即不需要刷卡，而是类似于地铁卡和门卡一样，只要将信用卡贴近感应设备，就可以支付了。这个过程不需要纸张，不需要持卡人签字，不需要密码等手续。这种发展使信用卡使用便利化大幅度提高。香港的银行信用卡也可以与手机绑定，利用 NFC 支付。即如同地铁卡与手机绑定一样，绑定信用卡后的手机只要贴近感应设备，就可以实现信用卡支付。类似香港这样的多元化电子支付方式让消费者可以有更多的选择。

美国是信息科技最发达的国家，数字经济以及"数字化生存"都是从这里最先提出来的。曾经也有过关于美元数字化的讨论。数年前还推出过与美元挂钩的虚拟货币，即 Libra。2019 年 Facebook（脸书公司）公布白皮书，提出全球化 Libra 网上第三方支付工具，但遭到美联储及美国商业银行界的一致反对。当时的美国总统特朗普也表示反对。美联储反对的理由是，Libra 是网络公司的产品，无法受到美联储的监管，还将影响美国货币政策的执行。美国商业银行界反对 Libra 的理由是，他们担心网络公司来瓜分银行业的蛋糕。类似的情况在我国也有。我国四大国有商业银行也曾颁布过一些对支付宝等转账数额的限制，但是我国中小银行乐于接受，并支持支付宝和微信支付的后台账务配合。从我国发生过的情况就可以理解美国商业银行对 Libra 警惕的初衷。此外，德国和日本传统工业制造业国家，也反对 Libra。他们的理由是担心被美国网络平台收割金融"韭菜"。因为 Facebook 已经垄断了德国和日本的网络社交平台，如果其再发行 Libra，德国人和日本人的网络支付红利也就会被美国网络巨头所收割。法国则担心 Libra 会对本国公民个人隐私保护，反洗钱和反对恐怖主义融资等方面产生负面影响。

由于受到各种阻力，2020 年 12 月，Libra 正式更名 Diem。而随着 Libra 更名变成 Diem，Libra 的钱包 Calibra 也正式更名为 Novi。同时，为了回应无法避免的监管，Diem 妥协将总部从瑞士搬回到美国本土。尽管如此，美国国会和金融界还是没有通过 Diem 的发行使用。这个网络第三方支付工具项目最终在 2021 年落幕了。

美联储目前也没有发行数字化货币的计划。因为这需要经过国会的批准，也需要与商业银行界协商，并且这将改变现有商业银行的经营和机构的模式。美国的网络银行服务比我国的更早，也更完善。美国银行信用卡在线上和线下的使用非常普遍，而且信用卡移动支付也非常普遍，加上美国已有的苹果支付方式 ApplePay 和 globalPay 等已经足够满足信用卡以外的所有支付场景的需要，似乎有没有 Libra 对于美国社会的意义不大，只是对 Facebook 有意义。所以美联储和商业银行都反对这项类似美元数字化的脸书“产品”。

从上述情况比较可以看出，数字货币对商业银行现有利益的影响是最大的，所以在境外，商业银行抑制数字货币的动机也最大。网络支付的便利，节省了结算时间，对消费者和客户是有好处的，但是对于商业银行来说，存款账户和结算账户上的“隔夜钱”都减少了，这是一种收入的减少。同时这还使得商业银行的流动性相应降低，利润减少。这些情况已经在上述关于支付宝和微信扫码支付的论述中看到。在数字人民币出现后，结算速度一定比纸币和支票更快捷，结算时间也会相应节省。所以，这不但使商业银行原来的利益减少，还会使央行结算账户上的隔夜钱也相应减少。但央行因为没有商业利益，所以结算账户余额减少可以不做过多考虑。

上述情况与我国有很大不同，中国的数字人民币是央行自己发行的，就像央行发行纸币一样，其既没有商业利益，也没有与支付宝及微信支付竞争的目的。所以我国央行发行数字人民币没有遇到来自商业银行界的反对。由于现阶段人民币还不是国际自由兑换货币，其主要在我国境内市场和边境小额贸易中使用，所以也没有遇到来国际银行界的反对。唯一需要注意的是，因为《中国人民银行法》是全国人大常委会通过的，人民币形式的增加需要修改法律。我国的《中国人民银行法》修改工作在 2020 年列入第十三届全国人大常委会立法规划和 2020 年立法计划，具体修改条文尚未经过全国人大常委会讨论。在此情况下，数字人民币的试点工作已经先行。这种做法在央行和商业银行界都是可以理解的，对试点城市和商业网点而言其也是乐于接受的。只有法律研究工作者提出过一些讨论和疑问。

□ 数字化人民币推广后多元化财政意义

在能看到的已有的关于数字人民币的文章中，主流观点是数字货币没有通胀风险。理由是数字人民币与纸币是一比一对应关系。如果纸币不发生通胀，数字人民币也就不会发生通胀。这里有三点需要注意：第一点，发行纸币本身就会发生通胀。第二点，纸币在数字化后，市场上的借贷也会“制造”出更多的数字货币。如同商业银行贷款“制造货币”的道理是一样的。重点是第三点，数字化货币本身是否会发生通胀呢？我认为也是会的。

举两个例子来解释：一个例子是发行商业预付卡会发生通胀。商业预付卡相对于数字代币卡，是由非银行非金融机构发行的，原来的目的是促进消费和便利流通。但是一旦数字代币卡发行之后，就会有一定比例超发的部分。原因是发卡单位为了送礼的预付额及睡眠卡户的余额重新进入流通领域。这两部分流动性就没有纸币的支持，因此就会造成小额通胀。如果将全国各种代币卡加起来，总计数额也是不小的，由此造成的通胀数额也不容小视。

另一个例子是蚂蚁金服发行的“借呗”和“花呗”网贷工具。蚂蚁金服在上市前被叫停，原因之一是这种网络小额贷款的杠杆比过高。相比商业银行贷款的杠杆比来看，借呗和花呗的小额贷款杠杆比要高出十倍。也就是说蚂蚁金服小额贷款风险是商业银行贷款风险的十倍。如此高的风险，蚂蚁金服却没有像商业银行那样的监管。在没有严格监管的情况下，万一出现风险问题，谁来承担千百万小客户的经济损失？后果难以想象。这还是问题的一个方面，我更关注另一个方面：如此高的杠杆比，蚂蚁金服网贷总量也会导致比商业银行以信贷方式“制造货币”更多的通胀。通胀究竟有多大，暂且不论，重点是于蚂蚁金服这样的网贷公司没有能力承担如此大的风险责任，它也不应该有这样大的权力。换句话就是说，网贷公司的权力太大，责任太小，权责不匹配。如果蚂蚁金服有这么大权力，那么它就应该像商业银行一样接受政府的严格监管。

回到数字人民币，数字人民币会造成通胀吗？从以上三点来看，答案是肯定的。因为数字人民币是与纸币绑定的，纸币会通胀，数字货币也会通胀。商业银行在纸币条件下的信贷会“制造货币”，即通胀，那么数字货币信贷也不会例外。数字货币在网贷过程中,也会同样“制造”出更多的“数字货币”,也会造成通胀。而且,由于数字货币流通速度比纸币快,原来在纸币条件下,从银行发行库到流通库的时间周期,在数字货币条件下会缩短。同样从央行纸币超发到市场物价响应的时间周期,也会比纸币的响应周期更短。时间缩短就意味着市场对通胀在时间上更加敏感,市场恐慌效应也更加明显。这就需要政府相关部门,如商务部门和工商管理部门平抑物价上涨的相应财政措施出台速度也要加快,整个政府的决策系统运行速度都要加快。否则,在数字货币环境下,广大消费者对通胀的感受会比纸币更加敏感,冲击力更大。

加速政府财政措施是为了配合数字货币的推广使用。数字货币比纸币流通速度更快,经过十几年支付宝和微信扫码支付的使用体验,绝大多数广大消费者已经不习惯使用纸币。但这只是支付工具的数字化,还不是基础货币的数字化,因为基础货币还是纸币。当数字支付工具与数字货币直接挂钩之后,两者在某种程度上就会更加融为一体。发行数字货币和数字支付方式融合的场景,过去我们从来没有体验过。可以预想,数字货币的流通速度加快是一大特点。时间单位过去是天,现在是秒,将来是毫秒。还有其他我们不曾体验过的特点。只是流通加速这一点,就已经对政府其他相关部门的运作方式,提出了新的课题。因为现有政府其他相关部门还是在纸币条件中工作的,目前还没有看到这些部门公开宣布在数字货币条件下试点的配套措施。如果政府系统内的情况也与外部看到的是一样的,那么其他相关部门就可能滞后了。

数字货币流通场景与老百姓的生活密切相关,这是关乎老百姓生活根本利益的。所以,数字货币不是央行一家的事,而是整个政府系统的大事,更是全社会的大事。政府相关部门更应该高度重视,尽早试点,总结经验和教训,以便在今后数字货币大幅度推广时,做好相应配合工作。

职场性别平等面临的挑战及其法律应对

叶静漪

关于作者

叶静漪

法学博士，北京大学法学院教授、博士生导师。现任北京大学劳动法与社会保障法研究所所长、北京大学中外妇女问题研究中心主任，兼任中国社会法学研究会副会长兼秘书长、中国妇女研究会副会长。1981年进入北京大学法律学系（法学院）学习，1985年获法学学士学位，1993年获法学硕士学位，2012年获法学博士学位。主要从事社会法学、劳动法学和社会保障法学研究。承担和主持国家和省部级法学研究项目、国内外合作研究项目三十余项，国家社科基金重大项目"新时代我国残疾人社会融合问题研究"首席专家。

关于职场性别平等面临的挑战及其法律应对，内容主要涉及两个大的板块，一是社会法学科的发展概况与职场性别平等这一专题在学科体系中的定位；二是本专题的主要研究内容，包括“内涵与依据”“成就与挑战”“道路与实现”三部分。

■ 社会法学科发展概况及本专题在学科体系中的定位

□ 选题背景

社会法是中国特色社会主义法律体系中的七大法律部门之一，与经济社会和民生问题关系最为接近，影响最为直接，联系最为紧密。一般认为，社会法是规范劳动关系、社会保障、特殊群体权益保障、社会组织等方面的法律规范的总和。在我国，社会法作为独立学科形成较晚，学界既有的研究各具特色。选择职场性别平等问题作为讲授专题，一是因为本专题既是劳动法问题也是特殊群体权益保障问题；二是源于本人对该问题的长期关注和思考。同时，也是基于以下几个时代背景：

一是 2019 年 6 月 21 日，在国际劳工组织成立 100 周年之际，国际劳工大会通过了《消除劳动世界暴力和骚扰的公约（第 190 号）》及其建议书（第 206 号），旨在说明未来劳工世界将是美好、平等、没有暴力的。体面的劳动世界是基于平等、尤其是性别平等的愿望。

二是 2019 年 9 月 21 日，国务院新闻办公室发布《平等　发展　共享：新中国 70 年妇女事业的发展与进步》白皮书。性别平等是中华人民共和国成立以来非常重要的制度成果，是妇女解放的重要特征之一。70 年间，国家的发展涉及许多方面，能够专门为性别平等问题发布一部白皮书，意味着这个问题的确具有重要的时代意义，能够为我们提供信息、指明方向。

三是 2019 年 11 月 29 日，联合国妇女权益审议会在曼谷召开，会议审议通过《北京宣言 25 周年——促进性别平等和妇女赋权亚太部长级宣言》。宣言敦促亚太国家继续深入推进 1995 年第四次世界妇女大会通过的《北京宣言》及《行动纲领》的落实，将性别平等纳入国家发展规划与财政预算等决策进程，增进与可持续议程的融合发展；鼓励各国采取包容性社会保护制度、公共服务和基础设施，以确保所有女性都有平等的教育机会、体面工作、有利工作条件和薪酬；敦促各国承诺与利益攸关方合作，改变消极的性别规范、歧视性社会态度。2020 年是《北京宣言》发布 25 周年，如何进一步落实宣言，更好彰显世界妇女大会的成果，值得重视。

四是近年来与性别紧密相关的国际时事。2019 年 12 月初，芬兰政党换届，五大党首都是 30 多岁的青年女性，其中有 4 位是出生于“80 后”。内阁成员里，新总理是 34 岁的女性，并且 19 名政府要员当中有 12 名女性，某篇新闻报道的题目是：“她时代来了”。为什么欧洲、特别是北欧盛产这样的“铁娘子”？其背后的社会意识同样值得思考。

□ 社会法学科发展概况及性别平等专题的学科体系定位

社会法学是以社会法法律制度为研究对象的法律学科。在世界上很多国家，社会法学是具有代表性的学科，也是伴随工业化和市场化进程而不断发展的学科。目前，有关社会法学的概念界定、研究对象和范畴、理论体系等虽有深入而细致的研究，但尚未形成统一的认识。相应地，中国社会法学科发展较晚，但也有中国化的研究路径，体现出一定的跨越性与时代性。

中国社会法学科的发展比较曲折，在不同时期、不同时代均有不同特点，呈现由弱到强、由隐性到显性的趋势。社会法学科在中国发展的大体脉络为：社会法学起初并不以一个完整的概念出现，而是以劳动法学作为先导，逐步发展，随后社会保障法学兴起，进而逐渐形成社会法学科。社会法学的研究主体和发展边界都相对模糊，尚未确立起独立的地位和稳固的理论体系，目前未开垦的领域还很多。很多理论还是基于传统法学学科的基础，结合社会发展情况再形成的支线，而非成熟的体系。

1. 劳动法的早期发展研究

社会法是在工业化后逐步建立起来的法律体系，它以调整产业关系为主要目的，可以溯源到最早的工人阶级为维护自己权益的斗争。社会法在中国发展比较晚，是因为中国的工业化本来起步较慢。中国早期劳动法研究在 20 世纪 20 年代起步，此时期代表性著作如史尚宽的《劳动法原论》。

中华人民共和国成立后，劳动法研究继续发展，代表学者如中国人民大学关怀教授、北京大学贾俊玲教授等。此时期的主要立法实践有 20 世纪 50 年代制定的《工会法》和《劳动保险条例》等，以及一系列劳动政策。研究则与社会主义计划经济体制相联系，主要借鉴苏联苏维埃社会主义劳动法的框架。直至改革开放之前，劳动法在学习苏联的基础上逐步完善，主要研究内容是劳动管理和工会建设、劳动行政协调解决、争议处理等。

2. 现代意义上的劳动法（社会法）发展

劳动法学科，或言真正现代意义上的劳动法框架建立起来，是在改革开放以后。1978 年以来，社会法的真正发展历程才开始，以劳动法为先导，一般情况下分为三个或者四个阶段（第四阶段为新时代下社会法的发展）：

第一阶段为恢复阶段或初建阶段。1978 年至 20 世纪 90 年代初，劳动立法发展促进了劳动法学的发展，带动学科的逐步拓展，社会法逐步形成。改革开放首先要解放生产力，因此国家从劳动制度改革开始，解决城镇青年的就业问题。1978 年，邓小平同志在经济工作会上提出要起草《劳动法》的动议；1986 年前后，我国开始实行劳动合同制，逐渐打破传统的"铁饭碗"，推动了《劳动法》起草。立法推动法学的发展，法学研究反过来为立法服务，在此时期交织发展推进。人员解聘问题与劳动合同制度高度相关，在劳动合同制度下，人员择优录用、优胜劣汰，所以要有配套的制度，从而将人员辞退、违纪处理、失业救济、社会保障等议题联系起来。劳动法的独立学科地位得以确立，教学和科研队伍逐步形成。

第二阶段为稳步发展阶段。1992 年至 21 世纪初，中共中央发布了《社会主义经济体制改革的决定》，社会主义市场经济进一步推动了《劳动法》的起草。1994 年 7 月《劳动法》出台，1995 年 1 月 1 日开始实施。它是新中国第一部劳动基本法，对劳动法学研究成果进行了集中体现和反映，翻开了我国劳动法研究的新篇章。劳动体制改革后，劳动保险体制也亟须改革。20 世纪 90 年代，国务院出台了一系列文件，聚焦养老改革、医疗改革、失业保险等领域，此后社会保障法逐步受到重视，并有学者开始进行相关研究。在此之前，仅社会学和经济学领域对社会保障的研究比较多，而到本阶段，整个劳动法立法发展过程需要研究的法律也同社会保障法和社会保障学结合在一起，并将社会保障制度改革纳入其中。这一阶段社会保障法学研究开始兴起。

第三阶段为繁荣发展阶段。21 世纪初以来，对劳动关系和社会保障关系的协调处理使得劳动问题与社会保障问题交织在一起，研究达到更高的层面，学界更加关注社会权利研究。此阶段的标志性问题是如何用一个较宽的理论框架将劳动法和社会保障法聚合起来？1997 年，党的十五大报告提出"加强立法工作，提高立法质量，到二〇一〇年形成有中国特色社会主义法律体系”“中国的法律体系大体由在宪法统领下的宪法及宪法相关法、民法商法、行政法、经济法、社会法、刑法、诉讼与非诉讼程序法等七个部门构成，包括法律、行政法规、地方性法规三个层次”，从编纂和立法角度确定了社会法的学科地位。2001年3月9日，第九届全国人民代表大会第四次会议首度宣示了社会法作为一级部门法的地位，指出“构成有中国特色社会主义法律体系的宪法及宪法相关法、民法商法、行政法、经济法、社会法、刑法、诉讼与非诉讼程序法七个法律部门已经比较齐全”。此后，历届党的代表大会报告中都明确提出“加快推进以改善民生为重点的社会建设”任务，进一步明确了社会法的范围，推动“社会法”、“社会立法”与“社会领域立法”概念的进一步研究。社会法学科发展的脉络日趋清晰，从关注劳动到带动社会保障的发展，学科轮廓最终形成。

经过改革开放40多年的努力，我国社会法治建设取得了很大的成就，形成了由劳动就业立法、社会保障立法、特殊群体权益保障立法和社会治理立法等四大板块组成的基本框架，包括劳动法、劳动合同法、就业促进法、劳动争议调解仲裁法、社会保险法、军人保险法、慈善法、老年人权益保障法、妇女权益保障法、未成年人保护法、残疾人保障法等一系列立法。社会法律体系基本形成。

3. 社会法学科体系初步确立

社会法一般理论和劳动法学、社会保障法学、国际社会法学几大分支学科的全面繁荣，标志着社会法学科体系的初步确立。

社会法的一般理论（原则、地位、概念、内涵、外延、价值取向、指导思想、体系架构、权利本位、权利和义务观）颇具价值，研究多围绕价值基础、制度创新和历史回顾三大主题展开，尝试建构独立的“社会法总论”。

劳动法学、社会保障法学是社会法大部门里的小部门，其中的基本理论问题对所有分支机构均有相互的指导意义。劳动法学研究适逢《劳动合同法》、《就业促进法》和《劳动争议调解仲裁法》的出台，一般原理与具体制度研究均获得了全面发展；社会保障法紧扣和谐社会发展的现实问题，关注实体、事业、权益保障，在一般理论、主体法、事业法、权益法等方面均取得进展，《社会保险法》的出台进一步促进了该领域的发展。劳动法与社会保险法互相涵盖，其二者之间的关系是目前学界热议的话题，极大地冲击了传统劳动关系（支配控制论）的认定，这需要未来进一步研究。

国际社会法学关注国际劳工标准发展、国际有关社会保障方面公约的发展、不同国家模式的比较。人权和劳工问题在国际经济往来中的地位日益上升,推动了国际社会法学的大发展,企业社会责任、国际劳工标准和经济社会文化权利成为这一领域的三个研究重点。企业社会责任之所以成为关注的焦点之一,是因为从劳动法角度看企业社会责任一般情况下会受到批判,就企业制度的设立初衷来看,一个企业做得再好,也不应将关注重点置于教育慈善工作,而是应对它的财富创造者——劳动者负责,所以,社会法角度关注的员工保障在企业制度框架下如何进行,两者如何实现有机平衡和有机结合,需要进一步探讨。例如,有一篇报道,《2019 全美最佳雇主出炉! 击败苹果谷歌,被美国员工评为第一的,竟然是咱山东老乡!》,讲述的是 2019 年美国最佳雇主(Best CEO)是我国山东籍的袁征(ZOOM 创始人,华裔工程师)。"最佳雇主"调研的是员工对薪酬、工作与生活的平衡、福利以及整体公司文化等问题,并进行严格的综合评估。与很多企业作派不同,ZOOM 企业的核心竞争力是强调个人能力和人文关怀,传递快乐。袁征倡导回归家庭,把下班时间留给伴侣和孩子,还设立了专门的"带娃上班日"。其中涉及如何平衡工作和家庭,引发了广泛的讨论,这也是本专题特别关注的问题。

总体来看,中国社会法学经过近百年发展,在整个法律学科中扮演了不可或缺的重要角色,为中国法学的发展做出了独到的贡献:一是社会法学已经成为中国法学参与和谐社会建设的主要基地;二是社会法学已经成为中国法学新型分支学科的主要生长点;三是社会法学已经成为中国法学各分支学科交流融通的重要平台。

4. 社会法发展的整体特点与未来发展

社会法发展的整体特点主要有五点:一是社会法、劳动法和社会保障法学从"边缘"走向"核心";二是社会法专门学术组织成立;三是基础理论研究更为深入;四是研究成果颇丰,在人权保障、和谐社会构建、社会建设与社会治理等主体话语下开始与法学其他学科进行沟通和对话,学术交流加强;五是更加注重实证研究。

毋庸讳言,作为正在兴起的法学学科,中国社会法学的发展,仍存在诸多不足,这反映在学术共同体建设、研究方法和研究领域三个方面。

进入新时代国家层面为社会法学科发展提出了总体要求。党的十九大提出要全面依法治国,要良法善治,社会法建设是法治建设体系的重要一环。党的十八届四中全会还提出科学立法,用中国模式解决中国的问题;十九届四中全会提出,要推进国家治理体系和治理能力现代化……均成为学科发展的指导思想。

从社会法具体任务来看,一是要为《劳动法》的修改做好理论准备。二是需要推动法律本身的实施。譬如劳动法、社会法之中的信任问题,劳动者、企业、政府三者之间如何互相信任?信任问题涉及整个社会的信用,在合法角度里面,同样成本、同样合法、同样规则才是公平的,而且这对劳动者来说也才是真正公平。否则守法的人成本很高,不守法的人得不到惩罚,反过来压迫民众,进而带来社会不稳定,如此一来和谐社会又如何实现呢?

此外,促进法律体系完善、更为广泛地关注经济全球化趋势下国际劳工公约在国内外的适用、加强多学科交叉研究,都是新时代社会法学科发展所面临的任务。

■ 职场性别平等专题主要研究内容

□ 职场性别平等的内涵与依据

1. 职场性别平等的内涵

平等与反歧视基本上属于相同的词,平等的反面是歧视。

从词源来看,"平等"是指人们在社会、政治、经济、法律等方面处于同等的地位,具有相同的发展机会,享有同等的权利。欧洲人权委员会认为,"平等"是给相同的人以相同的对待。如果给同类别的人以不同对待要基于正当理由,没有正当理由不能对同一类别(族群)以区别和排斥、优惠,如果对这部分人予以区别、排斥、优惠,是对另一部分人的歧视、不公平。

"歧视"就是不平等看待,也就是偏见,偏见进一步就会发展为歧视。歧视具有三个基本特征:第一,歧视所基于的因素是理应受到他人尊重的个人属性。第二,歧视的实现手段是区别、排斥、限制或优惠。第三,歧视的目的或效果是否认或妨碍任何人在平等的基础上认识、享有或行使一切权利和自由。

讨论性别平等的内涵,首先应当界定性别歧视。法律上与性别歧视有关的定义最早可以追溯到1979年《消除对妇女一切形式歧视公约》,它对歧视的定义是"基于性别而作的任何区别、排斥或限制,其影响或其目的均足以妨碍或否认妇女不论已婚未婚在男女平等的基础上认识、享有或行使在政治、经济、社会、文化、公民或任何其他方面的人权和基本自由"。这里只是定义了基于性别"对妇女的歧视",需要进一步思考的是性别歧视仅指对妇女的歧视吗?现在,性别问题是发展性的,Women 是女性,Gender 就是性别,性别多元化趋势下,势必应当做出区分。

在就业歧视方面,国际第 111 号公约对歧视的定义为:"基于种族、肤色、性别、宗教、政治见解、民族血统或社会出身等原因,具有取消或损害就业或职业机会均等或待遇平等作用的任何区别、排斥或优惠……"比如,我们在新闻报道中常见的,有的用人单位把"35 岁以下""男性"等条件写在招聘广告上,被拒之门外的求职者也无可奈何。有关部门多次强调"严禁发布含有限定'985''211'高校等字样的招聘信息",但只录用"985""211"院校学生的做法并未禁绝,甚至有扩大的倾向。这些都是涉嫌就业歧视的情况。

其他由各国或国际劳工标准所禁止的歧视理由有生育和婚姻状况、家庭责任、排斥工会会员身份、年龄、健康状况、残障、国籍、性取向等,有些国家将艾滋病、糖尿病、慢性病等疾病,列入反歧视的内容里,不同国家有不同的理由。

男女就业机会不平等和待遇不平等,是基于社会对男性和女性的生理或社会性别角色的歧视而产生的现象。这是很古老也很难根治的问题。

国际劳工组织第 111 号公约给出了职业歧视判断标准,包含三个要素:一是事实、机会和待遇的差别,事实存在区别对待导致机会缺失或影响某些偏好。这是事实或者法律制度性的歧视,法律本身如果违法,我们可以做司法审查。二是被禁止的歧视理由,法律有规定的可以提出,如果法律没有规定的,只能考虑是否适用基本原则,在判断上具有一定难度。比如,目前身高歧视并非单独列出的规定,需要更多论证,在立案时难度较大。三是就业或职业中不平等的结果。

国际劳工组织 1958 年第 111 号公约还特别提出了不构成歧视的差别待遇。一是岗位的内在要求,如司机要有驾照。二是以保护国家安全为目的,排斥被怀疑为或证实参与了有损国家安全活动的个人不构成歧视。三是特别保护或者扶持措施。特别保护是短期的,比如对未成年人、老年人、残障人和其他工人从事危险工作的保护措施;保护怀孕和产后女性,保证母婴健康和安全。但是,对这部分特殊群体的必要保护要有理由,要合理、公正、科学。扶持行动(肯定行动措施),旨在纠正过去或一直存在的歧视的影响,保证受歧视群体取得实际上的平等的历史特殊措施。

职场性别歧视，意指基于性别原因，具有消除或者损害就业或者职业机会均等，或待遇平等作用的任何区别、排斥或优惠。国际劳工组织关于就业机会的定义更为宽泛，从进入就业到从业过程再到退出，将整个过程都纳入。第111号公约也一样，是全周期的。典型问题如退休年龄的不平等，中国现行退休制度存在男女不同龄退休的规定，多年来一直有改革的呼声和讨论。最早设定这一制度的初衷是考虑到妇女解放的需要，是保证妇女身体健康的需要；但现在看来，女性退休年龄偏早带来收入方面的差距，也导致了人力资源的浪费，时至如今，退休不同龄一直是比较重要的政策问题，需要政策制定者不断研讨。

前文是从反歧视角度定义职场平等，反过来，如果从什么是平等的角度考虑，澳大利亚职场性别平等机构的定义是，“人们不因性别而能够取得和享受同样的奖励、资源和机会的时候，为性别平等的实现”。性别平等的目的是实现男性和女性都能在工作场所广泛地获得平等机会和结果。

实现平等需要五个条件：一是职场应为相同或者相似价值的工作提供同样的报酬。然而，同工同酬牵涉价值认定在操作中的困难程度。比如，一台重要的手术离不开主刀医生，也离不开麻醉师、护士等，他们的价值该怎样去判断？理想状态是为同样的工作提供同样的报酬，其关键在于价值的认定标准。二是为女性消除障碍使其充分平等参与劳动力市场，这是政府的责任。三是不受性别限制地参与所有的职业和行业，包括领导岗位。四是消除基于性别的歧视，特别是有关家庭和照料方面的责任。五是性别平等也与一个国家的整体经济表现有关。职场性别平等可以帮助提高国民生产力和经济增长，提高组织绩效，加强企业对于人才的吸引力和保留功能。

2. 职场性别平等的依据

(1) 国内法层面

无论是宪法还是《劳动法》《妇女权益保障法》及其他法律，都为中国职场性别平等提供了依据。从宪法角度来看，平等是基本国策，男女平等早在1954年就提出来了。法律面前一律平等，里面既包含了性别平等观念，同时女性又是宪法所保护的重要群体。

《劳动法》第4条基本彰显了平等就业观念，劳动者不因性别、民族、宗教信仰方面的问题而受到歧视。此外，《劳动法》也对女工特殊保护作出了规定。

《就业促进法》在性别平等概念以外还特别提出了“司法救济”。2019 年，最高人民法院案由中列出了“平等就业权纠纷”，这是一个进步，使得《就业促进法》成为重要的司法基础。

《劳动合同法》以及《劳动法》对于“三期”（孕期、产期、哺乳期）女工的解雇保护采取了行政救济。《妇女权益保障法》第四章中，除彰显劳动者保障权利外，还特别提出禁止怀孕歧视。

（2）国际法层面

国际法非常重视职场性别平等，并且性别平等是非常敏感的话题。性别视角颇具分量，无论在哪个领域都要进行研究和比较。从公约角度和法律角度看，《经济、社会和文化权利公约》是很重要的人权公约，包含了性别平等、就业平等。《消除对妇女一切形式歧视公约》以及人权事务委员会作出的第 19 号一般性“意见”也对此进行了强调。

国际劳工组织也有几个比较重要的公约：第 100 号同酬公约、第 111 号就业和职业歧视公约、第 190 号消除劳工世界中的暴力和骚扰的公约。还有第 156 号男女工人平衡照料家庭责任公约，涉及家务劳动中长期存在无酬劳动分配问题，家务劳动没有酬劳但同样创造了价值，而且这种价值在国际统计、世界经济发展当中没有统计进去，但这种价值又非常重要。国际劳工组织早在 20 世纪 70 年代就提出“平衡工作与生活”的概念，就试图推动计算男女在家务劳动中的用时分配，研究这种分配如何反馈到劳动力市场中推动性别平等的意图，无酬劳动和有酬劳动在市场中如何进行较好的平衡，这是特别重要的研究方向。

□ 职场性别平等的成就与挑战

1. 职场性别平等的成就

从既有成就上看，一是我国宪法、法律、行政法规等一系列的法律体系（如图 1 所示）基本形成，反就业歧视的现行立法保护已经存在。《宪法》中有关于劳动平等权的规定，其他法律中有关于就业公平和反就业歧视的规定，行政法规、部门规章和地方性法规与规章中存在实施性规定，这已经说明制定反就业歧视法的必要性与可行性。

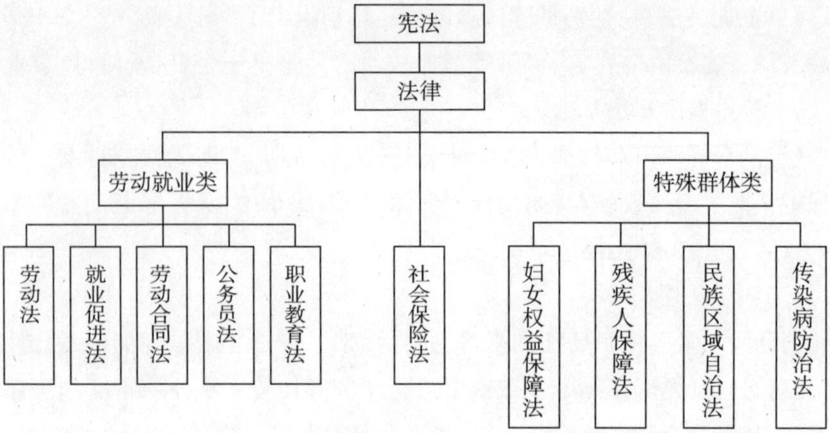

图1　现行中国反歧视法律体系

二是平等规则的落实。在法律事实方面，性别歧视存在大量的第一案，其中包含纯粹因为劳动者性别而不予录用的情况，这些案例在促进规则落实、深入跨性别研究和监察工作中起到了一定的推动作用。在公益诉讼方面，性别平等问题仍旧存在空白与缺口，环保问题、消费者权益问题都有公益诉讼，但歧视问题还没有公益诉讼。畅通司法渠道、新增平等就业权、新增性骚扰损害责任纠纷案由，以及 2019 年 2 月，国家人力资源社会保障部、教育部、司法部、全国妇联等九部门联合发布的《关于进一步规范招聘行为促进妇女就业的通知》[1]，这些都是落实方面的成就。

三是平等外延的拓展。《女职工劳动保护特别规定》写入了性骚扰问题，具体的处置措施、前后衔接和讨论在一定程度上对将来的救济渠道的制度设计有很强的指导意义。经由法律实务、理论研究等角度去推动外延拓展研究，这是一个比较好的成绩。

四是平等成本的分担问题。生育保险制度、试点男性陪护假、男性育儿假等制度设计已经提出，但社会各界对此存在异议。国家制定办法、出台文件，给予优惠与红利，而事实结果是由企业来埋单，由企业承担过程中的成本与开

---

〔1〕 该通知明确就业性别歧视判定标准，从拟定招聘计划到发布招聘信息，再到人员招用全过程，对各用人单位、人力资源服务机构提出了“六不得”要求：一是不得限定性别（除国家规定的女职工禁忌劳动范围等情况外）或性别优先；二是不得询问妇女婚育情况；三是不得将妊娠测试作为入职体检项目；四是不得差别化地提高对妇女的录用标准；五是不得将限制生育作为录用条件；六是不得以性别为由限制妇女求职就业、拒绝录用妇女。

支，显然会留下实施隐患或者难点。所以还需要深入考虑一下相应的保险、假期等优惠制度及其成本应该如何分担。但不管怎样，我们已经意识到这个问题，在法律制度设计中体现出分担原则，算是成绩。

2. 职场性别平等的挑战

挑战来自如下五个方面：

一是社会性别视角下的就业歧视问题。社会性别是建立在生理性别基础之上的分析性别关系的理论，是人们所认识到的男性与女性之间存在的社会差异和社会关系，即指在一个特定社会中，由社会形成的男性或女性的群体特征、角色、活动、责任等。社会性别认为女性的状况也因其阶级、阶层、民族、残障、不同宗教信仰有所不同。就业歧视问题在中国有多重体现，如年龄、性别、残疾等。性别问题同样具有多重性，需要更认真地看待它或者更好地考虑这些因素。因此，需要在制度设计和实施上纳入社会性别的视角。目前，我国几乎所有的省、自治区、直辖市都建立了法规政策性别平等评估机制，所有的立法都含有各方面意义上的性别政策，建立男女平等评估机制意味着将性别意识纳入法规政策制定和实施的全过程，有利于消除制度层面的性别歧视。

二是三孩政策之后的就业性别歧视问题。在人口政策的变化中，妇女的身体往往会被作为生育的工具或计划生育的工具，其作为生育主体权利和生育意愿受到不同程度的忽略。生育原本使女性在就业市场中处于劣势，带来家务劳动时间的增加、社会工作（职业）时间减少、休息休假权被挤压、产假及生育保险不足、在国家和社会分担生育成本不足的情况下面临更严重的怀孕歧视等问题。同样，为“三期”女性劳动者提供保障增加了雇主的成本负担。如何化解生育政策变化带来的就业性别歧视问题，这是一个挑战，也是新的压力。

三是婚假、育儿假等福利措施带来的影响。近年来，许多地方政府出台了延长婚假、育儿假的办法或规定，引起了社会关注。由于落实婚假、育儿假等福利措施的关键在于用人单位，对用人单位，特别是非公企业而言，只有政府和全社会能够合理分担婚假、育儿假成本，企业才有落实政策的积极性。同时，维护职场性别平等也不能单纯从延长假期入手。随着男女之间地位和家庭责任的改变，一定要从工作生活平衡和男女共担家庭责任的角度，全面考量假期设置。

四是新技术革命带来的挑战与机遇。面临新技术替代岗位、替代人力的挑战，女性可能更多地被替代，但同时也拥有了新的机会。AI 技术发展确实带来了很大冲击,但其影响不一定是全然负面的,还有很多新的机会。而且AI出现、科技发展后,更多女性从事理科研究,成为科研工作者的机会越来越多。需要关注新技术运用对女性就业的影响。

五是就业歧视的司法救济。《就业促进法》关注就业歧视诉讼与劳动争议解决机制的协调,各国实践亦提供了可借鉴的经验,如建立公益诉讼制度、专门机构,合理分配举证责任,强化就业歧视的法律责任等。

□ 职场性别平等的道路与实现

1. 法律建设

一是立法,科学立法、民主立法、公正执法、公平司法、全民守法。推进职场性别平等必须坚持立法先行。在立法内容里更清楚地界定性别歧视、性骚扰等基本范畴;明确反歧视诉讼的诉由、举证责任分配、歧视方的法律责任等。因此要通过制定良法,把职场性别平等的内涵界定清楚、把实现平等的手段配齐配好、通过法律确定相关机制。在执法层面,要充实劳动保障监察队伍,健全歧视案件的举报、调查和处理制度。相关执法部门要加大对用人单位的监督力度,对严重侵犯平等就业权的用人单位依法予以严厉处罚。此外,在司法层面,不仅要促进司法工作人员坚持公平、公正司法,更要鼓励在职场中遭遇歧视的女性求职者运用司法救济的武器维护自身合法权益,向法院提起诉讼,通过合法途径维护自己,同时也可以向工会、妇联等社会组织求助。

二是考虑性别平等的整合思路,在反歧视立法中,性别是放在首位的重要内容,另外工作与家庭的平衡问题也是一个新课题。如何较好整合婚姻家庭、人口法律政策和劳动法律政策,需要学界进一步探索。为此,立法者可以从反歧视、工作家庭平衡、社会保障机制等多方面考虑,综合施策。

2. 经济与社会建设

新业态经济可能有助于弥补女性的生产力劣势,从而缓解性别歧视,白领岗位增多,女性得以规避体力劣势;远程工作代替现场工作、非全日制工作代替全日制工作,有利于女性兼顾事业和家庭。

同时,一些发达国家为实现职场性别平等所进行的社会建设也值得借鉴,其实行积极的劳动力市场政策,包括职业教育和培训政策、失业保险政策、职业介绍和指导政策、公共就业工程等政策。如美国("一揽子职业中心")、法国设立专门机构开展针对性的培训和就业指导。很多发达国家积极介入女性就业领域，财政拨款补贴公立职业介绍所，为妇女就业和企业用人提供免费服务；大力兴办公共工程，为妇女提供就业岗位；鼓励女性自主创业，制定了明确的支持政策，这方面美国和欧盟都取得显著成效。

3. 文化建设

习近平总书记对家风问题很看重，指出家风是社会风气的重要组成部分，强调要尊重并传承中华民族优秀传统文化，重视家庭文明建设，努力使千千万万个家庭成为国家发展、民族进步、社会和谐的重要基点。与此同时，在全社会形成尊重女性、保障女性就业权益的良好氛围，创造良好的环境和条件也十分重要。我们有必要在文化层面作出更大的努力，在社会公众中大力传播体现性别平等和谐的思想理念，引导公众重新审视、自觉反思传统性别意识中所固有的对男女两性不同角色的期待及价值评判尺度，坚持先进性别文化建设的实践，尊重两性差异，消除性别歧视，促进两性和谐，从一个特定的方面推动男女平等基本国策的落实，促进职场性别平等的实现。

■ 结　语

反就业歧视是一项法律治理工程，也是一场观念改造工程。很多歧视是无意识的，只要在极微弱的观念指引下稍加注意即可，所以观念问题非常重要。当然，现在是机遇与挑战共存的时代，并且机遇更多，因为我国一直坚持全面依法治国，在全社会树立规则意识，包括法律意识、法治思维等。此外，政府在宏观政策方面的调控能力大大增强，执法决心空前坚定。企业注重加强社会责任，与妇联、工会等各方面一起构成合力来推动是很重要的反歧视力量，现在面临的问题就是如何整合起这些力量。

道阻且长，行则将至。我们面临的问题很多，可参与的活动很多，可研究的话题也很多，但一切都需要行动才可以实现。职场性别平等很重要，需要所有人行动才能完成我们的愿望，才能达到平等的目标。

▣ 阅读指引

□ 权威教材

1. 刘俊主编：《劳动与社会保障法学（马克思主义理论研究和建设工程重点教材）》（第2

版),高等教育出版社 2018 年版。

由当今国内劳动法学界诸多学者共同参与,就其所专长的领域进行写作,以百科全书式体系来编制教材,对劳动法基础理论、就业促进法律制度、劳动合同法律制度、集体劳动关系法、劳动基准法律制度、劳动监察与劳动争议的处理法律制度、社会保障法基础理论、养老保险、医疗保险和生育保险、工伤保险、失业保险、社会保险基金、社会救助、社会福利和社会优抚制度进行了详尽的叙述。

2. 田思路主编:《外国劳动法学》,北京大学出版社 2019 年版。

学习外国劳动法的一部基础教材,又是兼具学术研究性质的理论读物。本书由法国、德国、日本、英国、美国等经济发达国家的劳动法,以及以国际劳动组织为代表的国际劳动法加以构成,每一部分主要以个别劳动关系法、集体劳动关系法以及劳动争议处理法为主要内容。

回 法律实务

1. 陆敬波主编:《江三角·人力资源法律管理金钥匙丛书》(全套 8 册),中信出版社 2015 年版。

本丛书涉及解雇管理、女职工管理、特殊员工管理、互联网与新媒体时代企业用工管理、工时与休假管理、薪酬福利与绩效管理、规章制度管理、群体性劳动争议管理八大领域,对职场性别平等问题亦有论述。本丛书从劳动法各个角度进行细致的人力资源管理的探讨与研究,相较于市面上同类图书具有创新和示范意义。从书以多视角切入,囊括了劳动法涉及的各方面内容,既包含互联网与新媒体时代企业用工管理、群体性劳动争议管理、女职工管理等社会热点前沿问题,又涉及合法解雇、外籍与台港澳员工管理等常规重点难点问题。

回 专著类进阶阅读

1. 李薇薇、Lisa Stearns 主编:《禁止就业歧视:国际标准和国内实践》,法律出版社 2006 年版。

由至少 25 位专家学者共同完成的一部学术专著,具有专著的理论体系和内在结构联系,在设计有效措施反对就业歧视的过程中需要着重解决以下四个重要问题:定义歧视;了解不歧视的基本国际标准;分析中国现存的歧视问题,并从法律、政策和社会学的角度寻求解决这些问题的途径;比较和借鉴其他国家反歧视的经验。通过对中国歧视问题从不同角度的研究和分析以及对中外反歧视立法的不同理论和实践的比较研究和借鉴,探讨解决就业歧视的方法。

2. 马长山:《迈向数字社会的法律》,法律出版社 2021 年版。

职场性别平等问题在迈向数字社会时更加复杂多变,对职场性别有更好的研究需要对数字社会的法律有更深层次的了解。本书探讨了数字时代在中国建立包容共享型法治道路的可行性。西方式的法治道路是在西方的社会环境中产生的,移植到中国,有水土不服问题。所以,探索法治道路,一定要立足现实性、自主性。包容共享型法治道路就是立足中国社会现实,汲取本土资源养料,融入数字社会,创立适合中国特色的法治道路,“采取政府推进、官民合作的包容共享型法治路径更具可行性”。本书也对数字时代的“软法之治”特别关注,认为在互联网时代,既有的正式法规难以适应海量的商业交易和发展迅速的业态创新,于是催生了一场“软法革命”。这些“软法”不再对“硬法”起填补性作用,而是“在‘硬法’不能及时回应、不能有效规制、不能明辨正当性的条件下,先行予以厘定私人权益、规制交易关系,具有建构新制度和新秩序的功能,从而成为社会治理法治化的试验场和‘软法之治’的牢固基石”。

3. 常凯主编:《劳动关系学》,中国劳动社会保障出版社 2009 年版。

对职场性别平等问题的了解离不开对劳动关系这一理论基石的把握。该书有以下特点:第一,以马克思主义理论的基本原则为指导,以西方劳动关系理论的研究方法为借鉴,以中国现实的劳动关系为依据,第一次系统完整地提出和构建了中国劳动关系学科的理论体系和分析框架,并具体分析和论证了劳动关系学科构成的相关内容。第二,在系统地介绍和评述国内外劳动关系的理论和政策的基础上,重点是就中国劳动关系的现状、特点和发展趋向,提出了自己的理论分析,并就中国劳工政策的改进和完善,提出了自己的政策建议。

4. 刘燕斌主编:《劳动保障蓝皮书:中国劳动保障发展报告》(2014~2017 年),社会科学文献出版社出版。

想要对未来职业性别平等的促进进行更鞭辟入里的路径研究,需要对劳动保障的发展现状有所了解。本书从就业创业、社会保障、工资分配、劳动关系、收入分配以及国际劳动保障五大板块,全面系统地反映了劳动保障的发展状况及其最新成果。

◻ 比较法进阶阅读

1. 叶静漪主编:《比较劳动法学》,北京大学出版社 2018 年版。

职场性别平等问题是全世界共通的法律问题,因此需要对比较劳动法有较为深入的了解。21 世纪以来,我国劳动法学蓬勃发展;与此同时,我国社会领域改革进入深水区,各种社会矛盾纷繁交织。如何以理论研究回应现实挑战,以学术成果服务于社会改革的大局,是摆在中国劳动法学人面前的重大课题。从这一问题出发,本书引介了 12 篇文章,深入研究国外劳动法学的发展情况,提炼各国劳动法学发展的普遍经验和具体教训,作为我国劳动法学的参考,提出完善中国社会法学的方向。

美国法

1. 阎天:《美国劳动法学的诞生》,中国民主法制出版社 2018 年版。

这是一本社会法研究的上乘之作,回答了社会法学的“元问题”:为什么会出现这样一个崭新的学科？全书布局精巧，文字洗练，逻辑清晰，论证得当，在社会历史的语境中，精细展现了美国劳动法的发生和演变。同时，本书展开了比较的、历史的、思想的研究，又融入了本土的、现实的、制度的关怀，视野开阔，引人入胜。

德国法

1. 王倩、朱军：《德国联邦劳动法院典型判例研究》，法律出版社 2015 年版。

选取了德国“个体劳动法”领域 15 则具有重要意义的联邦劳动法院的判例，逐一翻译，并从争议涉及的问题出发对相关法律规定、学理讨论和司法实践进行了系统介绍，部分文章还讨论了德国经验对解决我国类似问题的借鉴意义。

2. [德]曼弗雷德·魏斯、马琳·施米特：《德国劳动法与劳资关系》，倪斐译，商务印书馆 2012 年版。

“一带一路”企业了解德国劳动法的必读书。全书共二十一章，涵盖了德国劳动法的全部内容，系统地阐述了德国劳动法的基本制度与法理依据。

日本法

1. 田思路、贾秀芬：《日本劳动法研究》，中国社会科学出版社 2013 年版。

注重案例的介绍和分析，这些判例包括经典判例、热点判例、疑难判例等，都是在学习和研究日本劳动法时被经常分析和引用的。

生态环境损害的概念：由来、演变与形成

汪　劲

汪　劲

北京大学法学院教授、博士生导师。主要研究方向为环境资源法、核法与能源政策。1997年获北京大学法学博士学位。兼任中国法学会环境资源法学研究会副会长、最高人民法院环境资源审判咨询专家、最高人民检察院专家咨询委员、国家核安全专家委员会委员、生态环境部法律顾问等。专著《环境法律的理念与价值追求——环境立法目的论》（法律出版社2000年版）和《中外环境影响评价制度比较研究——环境开发决策的正当法律程序》（北京大学出版社2006年版）曾于2010年和2011年分别获钱端升法学研究成果三等奖和高等学校科学研究(人文社会科学)优秀成果三等奖；独著《环境法学》（第4版）（普通高等教育“十五”国家级规划教材，北京大学出版社2018年版）于2020年获北京高校优质本科教材奖。2000年曾获北京地区高校青年教师教学基本功比赛（文科组）一等奖。

■ 生态环境损害的由来

生态环境损害在美国被称为自然资源损害(Natural Resource Damage, RDG),在欧盟被称为环境损害(Environmental Damage)。虽然各国称呼各不相同,但对这一概念的基本内涵解读是一致的。在中国,生态环境损害的概念迄今未能在法律上被明确定义,但在一系列较高位阶的生态文明体制改革政策文件中已有体现。2015年,中办、国办印发《生态环境损害赔偿制度改革试点方案》(以下简称《试点方案》),在七个省市部署开展改革试点,其中未涉及人身权和财产权损害的赔偿问题。2017年,中央全面深化改革委员会(以下简称中央深改委)审议通过了《生态环境损害赔偿制度改革方案》(以下简称《改革方案》),在总结各地区改革试点实践经验基础上,在全国范围内试行生态环境损害赔偿制度,探索赔偿范围、责任主体、索赔主体和损害赔偿解决途径,形成相应的鉴定评估管理与技术体系、资金保障和运行机制,探索建立生态环境损害的修复和赔偿制度。

《改革方案》对生态环境损害作出了定义:生态环境损害"是指因污染环境、破坏生态造成大气、地表水、地下水、土壤、森林等环境要素和植物、动物、微生物等生物要素的不利改变,以及上述要素构成的生态系统功能退化"。以发展的眼光来看,当时这一定义虽然不甚周延,但在特定的历史背景下,明确生态环境损害的概念对实践仍然发挥了积极作用,具体表现为该方案从定量和定性的角度给出了判断生态环境损害事实成立的大体方向。从定量的角度来看,特定生态环境的消退或减损是可以衡量的;从定性的角度来看,生态环境的功能改变也是可以判断的。此外,《改革方案》对需要依法追究生态环境损害赔偿责任的情形作出了限定,仅限于三种造成较严重后果的情形;同时还规定了生态环境损害赔偿责任适用的除外情形,包括人身伤害、财产损失和海洋生态环境损害赔偿。

□ 生态环境损害的定义

为将抽象化、不可视的定义转化为形象具体的概念,下文将结合图表与法律规范来介绍生态环境损害的产生机理和科学意涵(见图1)。

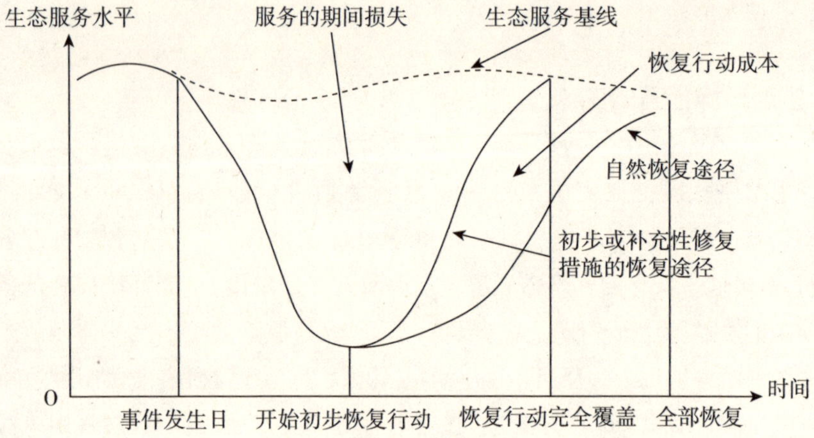

图 1　生态环境损害的产生机理

如图 1 所示,"生态服务基线"代表着环境质量和功能的一般状态,也就是在避免极端干扰的条件下,环境的质量和功能所能保持的动态衡平水准。在图中事件发生日,因环境污染或者其他生态破坏的行为导致环境的质量和功能发生改变,环境质量和功能急剧下滑,环境所能提供生态服务水平也会随之下降。此后,囿于环境的自我修复能力,环境的生态服务水平会按照上图最右侧线的轨迹,逐步恢复至损害发生之前的基础水平。经济学家、生物学家与环境学家创造了上述曲线图来计算生态环境损害的具体内容。从环境损害发生开始、到环境自我修复彻底完成,生态服务基线下方的凹陷部分可视为生态环境损害——因污染导致的生态服务损失。而生态环境损害赔偿,就是将这一时期内的损失量化为确定金额并进行赔付的过程,这也是生态环境损害赔偿的基本原理。图中的虚线则代表额外人工投入下的环境恢复曲线,投入成本越多、干预效率越高,环境恢复时间越短,环境的生态服务损失也就越少。

□ 生态环境损害的范围

根据《民法典》第 1235 条的规定,违反国家规定造成生态环境损害的,国家规定的机关或者法律规定的组织有权请求侵权人赔偿以下五类费用:一是生态环境修复期间服务功能的损失,即没有外界干预的情况下,图 1 中生态服务基线以下凹陷部分代表的损失;二是生态环境功能永久性损害造成的损失,如污染导致的物种永久灭绝或生态当中的某种物质彻底消失;三是调查鉴定评估所需的市场合理费用;四是清除污染、修复生态环境支出的服务和设备等费用;五是防止损害的发生和扩大所支出的合理费用,即如图 1 虚线部分所示,由于人工干预,环境质量的恢复速度较之自然恢复路径明显提高,因此侵权人所需支付的整体服务功能损失会减少,但相应的干预费用和降低损害扩大的措施费用需要由侵权人支付。

□ 生态环境损害的主体与利益关系

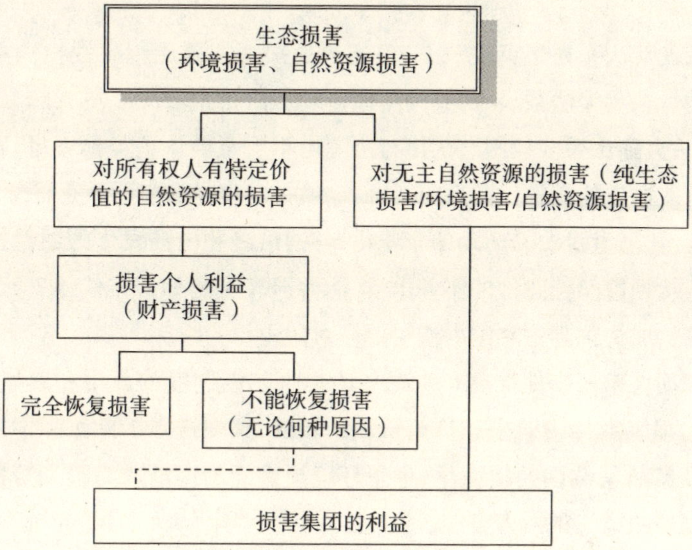

图 2 生态环境损害的对象与利益间的关系

图 2[1]揭示了生态环境损害的对象与利益间的关系。整个流程的起点是生态环境损害事件。损害发生后,图 2 左侧的流程揭示了生态环境损害对所有权人具备特定价值的自然资源的损害,右侧流程则反映了生态环境损害对无主自然资源造成的纯生态破坏。以 2018 年发生的"11·4 福建泉港碳九泄漏事故"为例。碳九泄漏首先导致了空气、水体等无主自然资源的损害,减损了环境质量;随后有人因吸入被污染的空气引发人身损害,涉及对生命健康权益的侵害;同时大量污染物质进入水体,致使养殖户饲养的海产品批量死亡,造成有特定价值的自然资源的损失,从而损害了个人的财产利益。图 2 中左

[1] Edward H. P. Brans, *Liability for Damage to Public Natural Resources—Standing, Damage and Damage Assessment*, Kluwer Law International, 2001, p. 119.

侧部分涉及人身损害、财产损失,属于传统侵权法的调整范围。而图2中右侧部分——对无主自然资源的损害,就是本文所研究的生态环境损害,也有的学者称之为纯生态损失、环境损害或自然资源损害。图2左右两侧之和,是生态环境损害事件对社会和人类集团造成的不利后果。

■ 国际条约与欧美生态环境损害赔偿实践

无论大陆法系还是英美法系,生态环境损害均属于传统侵权法不认可赔偿的范畴。在英美法系国家,英国法律传统上由于担心无止境索赔,不承认纯经济损失;大陆法系多数国家法律与法院也不愿意确认这类损失,担心承认这类损失可能产生连锁的索赔反应,从而导致一定程度的滥诉。然而,20世纪60年代以后,伴随世界贸易活动的全球化,各国沿海和内陆发生的油污损害也不断增多。从损害赔偿案件的实务出发,油污损害应当如何赔偿、赔偿范围包括哪些等开始成为国际法和国内法需要应对的主要问题。

油污损害赔偿案件推动了生态环境损害赔偿制度的诞生和发展,尤其体现在油污损害案件中对生态价值认识的转变,这促进了国际法和国内法将油污损害及其赔偿范围的扩大化,生态环境损害开始逐渐成为继人身损害和财产损害以外的第三种损害类型。

□ 国际条约中的生态环境损害赔偿实践

生态环境损害这一概念是在国际条约实施执行的不断实践中发展而来的。从20世纪中叶开始,随着法学研究的理念革新,学界开始关注纯粹经济损失,自然资源非使用价值的减损因其具有类似的性质,也受到了广泛关注从而获得发展。理解纯粹经济损失的概念对于深入了解分析生态环境损害十分必要。所谓纯粹经济损失,就是被害人直接遭受财产上的不利益,而非因人身损害或物被侵害而发生的损失。以2005年中石油松花江水污染事件为例,厂房爆炸引起苯类物质泄漏,造成松花江水严重污染,大量鱼类死亡,游客减少。当地旅游业和渔业从业者虽然并未遭受人身侵害或财产损失,但他们的收入因为污染事件而降低,这部分损失就属于纯粹经济损失。

20世纪50年代后,生态系统服务(Ecosystem Services)理论兴起。该理论认为生态系统服务主要包括以下四项内容:第一,供应服务,可以向人类提供食物、木材、织物和水等生态产品；第二，调节服务，可以调节或者控制环境条件，使之适宜人类生存；第三，文化服务，可以充当人类娱乐、教育、美学创作的载体和对象；第四，支持服务，生态系统完成了初级生产，形成了水源土壤等一切生产生活的前提，保障生态系统可以提供前三种服务。这一理论的出现，为自然资源非使用价值的财产化提供了可能。

此后，1997 年《联合国千年生态系统评估报告》利用生态系统评估（Ecosystem Assessment）方法评估发现，20 世纪全球创造的经济总价值为 180 万亿美元，而同期全球生态系统（包括海岸、海洋、湿地、森林、湖泊河流、草地、农田）提供的服务价值高达 3300 万亿美元，相当于全球 GNP 的 18 倍。这一结论反映出随着科学与评估技术的进步，人类开始量化和重视生态系统的价值。

从各国的司法实践来看，生态环境损害最开始出现在海洋石油泄漏损害与赔偿领域。1967 年 3 月，利比里亚籍 Torrey Conyon 油轮在英国沿海搁浅，泄漏 12 万吨原油，造成英国康沃尔郡 140 英里海岸线污染，导致 2.5 万只鸟类死亡。虽然 1954 年在伦敦举行的防止船舶污染海洋的国际会议制定了《1954 年国际防止海洋油污染公约》，并且该公约于 1958 年 7 月生效，但该公约只规定在沿岸水域范围内禁止排放石油和油水混合物，并未涉及油水混合物对海洋环境造成污染的损害问题。为此，1969 年国际海事委员会制定了用于规范船舶油污染民事责任的主要国际文件——《1969 年国际油污损害民事责任公约》（以下简称《责任公约》），1971 年又制定了规定补偿内容的《1971 年设立国际油污损害赔偿基金公约》（以下简称《基金公约》）。[1]

《责任公约》在推动生态环境损害赔偿制度方面的最大贡献，在于给“油污损害”所下的定义中，其将损害分为：（1）由于船舶溢出或排放油类（无论这种溢出或排放发生在何处），在运油船舶外因污染而引发的损失或损害；（2）采取预防措施的费用；（3）由于采取预防措施而造成的进一步损失或损害（第 1 条之 6）等三类。该公约还将事件发生后为防止或减轻污染损害而由任何人所采取的任何合理措施作为“预防措施”（第 1 条之 7）纳入其中。

《基金公约》的目的之一是建立国际油污基金，以用于赔偿《责任公约》所不宜提供保护的范围内提供油污损害赔偿（第 2 条之 1），该赔偿专指在缔约国

[1] 这两个公约日后得到各国广泛承认，截至 1994 年 10 月该公约已被 88 个以上的国家批准。参见《国际海事委员会油污损害指南》，载《中国海商法年刊》（已更名为《中国海商法研究》）第 5 卷，大连海事大学出版社 1994 年版，第 463 页。

领土(包括领海)上造成的油污损害和为防止或减少这种损害的预防措施,包括:(1)根据《责任公约》对损害不承担赔偿责任的;(2)船舶所有人根据《责任公约》对损害负有赔偿责任,但财力不能全部承担其赔偿责任或船舶所有人按照《责任公约》提供的财务保证亦不能或不足以满足损害赔偿的要求;(3)损害超过《责任公约》或其他有关国际公约规定的船舶所有人的赔偿责任限额(第4条)。

20世纪七八十年代,国际石油运输的增加导致海上溢油事件陡增,适用《责任公约》和《基金公约》的油污损害赔偿案件也不断增加。沿海国家纷纷开始研究制定本国的油污损害赔偿立法,国际海事委员会也开始研究各国国内法准予赔偿的索赔种类等有关问题,并于1991年对国际油污赔偿基金确定的标准展开讨论。由于《责任公约》和《基金公约》及其议定书关于"油污损害"的定义非常笼统,加上两个公约对可追偿的请求种类的规定也不明确,人们因此可以预见的是,在各国法律尚未将油污损害赔偿纳入确定某种可追偿损失的范围内作出规定的背景下,在确定可请求的经济损失赔偿的适当范围过程中,必然会产生较大分歧,这会使油污损害赔偿制度执行实际落空,不同国家法院在适用两个公约时也可能会作出不同判决。[1] 此外,因没有制定一个专门涉及污染造成经济损失的明确计算标准,在索赔经济损失时就更容易出现争议。有鉴于此,国际海事委员会制定并于1994年通过了《国际海事委员会油污损害指南》(以下简称《指南》),《指南》明确了经济损失,预防措施、清除及恢复原状费用,和油污损害的请求范围与计算方法。[2]

《指南》对生态环境损害赔偿制度发展的贡献,主要表现为将经济损失分为相继经济损失和纯经济损失(Pure Economic Loss)两部分。其中,"纯经济损失"是指请求人因财产的此种有形灭失或损害以外的原因而遭受的资金损失。[3] 《指南》规定,因油类污染引起的纯经济损失可以受偿,但通常仅限于由污染本身所引起的损失,而仅证明损失与造成当事船溢漏或排放油类的事

[1] 参见《国际海事委员会油污损害指南》,载《中国海商法年刊》(已更名为《中国海商法研究》)第5卷,大连海事大学出版社1994年版,第463页。

[2] 参见《国际海事委员会油污损害指南》,载《中国海商法年刊》(已更名为《中国海商法研究》)第5卷,大连海事大学出版社1994年版,第463页。

[3] "财产"指请求人依据所有权或占有权而具有法律上认可的利益的任何物品。原则上,相继经济损失可以赔偿。参见《国际海事委员会油污损害指南》,载《中国海商法年刊》(已更名为《中国海商法研究》)第5卷,大连海事大学出版社1994年版,第463页。

故之间存在因果联系是不够的。只有在污染与损失之间存在合理程度的因果关系时，纯经济损失方可视为由污染所引起的。此外，在预防措施、清除及恢复原状费用方面，《指南》规定，预防措施（包括清除和处理）的费用可以得到赔偿，只要措施本身和支付的费用在当时情况下都是合理的。如果采取的措施或因发生事故而使用的设备在作出相应决定时，基于客观技术评价有可能成功地避免或减轻油污损害，则应予以赔偿。如果所采取的措施在当时情况下，基于客观技术评价没有成功的可能性，或者所动用的设备是不必要的，不予以赔偿。

值得注意的是，《指南》第三部分明确规定，环境损害赔偿（利润损失除外）应限于实际采取的或将要采取的合理复原措施的费用。根据理论模型计算损害在抽象定量的基础上提出的索赔，不予赔偿（第 11 条）。[1]

实际上，在当下，无论是美国的自然资源损害赔偿还是欧盟的《环境损害指令》，抑或中国的生态环境损害赔偿，最早都可以追溯到国际法中的油污损害赔偿规则和公约。

□ 美国的生态环境损害赔偿实践

在比较法上，生态环境损害制度最早由美国国内法确立，制度名称为自然资源损害。美国的自然资源损害制度基于普通法侵权理论中的“公共信托论”而建立。该理论主张，联邦享有的一切权力，都源于公众通过信托方式对个人权利的让渡。因此公众对联邦实施的自然资源损害行为，有着明确、合法的权利可以主张赔偿，并由此派生出了三项确定的权利内容：(1)自然资源被认为是由公众托管给联邦或州政府的，普通公民可以在政府未尽到托管人义务时要求其承担责任；(2)公民可以对那些威胁自然资源所体现的公共利益的私人或政府行为提起诉讼，政府也可依据同样的理论通过行政行为保护自然资源；(3)如果国家或政府滥用权力，或未尽善良管理人的义务，或损害受托人的利益，或不能公平地对待多数受益人，公民都可以主张权利，请求国家履行受托人义务，为全体公民保护和改善环境。

美国在 1972 年制定的《清洁水法》（*Clean Water Act*）中就确立了清污费用

---

〔1〕 参见《国际海事委员会油污损害指南》第三部分第 11 条，载《中国海商法年刊》（已更名为《中国海商法研究》）第 5 卷，大连海事大学出版社 1994 年版，第 468 页。

赔偿制度，政府可以就清洁油类泄漏而发生的费用得到补偿。1977 年美国再次修改《清洁水法》，将船舶所有人的责任范围扩大到自然资源损害，规定“总统或者任何州的受权代表，应当作为自然资源的受托者代表公众提起诉讼以收缴更新或者恢复这些资源的费用。收缴的金额应当由相应的联邦政府或者州政府机构用于恢复、重新安置或者获得这些自然资源的等价物”。[1] 这是美国法律首次规定超过市场价值部分的自然资源损害可以赔偿。然而遗憾的是，该法并未明确有关修复过渡期自然资源使用价值损失是否能够获得赔偿。

1978 年 3 月，美国石油公司的 Amoco Cadiz 油轮在距法国布列塔尼半岛 3 英里处触碰暗礁搁浅，引发了严重的海洋油污事件。因美国不是《责任公约》和《基金公约》的缔约国，受害者群体（包括法国国家和地方政府、自然保护者协会、专业团体等）遂向船舶所有人住所地美国北伊利诺伊区法院提起损害赔偿诉讼，索赔金额包含雇佣工人清理的费用、当地组织的资助及志愿者所花费的时间、清污购买的原料和装备的费用、使用公共建筑物的费用、海岸和海港的恢复费用、所失去的（景观）欣赏价值、城镇的声誉和公众预期的损失、个人的赔偿以及生态损害等在内共计 22 亿美元。[2] 1984 年 4 月法院判决指出，由于原告遭受的全部损害发生在法国领海与法国海岸，当美国法与法国法有不同规定时应当适用法国法。同时，法国是两个公约的缔约国而美国不是，所以应当适用法国法。关于环境损害，法院认为环境属于法国法上的“无主物”。根据法国法，任何人和组织都无权对环境损害提出请求。为此，判决只考虑因环境损害导致渔民捕鱼量减少及其遭受的损失，以及法国政府为实施恢复生态系统计划所重新引进受到污染及其后果影响的物种而实际支出的费用。最终法院于 1988 年 1 月判决赔偿金额为 8520 万美元。[3] Amoco Cadiz 油污诉讼判决案，是国际社会首次将污染治理费用纳入油污损害赔偿索赔范围的案件。尽管法院并未全部认可由法国环境和生活质量部提出的该部分索赔诉讼请求，但还是判决赔偿与油污损害相关的清污器材费、器材维修费、废油处理

---

〔1〕 参见 1977 年《清洁水法》第 1321 条 f(5)。

〔2〕 那力等：《从 Amoco Cadiz 案看环境损害赔偿问题》，载《林业、森林与野生动植物资源保护法制建设——2004 年中国环境资源法学研讨会（年会）论文集》，中国法学会环境资源法学研究会 2004 年版，第 1064 页。

〔3〕 那力等：《从 Amoco Cadiz 案看环境损害赔偿问题》，载《林业、森林与野生动植物资源保护法制建设——2004 年中国环境资源法学研讨会（年会）论文集》，中国法学会环境资源法学研究会 2004 年版，第 1064 页。

费、食宿衣物费和科研费等。

除油污损害外,20 世纪 80 年代美国工业用地污染导致的“棕色土地”污染事件也不断发生。例如,1978 年美国发生的“拉夫运河事件”[1]轰动全国,引发了大规模抗议和索赔活动。以此为契机,美国于 1980 年制定了《综合环境反应、赔偿与责任法》(*Comprehensive Environmental Response, Compensation, and Liability Act*,以下简称《超级基金法》),规定泄漏有害物质船舶的拥有者和运营者承担对自然资源损害、破坏或者损失的赔偿责任,包括评估这种损害、破坏或损失的费用和成本。[2]

与 1977 年《清洁水法》相比,修复过渡期自然资源使用价值损失被纳入该法的赔偿范围,同时该法授权内政部制定详细的自然资源损害评估(Natural Resource Damage Assessment,NRDA)规则[3],适用于《超级基金法》下的有害物质泄漏和清洁水法下的石油排放引起损害的评估。

1989 年 3 月埃克森石油公司 Exxon Valdez 号油轮在美国阿拉斯加威廉王子湾触礁,引发了美国历史上最严重的溢油污染事故。除水上浮油蔓延、海岸线污染和数个国家公园受到损害外,还造成大量海獭、海鸟死亡和大量海洋生物灭绝,预估清污费和各种污染损失费高达 80 亿美元。[4] 在公众强烈要求采取溢油应急对策的呼声下,美国参、众两院经紧急讨论,在 1989 年 7 月通过了《石油污染法》(Oil Pollution Act,OPA),并于 1989 年 8 月由总统签字后生效。《石油污染法》将自然资源损害定义为“对陆地、渔类、野生动物、生态区、空气、水、地下水或其他资源的破坏”,并注明了法定自然资源托管人可以得到的损害赔偿类型,从索赔主体、赔偿标准和赔偿范围等方面完善了自然资源损害赔偿制度。

---

[1] 该事件的大体经过如下:位于纽约州的拉夫运河是一条老旧的人工河流,后因干涸而被废弃。1942 年美国一家电化学公司购买该运河用于倾倒并填埋有毒有害工业废物。1953 年以后纽约市政府在运河上开发房地产并盖起了大量住宅和学校。从 1977 年开始这里的居民不断发生各种怪病;1987 年地面开始渗出含有多种有毒物质的黑色液体。1978 年 2 月纽约州卫生部宣布运河处于紧急状态,并发布命令关闭了这里的学校并开始执行清污计划。1980 年 12 月美国通过了《超级基金法》,电化学公司和纽约州被认定为加害方,向受害居民赔偿经济损失和健康损失费用约 30 亿美元。

[2] 参见 1980 年《超级基金法》第 107 条(a)(1)~(4)、(c)。

[3] 参见 1980 年《超级基金法》第 151 条(c)(1)、(2)。

[4] 宋家慧:《美国〈1990 年油污法〉及船舶油污损害赔偿机制概述》,载《交通环保》1999 年第 3 期。

《石油污染法》规定，当发生油污事故后，国家油污基金中心应当派遣由法官、索赔专家、财务管理人员、保赔专家、政策协调官与事故处理官等组成的事故处理小组前往现场处理有关事宜，他们将与溢油应急反应现场协调员密切配合，确保足够的清污费用，以保证对溢油的迅速反应。

与《责任公约》和《基金公约》相比，美国油污损害赔偿的机制范围更宽、责任限制更高、赔偿更为充分[1]。特别是《石油污染法》中主要基金的分类使用，保障了自然资源损害评估、恢复以及制订应急计划、进行溢油应急科研等费用。在明确规定了船东责任、货主责任的基础上，为了给大规模溢油应急行动提供及时财务支持，对油污损害给予足够的赔偿，并为制订应急计划和科研开发提供资金，《石油污染法》还将已有的数种法定基金合并，设定了一项10亿美元的油污基金。油污基金分为紧急基金和主要基金两大类。紧急基金主要用于支付发生事故时的清除费用。主要基金则用于以下方面：对自然资源的评估和为重建、恢复和更新而保持自然生态平衡所产生的费用；根据国家应急计划而从事的无法补偿的清污费用和无法补偿的油污损害费用；联邦管理运作的工作费用和人员费用；油污应急的研究与科研开发费用。

依据《石油污染法》，托管者可以得到：(1)修复、恢复、替代或获取受损自然资源的类似等价物的成本；(2)自然资源在进行修复期间价值的减少；(3)评估这些损害赔偿的费用。此外，该法还授权国家海洋与大气管理局(NOAA)制定石油污染造成的自然资源损害评估规则，从而与内政部DOI规则共同构建了两套美国自然资源损害评估系统。

1986年内政部颁布了自然资源损害赔偿评估规则，确立了“较少原则”和以市场价值评估法为主的评估方法。针对不同规模的自然资源损害，自然资源损害赔偿评估规则设计了A、B两套程序方法。一般情况下，当损害规模较小、影响范围较窄、自然资源损害赔偿评估相对较易时，适用A程序；反之则适用B程序。在该规则下，修复费用仅在不超过受损资源减少的市场价值时才能得到赔偿，非使用价值也只有在市场价值不能确定时才能测定。这两项规

---

[1] 宋家慧：《美国〈1990年油污法〉及船舶油污损害赔偿机制概述》，载《交通环保》1999年第3期。

则在后来的俄亥俄案[1]中得到了修正。经历过多次修订,现行规则规定损害赔偿金包括“修复、恢复、替代和/或获取受损自然资源或其提供服务的等价物的费用”、“由授权官员裁量的,从排放或泄漏到修复、恢复、替代和/或获取资源和其服务等价物至基线的时间内公众流失的所有或部分服务的可赔偿价值”、评估的合理必要的费用以及利息。同时,现行规则分别就修复费用、可赔偿价值界定了确切含义,提出了具体的评估方法。[2]

值得强调的是,在《超级基金法》和《石油污染法》框架下建立的两套自然资源损害评估规则(DOI 规则和 NOAA 规则),将自然资源损害的赔偿范围分为三个部分:自然资源非使用价值损失、过渡期损失和评估费用。另外,自然资源损失还应当包含损害的社会收益损失。两套评估规则同时确立以替代成本为依据计算损失费用的评估原则,即不是考虑自然资源损失的社会收益,而是通过计算人工恢复资源所具备的生物物理功能和提供的服务来计算损害,将“修复”作为自然资源损害评估的首要方法。

至此,美国的自然资源损害赔偿制度进一步得到完善。据美国审计总署报告,在 1995 年 4 月至 1996 年 7 月,依《超级基金法》提起的自然资源损害赔偿案件中,联邦托管人介入的自然资源损害纠纷有 62 件,赔偿额度为 4000 美元到 2400 万美元,总赔偿金额为 1.09 亿美元。另据美国内政部海洋与大气局统计,1984 年到 1997 年溢油致自然资源损害赔偿仅占总赔偿的 26%,应急费、三方索赔及政府的行政处罚占 74%。1991 年至 2002 年,依照《石油污染法》、《超级基金法》和《清洁水法》总共有 56 个沿海自然资源损害赔偿案提起,受损方获赔数额总计 2.9 亿美元,平均个案获赔数额为 400 万美元。其中,油污造成的自然资源损害赔偿平均数额低于有害废物造成的赔偿,例如,依据《超级基金法》获得的自然资源损害赔偿个案的平均数为 700 万美元;依据《石油污染法》获得的自然资源损害赔偿个案的平均数为 320 万美元。而自然资源损害赔偿在一般溢油责任中仅占小部分,每年的沿海溢油报告表明,仅有 10% 的溢油事故中受害方主张了自然资源损害赔偿。

---

[1] 在该案中,法院否认了采用较少规则可以提高效率的主张,认为内政部的根本错误在于把环境看作一种可以依据市场价格进行定价的有形商品。其得出结论:修复费用是自然资源损害赔偿和基本计算方法。对于评估方法,法院拒绝把市场价格作为评定自然资源损失的唯一标准,认为超级基金法并没有把使用价值局限于市场价值。

[2] 参见刘静:《略论美国自然资源损害赔偿范围》,载《河南省政法管理干部学院学报》2009 年第 2 期。

□ 欧洲的生态环境损害赔偿实践

大量人类活动导致严重损害环境的事件屡有发生，但谁应对此承担污染清理和被损害环境的恢复费用在欧盟各国法律中都处于不明确的状态。鉴于此，2000 年 2 月，欧洲委员会（European Commission）发布了《环境民事责任白皮书》（*White Paper on Environmental Civil Liability*），首次界定了传统损害与环境损害的概念，即"对人、财产和场所污染（contamination of sites）的损害"以及"对自然的损害，特别是那些位于共同体内、从生物多样性保护观点看是非常重要的自然资源……"并将环境损害概括为生物多样性损害和场地污染损害两种形式，设立了行为人对自然资源损害的民事责任。该白皮书同时指出，"从更好地实施欧盟环境原则和法律以及有效恢复环境的角度看，制定欧共体指令是一种具有较高增值的选择"；"保障更加谨慎地避免发生环境损害的一种方式，就是对造成这种损害风险活动的责任人切切实实地施加民事责任"。

在《环境民事责任白皮书》的基础上，2004 年 3 月欧盟在布鲁塞尔通过了《预防和补救环境损害的环境责任指令》（*Environmental Liability Directive* 2004/35/EC，以下简称《环境责任指令》），旨在建立一个以社会合理成本为代价，用以预防和修复环境损害的共同框架。

《环境责任指令》第 2 条明确规定：环境损害是指对受保护物种和自然栖息地的损害，此种损害对受保护栖息地或者物种的顺利保育状况的延续或者保持产生了重大不利影响。该指令同时将环境损害与传统侵权损害加以分离，认定环境损害不包含传统损害（对人身健康或财产的损害）的内容，并将因战争、内乱、不可抗力以及核辐射等造成的环境损害排除在了赔偿标准之外。

《环境责任指令》适用于欧盟范围内所有商业经营行业，目的是根据"污染者负担"原则预防及修复对水、土地、受保护物种或自然生境的损害，但不包含传统损害（对人身健康或财产的损害）的内容。其中明确规定，"损害是指可测量的自然资源的不利变化或者可能直接、间接出现的可测量的自然资源服务功能的损伤"；"水损害是指对有关水体的生态、化学和/或者数量状况和/或者 2000/60/EC 指令定义的生态潜力造成的重大不利影响的损害"；"土地损害是指任何由于物质、成药、有机体或微生物直接、间接导入土壤、地表、地下而产生的对人类健康造成重大不利影响和危险的土地污染"。

从环境损害在欧洲的责任主体及范围看，《环境责任指令》将环境损害责任主体认定为从事职业经营活动的经营者，承担责任的范围包括“其经营活动导致的环境损害和由这些活动产生的潜在损害威胁”。为了保证环境损害赔偿得以实现，《环境责任指令》将责任类型规定为严格责任，并赋权有关机构得通过财产保全或其他适当的保证方式，向可能导致环境损害或环境紧急威胁的经营者追偿依据《环境责任指令》采取预防或救济所支出的费用。

从环境损害赔偿制度的目标和标准看，《环境责任指令》针对环境损害事件设定了预防或补救的目标。对于水体、受保护物种和自然栖息地，补救目标是使得受损害的自然资源和/或被削弱的服务功能回归到生态服务基线条件。而对于土地损害和污染场所清理，目标则是消除对人类健康产生不利影响的重大风险。

《环境责任指令》在确立的评估费用的方法时，沿用了美国 1990 年 OPA 和 NRDA 规定的方法，只是在过渡期自然资源服务费用方面，较少强调自然资源对人类提供服务方面的损失，如沙滩利用和渔业捕捞。与美国的方法相同，《环境责任指令》将基线条件作为评估环境损害的标准。对于水体、受保护物种和自然栖息地，预防或补救措施的目标是受损害的自然资源和/或被削弱的服务功能回归到基线条件；对于土地损害，目标则是消除对人类健康产生不利影响的重大风险。

《环境责任指令》规定，在自然资源恢复到基线水平的过程中，损害责任方需对恢复期间（过渡期）内因自然资源损害造成的相应损失或者损害承担责任。评估方法为资源等值分析方法，包括初步评估、确定和量化亏损/损失、确定修复措施带来的好处（效益）并对其进行量化、衡量修复措施和监督及汇报等过程。

■ 生态环境损害赔偿制度在中国的发展

□ 中国民事立法对生态环境损害的基本立场

随着 2015 年以后《试点方案》和《改革方案》等中央政策文件的发布，以及《民法典》的颁行施行，生态环境损害应当获得独立赔偿才逐渐成为理论和实务界的共识。在此之前的数十年间，中国民事立法领域对生态环境损害赔偿基本持否定态度。1986 年《民法通则》规定了违反国家保护环境防止污染的规定，污染环境造成他人损害的，应当依法承担民事责任，将造成他人损害作为承担责任的前提条件。1989 年《环境保护法》规定,造成环境污染危害的,有责任排除危害,并对直接受到损害的单位或者个人赔偿损失,将赔偿对象限定在了受到损害的个人或单位,而不包括生态环境本身;2008 年《侵权责任法》则规定,因污染环境造成损害的,污染者应当承担侵犯民事权益的侵权责任,而根据该法第 2 条关于民事权益的定义,环境权和生态环境利益并不在民事权益的范畴之中,因而再次将生态环境本身遭受的损害排除在环境污染致损的赔偿范围外。2014 年修订的《环境保护法》对生态环境损害赔偿问题同样未作出全新突破,而是将其转引到了侵权责任法的框架之下,维持了否定生态环境损害赔偿的基本立场。

然而,与民事领域的否定立场不同,在海洋环境保护领域,生态环境损害很早就获得了承认。中国自 1983 年成为《联合国海洋法公约》缔约国之后,为履行海洋法公约要求的国内法义务,在 1999 年修订的《海洋环境保护法》中就明确了海洋环境污染损害的概念,并在该法第 90 条第 2 款规定了对破坏海洋生态、海洋水产资源、海洋保护区,给国家造成重大损失的,由依照本法规定行使海洋环境监督管理权的部门代表国家对责任者提出损害赔偿要求,从而正式确立了海洋环境损害赔偿制度,这也表明法律将索赔的权利赋予行使海洋监督管理权的政府部门,允许其代表国家对责任人提出损害赔偿要求。

□ 生态环境损害是否可以索赔

在 2020 年《民法典》通过以前,中国《侵权责任法》并未将生态环境损害作为环境侵权的对象,但伴随环境民事公益诉讼的开展和生态环境损害赔偿试点和改革方案的施行,司法实践中对生态环境损害赔偿的探索已经累积了不少经验。

1.“塔斯曼海”号溢油生态破坏索赔诉讼案

2002 年 11 月 23 日,“塔斯曼海”(Tasman Sea)轮与中国某轮船发生碰撞发生溢油事故,造成渤海局部溢油污染损害。受国家海洋局委托,天津海洋局代表国家提起海洋生态破坏索赔案,诉请船东公司与伦敦汽船互保协会二被告连带赔偿海洋生态环境损失费 5000 万元人民币。

在此次海洋生态环境赔偿案件中,双方对海洋生态环境损害开展了仔细的现场调查,通过对事故污染源诊断分析,确定了污染损害对象及受损程度,计算出包括该海域遭受的直接利用价值的经济损失、间接利用价值的经济损失和非利用价值的经济损失等多项损失内容在内的海洋生态价值损失,最终得出“塔斯曼海”轮造成海域生态价值总损失值约为1.824亿元人民币的评估结论。在此基础上,与本案相关的9个利益相关人亦先后向人民法院提起诉讼,涉及海洋污染损害赔偿索赔总额合计约为1.7亿元人民币。

此后经过两审判决,最终原告方获得995.81万元人民币的赔偿。

本案原告虽胜诉,但海洋生态服务功能损失、海洋沉积物恢复费用和浮游植物恢复费用等五项主张却未能获得法院支持,获得赔付的仍旧以渔民、养殖户的渔业捕捞损失,生物治理研究及监测评估费用等民事性质的债权债务关系为主。但本案作为中国船舶油污损害的典型案例,推动了最高人民法院关于审理船舶油污案件范围的改革,对中国生态环境损害赔偿制度的发展具有重要意义。

2. 中华环保联合会诉无锡市蠡湖惠山景区管委会擅自改变林地用途异地补植案〔1〕

无锡市蠡湖惠山景区管理委员会(以下简称景区管委会)在负责开发建设动植物园和儿童乐园项目的过程中,未经批准和办理相关手续,擅自占用2万平方米左右的林地并改变1.7万平方米林地用途。其中3677平方米被建设成为观光电梯和消防水池。涉案项目尚有2500平方米山体土壤裸露宕口地块,林木被砍伐、山土随意堆放、植被遭受破坏。

2012年7月中华环保联合会向无锡市滨湖区人民法院提起民事公益诉讼,请求判令景区管委会将擅自非法占用的林地恢复用途并赔偿损失,立即将项目区域内裸露的部分土地进行复绿固土。景区管委会认为,2012年11月景区管委会向江苏省林业局缴纳植被恢复费110万余元,缴纳罚款23万余元;在其占用的林地中部分占用林地已正待相关部门审批;对宕口地块将履行复绿义务;被占林地已建成观光电梯和消防水池,属于旅游配套设施,且对防火、提供紧急救援具有重要的通道作用。

无锡市滨湖区人民法院经审理认为,景区管委会在开发建设项目时尚未取得改变林地用途的审批手续,构成了占用林地的事实。改变林地用途对生态环境造成损害,应当承担相应的民事侵权责任。本案审理中,景区管委会已

---

〔1〕 江苏省无锡市滨湖区人民法院民事判决书,(2012)锡滨环民初字第0002号。本案被纳入《最高人民法院公布九起环境资源审判典型案例》(《最高人民法院公报》2014年第11期)和《最高人民法院公布保障民生第二批典型案例》(《最高人民法院公报》2015年第3期)。

缴纳了植被恢复费114万余元，应当视为已经弥补了生态损害。景区管委会擅自改变3677平方米林地用途，应当恢复原状。鉴于该地块建设已经被纳入立项规划范围，且建设项目中的观光电梯具有逃生、急救通道的功能，涉及较大公共利益不宜恢复原状，但可异地恢复以尽量达到或超过原有的生态容量水平。对异地恢复的地点的选择，按照与原被侵权地最相密切联系、恢复方案经济可靠的原则确定。为此，景区管委会经咨询相关专业机构确定了杨湾异地补植恢复生态的方案，费用为79万余元。

2012年12月法院作出判决，判令景区管委会一个月内完成1.7万平方米林地改变用途的申报程序，将异地补植费用79万余元汇至指定账户，并在6个月内完成杨湾地块4500平方米的异地补植，景区管委会及其他地块使用人6个月内完成2500平方米宕口地块复绿固土工作。

本案的重要意义不仅在于创设了“异地补植”这一生态环境损害修复的重要手段，也在于最高人民法院将此案作为示范案例，纳入国家第二批影响民生的典型案例之中，推动了生态环境损害在司法领域的进步；此外，其意义更在于反哺立法，完善了彼时已经被纳入民事诉讼法中的公益诉讼制度。

3. 上饶市人民检察院诉张某等损毁三清山巨蟒峰自然遗迹民事公益诉讼案〔1〕

张某等三人系成年攀岩爱好者，通过微信约定前往三清山风景名胜区。在明知巨蟒峰为核心景区中的核心景点并认识到自身行为会造成名胜古迹损毁而受到制裁的情况下，依然有计划、有预谋地从下至上用电钻、岩钉（膨胀螺栓，不锈钢材质）、铁锤、绳索等工具对岩柱体打入26颗岩钉依此攀爬到达巨蟒峰顶部，造成了巨蟒峰遭受通体性破坏。2018年8月，江西省上饶市人民检察院以张某等三被告涉嫌故意损毁名胜古迹罪向江西省上饶市中级人民法院提起公诉（三被告犯故意损毁名胜古迹罪已判决）。

在履职中检察院发现，三被告损毁巨蟒峰岩体破坏生态环境的行为损害了社会公共利益，在履行完公告程序后依然没有法定机关和组织提起诉讼的情况下，上饶市人民检察院依法提起了民事公益诉讼，请求判令三被告依法连带赔偿对巨蟒峰非使用价值造成损失的最低阈值1190万元，判令三被告共同

---

〔1〕 江西省上饶市中级人民法院民事判决书，(2018)赣11民初303号；江西省高级人民法院民事判决书，(2020)赣民终317号。本案被纳入最高人民法院发布《2020年度人民法院环境资源十大典型案例》，2021年6月4日。

采取建设巨蟒峰周界防护系统或连带支付有关费用等有效方式,消除他人借助三人的侵权行为进一步攀爬损毁巨蟒峰的危险等民事责任。

诉前,上饶市人民检察院委托江西财经大学专家组就三被告行为造成巨蟒峰损毁进行了价值评估。专家组在出具的《三清山巨蟒峰受损价值评估报告》中根据《环境损害鉴定评估推荐方法(第Ⅱ版)》推荐的意愿价值法,分析得出巨蟒峰非使用价值受损的最低阈值为1190万元。一审法院在听取律师意见后考虑到评估结果具有不确定性等因素,决定仅将《三清山巨蟒峰受损价值评估报告》作为最终判定三被告承担侵权责任的参考依据。最终在考虑到巨蟒峰作为世界自然遗产的珍稀性,三被告的行为造成的严重后果以及社会影响的广泛性,并兼顾三被告的经济条件和赔偿能力等具体问题的基础上,一审法院按照《最高人民法院关于审理环境民事公益诉讼案件适用法律若干问题的解释》的规定酌定赔偿数额为600万元。

张某等二人(另一名被告未上诉)不服一审法院民事诉讼判决,向江西省高级人民法院提起上诉。2020年5月江西省高级人民法院作出二审判决,驳回上诉,维持原判。

本案历时近两年时间,其间适逢中国试行《改革方案》和《民法典》通过并确立生态环境损害赔偿制度,而且本案一审、二审中刑事诉讼和环境民事公益诉讼始终独立并行。因此,本案除了具备刑民交叉案件的一般疑难特征外,还存在着检察机关是否有权提起民事公益诉讼、三被告的行为是否构成故意损毁名胜古迹罪、名胜古迹公益损害如何确定以及生态环境损害赔偿数额如何计算等疑难问题。在生态文明体制改革的大背景下,本案具有非常典型的示范价值和警示意义。

以上案件均为中国在生态环境损害赔偿司法领域的成功实践,这些案例不仅确认了生态环境损害赔偿的现实可行性,也探索了生态环境损害赔偿的非金钱给付路径,有力推动了这一制度的前进与发展,为中国生态环境损害赔偿制度的正式建立准备了扎实的实践基础。

□ 生态环境损害赔偿制度构建前中国有关司法、行政规则的应对与发展

1991年至2011年,中国生态环境损害的行政规则和司法解释处在不断增加完善的过程中,但整体上仍然集中在海事领域。以最高人民法院、国家海洋局(现已裁撤)等为代表的行政、司法机关陆续发布了《关于国内船舶发生海损

事故造成的营运损失应列入海损赔偿范围的复函》、《水域污染事故渔业资源损失计算方法》(1996 年修改)、《关于审理船舶碰撞和触碰案件财产损害赔偿的规定》、《海洋溢油生态损害评估技术导则》、《关于审理船舶油污损害赔偿纠纷案件若干问题的规定》等文件。

此后,在 2011 年,原环境保护部(现为生态环境部)发布了《关于开展环境污染损害鉴定评估工作的若干意见》,并以附录形式发布了《环境污染损害鉴定评估推荐方法(第Ⅰ版)》,不仅建立了规范的损害鉴定计算方法,还提出"环境污染损害"这一概念,并在参考欧盟《环境责任指令》的基础上,对其定义和内容作出具体界定:"环境污染损害,指环境污染事故和事件造成的各类损害,包括环境污染行为直接造成的区域生态环境功能和自然资源破坏、人身伤亡和财产损毁及其减少的实际价值,也包括为防止污染扩大、污染修复和/或恢复受损生态环境而采取的必要的、合理的措施而发生的费用,在正常情况下可以获得利益的丧失,污染环境部分或完全恢复前生态环境服务功能的期间损害"。

2014 年,《环境污染损害鉴定评估推荐方法(第Ⅱ版)》发布。与第Ⅰ版相比,第Ⅱ版推荐方法将"环境损害"与"生态环境损害"加以区分,认为环境损害是包含人身损害、财产损害和生态环境损害在内的上位概念,而生态环境损害仅指由于污染环境或破坏生态行为直接或间接地导致生态环境的物理、化学或生物特性的可观察的或可测量的不利改变,以及提供生态系统服务能力的破坏或损伤。除以上三种损害类型之外,第Ⅱ版推荐方法还将应急处置费用和事务性费用纳入了环境损害的范畴,为环境损害赔偿提供了规范依据。

■ 生态环境损害赔偿制度的现实到达点及问题分析

□ 生态环境损害赔偿责任制度的正式确立

就在生态环境损害赔偿制度探索前进的同时,同样以保护生态、修复环境为核心目标的公益诉讼制度也在蓬勃发展。以十八届三中全会的召开为契机,民事公益诉讼在纳入《民事诉讼法》之后,又于 2014 年被正式写入《环境保护法》。之后人民法院着手建立环保法庭,环境资源审判力量得到了切实提升。作为生态环境损害赔偿之诉的载体——环境公益诉讼的司法实践也在不断增强。

但是,环境公益诉讼面临一个非常重要的问题,即环境公益诉讼的索赔对象和诉讼请求,按照当前生态环境损害赔偿诉讼的索赔对象和诉讼请求的相关规定,如此则会引发环境公益诉讼和生态环境损害赔偿制度的功能竞合。事实上,在设计环境公益诉讼时,立法者曾经打算将诉讼主体资格放开,允许所有公民、法人和社会组织提起环境公益诉讼,然而出于彼时法制培养整体水平和可能引发滥诉的担忧,最终立法者在制度构建时将环境公益诉讼的原告限定为法律规定的机关和有关社会组织,把自然人排除在原告资格范围外。这一规定在2014年《环境保护法》中得到了具体化,立法者通过法律条文对组织资格加以限制。实际上,全国最终将符合条件的有关社会团体只有不足300家。同时该法还要求禁止以盈利为目的提起环境公益诉讼,诉讼所得资金也必须用于修复受到损害的生态环境,以此应对可能发生的环境公益诉讼的滥诉情形。事实证明,在2015年该法正式施行以后,司法实践中的确出现了包括泰州1.6亿天价生态环境损害赔偿案在内的一系列诉讼。

十八届三中全会生态文明体制改革方案中,提出应当试行检察机关提起公益诉讼的应诉机制。在该改革方案的政策引导下,在《宪法》和《检察官法》赋予的保护国家、人民利益,支持诉讼的职责下,检察机关自身也在不断尝试将公益诉讼纳入其职权范围的改革路径,探索由检察机关代表国家生态环境利益,作为原告提起环境公益诉讼。也正是在这样的背景之下,2017年5月《民事诉讼法》和《行政诉讼法》同时修改,规定在生态环境和资源保护等领域行政机关不依法履行职责的,人民检察院得依法向人民法院提起诉讼。这从司法角度为救济生态环境损害提供了法律和组织保障。

2017年最高人民法院公布了《关于审理海洋自然资源与生态环境损害赔偿纠纷案件若干问题的规定》,为审理海洋自然资源与生态环境损害赔偿纠纷案件提供了依据;2019年最高人民法院公布了《关于审理生态环境损害赔偿案件的若干规定(试行)》(2020年修正),为审理生态环境损害赔偿案件、依法追究损害生态环境责任者的赔偿责任提供了依据。

2020年5月通过的《民法典》首次通过立法确立了生态环境损害赔偿制度。《民法典》第1234条规定:“违反国家规定造成生态环境损害,生态环境能够修复的,国家规定的机关或者法律规定的组织有权请求侵权人在合理期限内承担修复责任。侵权人在期限内未修复的,国家规定的机关或者法律规定的组织可以自行或者委托他人进行修复,所需费用由侵权人负担。”第1235条还规定,违反国家规定造成生态环境损害的,国家规定的机关或者法律规定的组织有权请求侵权人赔偿下列损失和费用:"(一)生态环境受到损害至修复完成期间服务功能丧失导致的损失;(二)生态环境功能永久性损害造成的损失;(三)生态环境损害调查、鉴定评估等费用;(四)清除污染、修复生态环境费用;(五)防止损害的发生和扩大所支出的合理费用。"

此外,2019 年以来全国人大常委会制定或修订的《森林法》《长江保护法》《湿地保护法》,以及《海南自由贸易港法》中,都规定了追究生态环境损害赔偿责任条款。随着《民法典》、各类环境保护单行法律和有关法律将生态损害赔偿有关的事项纳入作出规定,这也标志着生态环境损害赔偿制度正式得到法律的确认。

□ 生态环境损害的赔偿主体与原则

与环境公益诉讼相类似的是,中国生态环境损害赔偿制度的快速发展同样得益于生态文明体制改革,该制度的发展完善不仅受到中央政策文件调整,还和中国政府机构改革的大背景息息相关。中央生态文明体制改革方案中提出了要建立健全自然资源资产产权制度,将资源上的民事权利和行政监管权力分离,原环境保护、国土资源等职能部门整合为自然资源部和生态环境部,前者统一代表国家行使自然资源所有权,即以民事权利为核心,后者行使资源生态的监督管理职责,即以行政监管权力为主导。此时,自然资源和生态环境就不再属于无主物品,而是分别由自然资源部代表国家行使自然资源所有权,由生态环境部行使监督管理者职责的权力。如果生态环境遭到了损害,国家可以就既有权以所有者身份主张生态环境损害赔偿,也有权以监督管理者身份主张生态环境损害赔偿。正是在这样的大背景下,才促成了当今中国的生态环境损害赔偿司法实践的开展,也正是在厘清中国生态环境损害赔偿制度所处的背景的前提下,才能够更清晰、更准确地分析赔偿主体,即生态环境损害赔偿的权利人和义务人。

从中央全面深化改革委员会发布的文件来看,生态环境损害赔偿的权利主体被限定为国务院及经国务院授权的省级人民政府。恰如上文所述,在实际操作中大多由人民政府的生态环境主管部门或自然资源主管部门牵头,负责具体的生态环境损害赔偿工作。具体规则是:国务院授权省级、地市级政府(包括直辖市所辖的区县级政府)作为本行政区域内生态环境损害赔偿权利人；省域内跨地市的生态环境损害，由省级政府管辖；其他工作范围划分由省级政府根据本地区实际情况确定；省级、地市级政府可指定相关部门或机构负责生态环境损害赔偿具体工作；省级、地市级政府及其指定的部门或机构均有权提起诉讼；跨省域的生态环境损害，由生态环境损害地的相关省级政府协商开展生态环境损害赔偿工作。

当前，赔偿权利人的主体资格和权利行使方面主要面临的问题是法律依据不充分。在实践中参照的主要规则仍然源于《改革方案》和最高人民法院 2021 年发布的《关于审理生态环境损害赔偿案件的若干规定（试行）》，法律层面的具体规定仍然不足。尽管如此，《改革方案》为生态环境损害赔偿确立了若干基本原则，用以指引各级人民政府和法律规定的有关组织开展生态环境损害赔偿工作：一是环境有价、损害担责，即确认生态环境的经济价值，为赔偿工作奠定法律基础，当生态环境损害无法修复时，实施货币赔偿，用于替代修复。二是主动磋商、司法保障，即磋商程序前置，在环境损害发生后，政府部门必须先与赔偿义务人取得联系，就赔偿数额、赔偿范围、支付方式等内容开展磋商；当磋商无法达成一致时，赔偿权利人可依法提起诉讼。三是信息共享、公众监督，即保障公众知情权，接受群众监督；实施信息公开，推进政府及其职能部门共享生态环境损害赔偿信息。生态环境损害调查、鉴定评估、修复方案编制等工作中涉及公共利益的重大事项应当向社会公开，并邀请专家和利益相关的公民、法人和其他组织参与。

□ 生态环境损害赔偿的司法实践

1. 德司达染料有限公司污染环境案

2013 年 9 月至 2014 年 5 月，德司达公司高管在明知对方公司缺乏相应资质的情况下，多次将德司达公司运营产生的废硫酸交由对方公司处置。对方公司大量倾倒至泰东河、新通扬运河水域的河水中，造成泰州“5 · 15”重大环境污染事件。

2016 年江苏省高邮市人民法院作出刑事判决，判决被告德司达公司触犯污染环境罪，判处罚金 2000 万元，公司主要管理者承担刑事责任。同年 12 月江苏省环保联合会在南京市中级人民法院对德司达公司提起了环境民事公益诉讼，次年 1 月江苏省人民政府依据《试点方案》等规定，经申请作为共同原告参加了环境民事公益诉讼。

两原告要求被告德司达公司赔偿环境修复费用2428余万元;承担原告江苏省环保联合会律师费17万元;承担本案诉讼费、鉴定费。2017年7月,南京市中级人民法院判决德司达公司赔偿环境修复费用人民币2428余万元。后德司达公司未提起上诉。

本案的意义在于,人民政府依据《试点方案》,经申请主动加入诉讼过程,并且以共同原告的身份主张独立赔偿,为生态环境损害赔偿诉讼探索了全新的参与路径;此外,本案的民事部分是江苏省环保联合会对德司达公司提起的环境民事公益诉讼,然而江苏省人民政府申请加入的诉讼属于生态环境损害赔偿诉讼。南京市中级人民法院在综合考虑诉讼主体、标的、内容等因素之后,作出了合并审理的决定,最终实现了审判目的。本案对当下司法实务部门处理生态环境损害赔偿和环境公益诉讼之间的关系具有重要的参考价值。

2. 贵州省级人民政府向清镇市人民法院提起生态环境损害赔偿司法确认案

2012年,贵州省贵阳市开磷化肥公司通过签订劳务协议,委托息烽诚诚劳务有限公司(以下简称息烽公司)承担其污水处理厂的泥渣清运工作。此后息烽公司开始将贵阳开磷化肥公司污水处理厂产生的污泥渣运往息烽县小寨坝镇地块内倾倒,截至2016年被查处之时,已累计倾倒污泥渣约4万余吨。

就息烽公司、开磷化肥公司非法倾倒工业废渣造成生态环境损害案,贵阳市环保局依据《固体废物污染环境防治法》决定对息烽公司处以罚款5万元,同时贵州省人民政府指定贵州省环保厅代表国家,要求相关责任人就其对生态环境造成的损害问题承担民事责任。在清镇市人民法院生态保护法庭提供有关程序性法律问题的支持下,根据贵州省环科院《环境污染损害评估报告》的评估意见,两赔偿义务人委托第三方提出了生态环境损害修复方案。双方就环境修复及赔偿等问题开展磋商并达成协议,协议当事人共同向清镇市人民法院生态保护法庭申请了司法确认。

本案的意义在于,在事实清楚、损失明确,赔偿义务人配合情况良好的情况下,最高效、最大限度地恢复受损生态,尽可能缩短、降低磋商程序及司法运作成本。无论是引入专业机构开展损害评估,还是双方先行磋商,达成一致后共同申请司法确认,以法律的手段赋予磋商协议强制执行的效力,都已成为当下生态环境损害赔偿工作中的重要环节。

3. 生态环境损害赔偿案件的共性梳理

为提供典型案例在各级人民法院审理相关案件时参照执行，最高人民法院还于 2019 年 6 月发布了《人民法院保障生态环境损害赔偿制度改革典型案例》。除纳入以上两个典型案例外，生态环境损害赔偿领域的典型案例还有“山东省人民政府诉山东金诚重油化工有限公司等生态环境损害赔偿索赔案”“重庆市人民政府和重庆两江志愿服务发展中心共同诉重庆藏金阁物业管理有限公司等连带赔偿生态环境修复费用案”等，本文结合具体案情和有关生态环境损害赔偿处理结果分析，发现它们具备以下共同特征：

第一，从损害性质上讲，造成生态环境损害需要承担赔偿责任的大多数违法排污企业（以下简称赔偿义务人）的行为往往既涉嫌违反国家环境保护法规，又同时构成污染环境类的刑事犯罪，还因污染环境侵害他人合法权益与环境公益，这表明生态环境损害的行为一定程度上兼具了民事、行政和刑事的多重违法属性。

第二，从行为后果上讲，在绝大多数生态环境损害赔偿案件里，赔偿义务人都不会只面临来自单个起诉主体的责任追究，而是需要同时面临国务院授权的人民政府（以下简称赔偿权利人）提起的生态环境损害赔偿民事诉讼，检察机关发起的刑事诉讼，生态环境主管部门作出的行政处罚，以及因环境污染造成他人人身财产损害的民事诉讼。

上述共性因素集中反映了生态环境损害赔偿的特征：一是权利/力受侵害的多重性，二是诉讼主体资格的多元性，三是赔偿义务人责任形式的多样性。

正因如此，生态环境损害赔偿制度的构建，决不能仅从完善政策文件或诉讼路径的角度考虑，而是应当着眼全局，充分考虑刑事诉讼程序、行政处罚程序、环境公益诉讼程序、民事侵权程序以及它们与生态环境损害制度之间的衔接关系，要充分发挥生态环境损害赔偿制度的独特价值，多方位、多角度保障生态环境损害制度实施，助力生态文明建设。

具体程序间的衔接设计建议如图 3 所示：

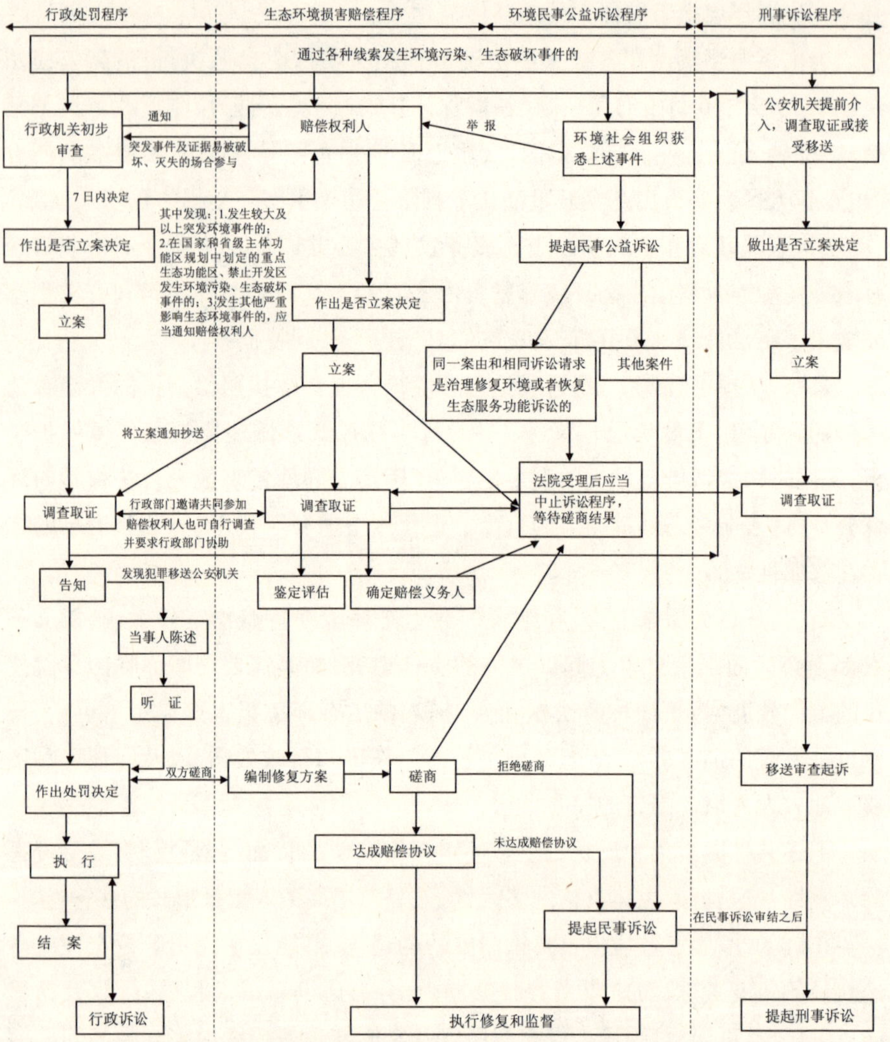

图3　生态环境损害索赔与行政程序和刑事诉讼程序的衔接

□ 生态环境损害赔偿领域的现存问题

诚然，生态环境损害赔偿制度近年来在中国蓬勃发展，通过司法实践取得了相当不错的效果。但正如每一个新兴制度一样，它也存在很多问题，具体则涉及公法、私法、实体、程序等各种领域，本文在此将生态环境损害赔偿制度实施过程中可供进一步探索的法律课题提出，供学界共同研究。

第一，生态环境损害赔偿是否属于私法的调整范围？这是一个实体问题，关乎《民法典》规定生态环境损害赔偿的正当性。民事法律规范仅调整平等主体之间的人身关系和财产关系,生态环境质量并不属于这一范畴。这也是多年以来侵权责任法始终只调整因环境损害造成的人身和财产损害问题,不调整生态环境遭受的损害的原因。因为生态环境本身并不属于私法的调整对象。

第二,以恢复原状为中心的生态环境损害赔偿制度,当不存在恢复可能的场合时,是否依然需要赔偿?这也是一个实体问题,用大气污染和江海排污作为典型示例,如在"中华环保联合会诉德州晶华集团振华有限公司大气污染民事公益诉讼案"中,振华公司排放污染气体,废气会在极短时间内扩散至大气层,有关机构既无法鉴定废气排放对大气的污染程度,又难以确认与废气有关的生态环境损害后果,从而引发了理论和实践的争议。同理,向长江黄河乃至海洋之中排污,损害后果应当如何鉴定、如何赔偿?这也是需要研究回答的问题。值得注意的是,目前各级法院在生态环境损害赔偿司法实践中还存在过于依赖公式模型和计算方法得出的赔偿数额及结论的现象,充分行使司法裁量权对生态环境损害赔偿费用进行审查和裁量还需要进一步加强。

第三,生态环境损害索赔中政府部门、执法机关与司法机关间的联动和信息共享机制建设还不够成熟。这是一个程序性问题,其核心在于政府有关部门和执法司法机关能不能形成联动,以有效减少非必要执行成本。以上文提到的"德司达染料有限公司污染环境案"为例,公益诉讼审判结束后,该公司需要支付生态环境损害赔偿金,但此时由于该案刑事诉讼部分尚在审理中,作为德司达公司重要资产的船舶正在被地方公安部门作为证据扣押,增加了很多程序和时间成本。因此,如何保证司法机关和执法机关的高效联动和信息共享,对完善生态环境损害赔偿制度、保障当事人合法权益具有重要意义。

第四,生态环境损害赔偿诉讼与刑事诉讼的管辖与顺位规则的合理确定。这也是一个程序性问题,根据《刑事诉讼法》的规定,生态环境损害案件的一审法院是侵权行为地基层人民法院。但目前生态环境损害赔偿诉讼和环境公益诉讼的一审法院是赔偿义务人注册地或侵权行为地的中级人民法院。法律法规之间规定的不同,引发了生态环境损害赔偿诉讼与刑事诉讼的管辖与顺位规则问题。既然刑事部分与生态环境损害赔偿部分的案件同归一宗,却要交给不同审级、不同地点的法院去审理,是否会导致审判标准差异,同时是否会增加当事人的应诉成本?

第五,生态环境损害赔偿赔偿诉讼与环境民事公益诉讼的顺位关系问题。这同样是一个程序问题,从诉讼标的和诉讼结果来看,生态环境损害赔偿诉讼和环境公益诉讼是一致的,都是为保护受损的生态环境,向赔偿义务人行使权利,主张赔偿。当前的法律中对于二者适用的先后顺位一直没有明确规定。但在2018年政府机构改革之后,国务院确定了由自然资源部代表国家统一行使自然资源资产所有者职责,自然资源部也就顺理成章成为国家范围内所有生态环境要素的所有者代表。因此,笔者认为由政府有关部门发起的生态环境损害赔偿诉讼,较之于非资源所有者身份提出的环境公益诉讼,从产权逻辑上分析更顺畅、更合理,故应当处在优先顺位,而环境公益诉讼则应当成为生态环境损害诉讼失效时的备用程序,起补充作用。

■ 结 论

生态环境损害是中国法律确立的人身损害和财产损害以外的第三种损害形式。生态环境损害赔偿实践从海洋石油污染纯经济损失的国际法实践中逐渐发展而来,经过美国、欧盟等国家地区的发展完善,形成了通过替代方法恢复或赔偿生态系统的可量化非经济损失的核心理念。生态环境损害赔偿制度进入中国法律实践后,通过生态文明体制改革和实务部门的不断完善,为应对中国现行生态环境保护体系在政府参与、资源恢复、生态修复效率等方面受到的制约做出了重要贡献。《民法典》终于正式确立了生态环境损害赔偿制度。

虽然生态环境损害赔偿制度对于持续改善生态环境质量、提升生态文明水平、推动中国环境法治发展和创新都具有实质意义和深远影响。但我们同时也必须看到,这一制度在中国依然处于不断发展完善的过程中,生态环境损害赔偿制度的实践还面临诸如调整范畴归属、跨部门联动、诉讼顺位和管辖等实体与程序上的问题。

▣ 阅读指引

◫ 论文

1. 曹明德:《〈民法典〉生态环境损害赔偿条款法理辨析》,载《法律科学(西北政法大学学报)》2022年第1期。

2. 巩固:《生态环境损害赔偿诉讼与环境民事公益诉讼关系探究——兼析〈民法典〉生态赔偿条款》,载《法学论坛》2022 年第 1 期。

3. 徐以祥:《〈民法典〉中生态环境损害责任的规范解释》,载《法学评论》2021 年第 2 期。

4. 袁楚风:《环境损害赔偿之国际标准的借鉴——基于生态环境损害赔偿制度改革的分析》,载《法学杂志》2020 年第 12 期。

5. 季林云、孙倩、齐霁:《刍议生态环境损害赔偿制度的建立——生态环境损害赔偿制度改革 5 年回顾与展望》,载《环境保护》2020 年第 24 期。

6. 王旭光:《论生态环境损害赔偿诉讼的若干基本关系》,载《法律适用》2019 年第 21 期。

7. 李树训、冷罗生:《生态环境损害赔偿制度适用范围:乱象、趋向和导向——以 13 个省(区、市)改革实施方案为例证》,载《环境保护》2019 年第 5 期。

8. 吕忠梅:《"生态环境损害赔偿"的法律辨析》,载《法学论坛》2017 年第 3 期。

9. 冯洁语:《公私法协动视野下生态环境损害赔偿的理论构成》,载《法学研究》2020 年第 2 期。

10. 汪劲、马海桓:《生态环境损害民刑诉讼衔接的顺位规则研究》,载《南京工业大学学报(社会科学版)》2019 年第 1 期。

11. 汪劲:《论生态环境损害赔偿诉讼与关联诉讼衔接规则的建立——以德司达公司案和生态环境损害赔偿相关判例为鉴》,载《环境保护》2018 年第 46 期。

12. 吕忠梅:《环境司法理性不能止于"天价"赔偿:泰州环境公益诉讼案评析》,载《中国法学》2016 年第 3 期。

◻ 著作

1. 程玉:《生态损害法律责任实施机制的选择》,中国社会科学出版社 2021 年版。

该书认为,公法责任属性决定了生态损害法律责任实施机制具有二元性,既可以是司法机制,也可以是行政机制。本书通过制度成本效益分析方法对生态损害法律责任的两种实施机制进行了比较分析,得出结论:两种机制的功能优劣具有相对性和不确定性,立法者对二者的选择实际上是在两种不完善工具间的选择。基于尊重我国已经确立生态损害法律责任"双规式混合实施机制"的前提,本书借鉴域外法治经验,对我国生态损害法律责任实施机制的变革提出了制度完善建议。

2. [英]马克·韦尔德:《环境损害的民事责任——欧洲和美国法律与政策比较》,张一心、吴婧译,商务印书馆 2017 年版。

该书主要探讨了侵权作为一种私法规制手段在环境保护制度中的地位和作用,特别关注了气候变化的环境责任、海洋污染、核污染、转基因生物污染,以及环境污染领域具有代表性、有跨国影响的案件,如深水地平线石油泄漏事件、福岛核电站泄漏事件等,修正了关于侵权损害赔偿范围的观点;采用比较法的视野,对美国及欧盟成员国关于环境侵权的实体法与普通法进行了比较分析;除了将侵权作为加强环境执法的规制手段外,更加注重侵权作为私法手段与公法监管之间的平衡。

3. 汪劲主编:《中国环境法学研究(2000－2020年)评述》,北京大学出版社2023年版。

中国法学会环境资源法学研究会组织编写的自2000年至2020年环境法学研究的所有学术观点的述评。其中第六章是关于环境公益诉讼和生态环境损害赔偿责任诉讼的专门归纳、总结和述评。

4. 汪劲主编:《中国环境法典编纂要论》(下),法律出版社2023年版。

中国法学会环境资源法学研究会组织编写,目的是在将现行国家环境法律制度编纂为环境法典的方法中,如何处理好法律条文关系的论述和论证。在概述"生态环境责任"篇中,对生态环境责任的构架和安排、编纂思路、体系解释和完善、纠纷解决机制的构建等作了较为详尽的解析。

环境风险的法律规制：以农业转基因技术规制为例

金自宁

金自宁

中南政法学院法学学士（1996年），北京大学法学硕士（1998年）、法学博士（2005年）。2005年至2020年，北京大学深圳研究生院讲师（2005年8月）、副教授（2008年8月）、教授（2016年8月）。2020年12月至今，北京大学法学院研究员。主要研究领域为环境法、行政法、公法学基础理论、环境风险的法律规制等。

先后在北京大学法学院、国际法学院和环境与能源学院主讲过的课程包括：环境法导论、污染防治法专题研讨、能源法专题研讨、行政法、行政诉讼法等。

■ 风险规制法基础

在我们讨论农业转基因技术的风险之前我先通过回答三个问题给大家提供一个初步的知识准备,即什么是风险?什么是风险规制?环境风险的法律规制有什么特殊性?

□ 风险

当我们谈论"风险"时我们在谈论什么?

"风险"是一个广泛使用的词汇,在工程技术人员那里,是两方面信息的综合:一是可能发生的不利结果的严重程度,二是不利结果发生的可能性大小。若用数学公式来表达,即 R(风险) = C(不利后果) × P(可能性大小)。这可以说是回答"什么是风险"问题的"交叉共识"——对这样一个风险的技术定义本身,基本上没有什么质疑和反对。

有关"什么是风险"的各种歧见主要产生于社会学和人文学科学者在 19 世纪后期开始关注并参与到风险研究之后。大致可分为两类。

第一类是现实论(realist)。现实论者强调风险的客观维度。这是相对比较好理解的:无论你认识到还是没认识到风险,风险都在那里,不以人的主观意志为转移。

第二类是建构论(constructionism)。建构论者强调风险的主观维度,认为风险这个概念是人主观建构起来的。需要注意的是,风险的建构论者所强调的"主观"不是特定个体如张三或李四的主观风险认知,而是风险的社会认知,即社群(community)层面对风险认知。可能出现的不利后果作为现象始终伴随着人类,但"风险"(risk)这个词,据吉登斯考证直到 17 世纪之后才出现。也就是说,直到相当晚近的时候,我们才把可能出现的不利后果称为"风险",这本身就是一种主观建构。这一流派最著名的学者可能是玛丽·道格拉斯,代表作是《风险与文化》。

值得注意的还有所谓的福柯论(faculist),可以归入风险建构论的一个分支。福柯论者强调的是风险定义的资源分配效果。同样是说一个可能发生的不利后果,称其为风险,便意味着社群要给予更多的关注,要提前采取一些措施,要投入一些资源来制止其发生,所以这是一种社会资源分配方式。这是很重要的洞见,借此,我们可以看出,有时人们看起来是在争论对特定风险的定义,其实是在争论社会资源应如何分配。这也提醒了我们:实施风险规制是需要人、财、物、时间等资源投入的,而这些资源总是有限的,所以在很多时候我们不得不接受,特定的风险规制目标(比如削减至零)是不现实的。

在社会学者、人文学者进入风险研究之后,谈及风险就会在这些不同的意义上使用。这也就意味着若要阅读风险研究的文献,首先要注意区分,研究者们是在哪个意义上使用风险这个概念的?若要问哪种界定是对的,哪种又是错的,答案便是他们都是对的。盲人摸象,各自摸到了一点而已。

□ 风险规制

风险规制即规制者采取各种措施,以避免或降低某些风险。这是个非常简洁的界定,如果你要在论文中引用的话,可能显得不够高大上,但是这样比较容易理解。

这一界定的外延非常广泛,包括了很多情形。比如,同学们早上出门的时候,看天有些阴而选择带伞,按这界定也属于一种风险规制活动。只是,这种风险规制活动不是法律人所关心的——也就是说,并不是所有的风险规制活动都会进入法律人关心的范围:第一,所谓"法律不理细小之事",一种风险只有被认知为具有足够的重要性,其规制问题才会被纳入法律调整的范围;第二,法者,天下之公器也,一种风险只有在被社群或说公众认为足够重要,才会被纳入法律调整范围。

在进入法律视角之前,也不妨先给大家看看更广阔的视角,推荐阅读拉斯基的《代码 2.0》[Lawrence Lessing:Code v2(2007)]。如书中附图所示,架构(科技)、市场、社群、法律(公法 & 私法)均发挥着规制作用,也就是说,它们存在功能替代的关系;并且,法律不只是与前三者并列的规制力量,亦可通过前三者来实施规制。如此看待法律规制,需要真正理解到,法律是嵌入现实社会之中的存在;由此我们法律人在具有法律专业视角的同时,也要有超越法律的视野,才能够准确理解和定位法律的功能。比如现代社会中的环境问题,很多研究者都称之为现代科技应用的副产品,如何解决它?首先要考虑有没有所谓的"技术解",如果技术上能解决的可能就不需要动用法律了。比如,在煤电的污染问题中,如果我们的风电和太阳能技术成熟到可以替代掉煤电、不再用煤电的话,煤电污染问题就从源头消灭了。在上述四种能够发挥规制功能的机制中,法律其实可以是排在最后的:前面的三种机制都解决不了特定问题,才考虑如何用“人为立法”的方式来解决。

□ 环境风险的法律规制

风险的法律规制,即把法律作为工具来规制风险。可用来规制风险的法律工具可分为公法和私法两大类。公法和私法作为风险规制的工具,起作用的具体机制和方式有重大的不同,但是它们在功能上又在一定范围和程度上是可以相互替代的。后面会讲到,对转基因食品的规制,美国和欧盟有很大的不同,其中一点是美国政府并不愿意采取禁令这样典型的行政管制方式,尽管如此美国的商家还是很谨慎的,上市前会主动检测转基因食品的安全性,研究者分析主要原因就是他们顾忌美国侵权法上的法律责任。

环境风险的法律规制有什么特殊性? 德沃金区分了基于权利/原则的论证和基于目标/政策(协调不同利益增进集体福利)的论证。借用德沃金的这一区分,可以说,在环境法领域占主导地位的是基于目标和政策的论证,而不是基于权利和原则的论证。注意,这是对实然状况的一种描述。就应然状态而言,不同的学者有不同的主张。在我国,有很多环境法学者在致力于“环境权”的研究;但有一些学者提出来,把环境利益变成一种权利,未必是一个好的进路。这些是应然层面的讨论。但是,就目前的实然情况而言,无论中外,环境法领域的论说主要还是基于目标和政策的论证。与此相应地,大家可以看到环境风险的法律规制更多地在使用公法作为工具。

当然,这并不是说环境风险规制和私法无关了。我们可以看到民法学者也有研究风险的——多数是依托传统的合同法或侵权法作一些延伸讨论,比如保险合同、高度危险侵权责任等;刑法学界对风险刑法的研究也有不少成果发表;但相较而言,还是行政法学界对风险规制的研究更多。

■ 农业转基因技术的环境风险

回答了三个基本问题后,下面从主观和客观两个维度来看一下农业转基因技术的环境风险。

□ 主观维度:农业转基因技术被认知为需要规制的“风险”

可能发生的不利后果首先要被认知为风险,并且还是足够重大的风险,才会被纳入法律的调整范围。农业转基因技术被纳入法律规制范围,也是从其被人们认知/评估为一种重大的风险开始。

在介绍相关文献之前,我们可以先给出这样一个情境:假设一下超市里有两种食用油出售,区别就是一种的原料是转基因大豆,另一种的原料是非转基因大豆;前一个售价是79元,不含转基因的售价是89元,你愿意买哪一个?

这是你个人的日常生活决策,这个决策里会涉及对转基因食品是不是安全的判断,这个判断显然因人而异。如前所述,从风险的法律规制来看,我们关心的不是个体的风险认知,而是社群或公众的风险认知。下面介绍两项已发表的相关调查。

第一项调查〔1〕针对的是一般公众。结果显示:八成的中国人认为转基因食品是可能有害的;而且这种不信任态度并不因教育程度/学历的提高而改变。

第二项调查〔2〕则专门针对高知人群。当被问及转基因作物及食品是否具有不可预测的后果,同意的达到了七成以上。当问题是转基因作物对于生态环境存在危害,同意的达到了六成。另外,近六成(58.9%)的人同意转基因作物及食品有助于解决全球饥饿问题;过八成的人同意转基因技术发展能为消费者提供更便宜的食品、转基因作物及食品能为人们提供更高的营养和价值。也就是说,这项调查的结果显示:多数人既担心农业转基因技术的环境风险,也承认其带来的好处,同时还看好其发展前景。

第二项调查的风险认知结果比第一项调查要复杂得多对吧。这种复合的认知,事实上已经提出了所谓的“风险—收益”权衡的问题:假如风险真的只是意味着“不利”结果,那么决策其实很简单,尽全部(可动用的规制资源)可能去除它就是了;但是,当风险这块硬币的另一面是收益时,去掉风险,往往意味着也要放弃伴随它的收益,这种情形下的决策通常要更纠结一些。

---

〔1〕 曲瑛德等:《我国转基因生物安全调查·公众对转基因生物安全与风险的认知》,载《中国农业大学学报》2011年第6期。

〔2〕 管开明:《高知群体对转基因作物及食品的认知与态度》,载《武汉科技大学学报(社会科学版)》2017年第4期。

以上就是对农业转基因技术风险主观维度的一个介绍。正是公众的这种风险认知推动着政府的风险规制措施。

□ 客观维度：对农业转基因技术风险的科学研究

根据“科学决策”的要求，政府关注到公众担忧之后，在决定是否采取风险规制措施及采取何种措施时，必须先搞清楚风险的客观维度，这就要从了解农业转基因技术本身开始。

1. 作为新兴科学技术的农业转基因技术

基因，是DNA分子中含有特定遗传信息的片段，是控制生物性状的基本遗传单位，记录和传递着生物遗传信息。GM（转基因）是利用现代生物技术，将人们期望的目标基因，经过人工分离、重组后，导入并整合到生物体的基因组中，从而改善生物原有的形状或赋予其新的优良性状。转基因在农业领域目前应用最为广泛也最饱受争议的是转基因作物。转基因技术可以赋予转基因作物多种有利性状，如抗虫、耐除草剂、抗逆、改良营养成分、增加营养价值等。

从转基因技术的发展历程来看，农业转基因是一项非常新近但发展极为迅猛的科学技术：20世纪70年代DNA重组技术才出现。1983年首例转基因烟草即问世。1996转基因作物开始大规模商业化种植。2012年发展中国家转基因商业化种植面积占全球面积的54%，首次超过发达国家。2019年，29个国家种植了1.904亿公顷的转基因作物，比1996年增加约112倍……

20世纪80年代，我国开始进行转基因作物的研究，1992年就实现了转基因烟草种植，是国际上农业生物工程应用最早的国家之一。在2006年以前，我国转基因作物种植面积曾位居世界第四位。2006年以后，我转基因作物种植面积已经被印度等国超过；到了现在，在中国批准商业化种植的转基因作物只有两种，一种是棉花，另一种是木瓜。由此可以发现，我国农业转基因技术研究并不落后，但政府对其推广应用的立场是相当谨慎的。

2. 农业转基因技术的风险

目前，对农业转基因技术风险的研究，主要集中在两大类风险，一类是对人体健康可能的风险，另一类是对生态环境可能的风险。以下是几项在世界范围内产生了较大影响的研究。

1998年苏格兰Rowett研究所的Arpad Pusztai通过电视台发表讲话称，他在实验中用转雪花莲凝集素基因的马铃薯喂食大鼠，大鼠“体重和器官重量严重减轻，免疫系统受到破坏”。这项研究于1999年发表于《柳叶刀》。

1999年康奈尔大学一研究组在《Nature》发文，称用带有转基因抗虫玉米花粉的马利筋（一种杂草）叶片饲喂美国大斑蝶，导致44%的幼虫死亡，而对照组无一死亡。

1999年美国Saxena等在《Nature》报道转基因Bt玉米杀虫蛋白能通过根部渗出物进入周围的土壤，且保持了很强的活性，仍能杀死烟草天蛾幼虫。

2001年加州大学伯克利分校的微生物生态学家在《Nature》发文，报告在墨西哥离转基因生产地百公里外的地方发现玉米含有与转基因抗虫玉米相似的基因序列。

□ 农业转基因技术风险的认知分歧

上述发表在所谓“顶刊”的研究，在世界范围内都引发了广泛关注。我国农业农村部官网上“转基因”专题对这些研究及其后续发展也均有报道，分别称它们为Pusztai土豆事件、美国斑蝶事件和墨西哥玉米事件等。从我国农业农村部官网上的相关信息可以看到，对这些研究结果的评价是不一的。例如，对于墨西哥玉米事件，官网上是这么说的：“文章发表后受到很多科学家的批评，指出其在方法学上有许多错误……审稿人和《Nature》编辑部也没有核实。对此，《Nature》编辑部曾发表声明，称‘这篇论文证据不足，不足以证明其结论’。”

事实上，就农业转基因技术可能带来的风险，科学家之间以及专家与大众之间都存在分歧。

1. 科学家之间存在分歧。我国有一个学者将涉及转基因生物安全的全部SCI文献（截至2016年共9333篇）都进行了分析[1]，发现只有不到10%的文献得出了存在潜在风险的结论。这篇文章在我国被广泛援引用于证明公众对农业转基因技术风险的担忧是不必要的。但是，需要注意的是，科学研究不同于政治决策，并不能依靠“数人头”的多数决来决定科学上的正确和错误。所以，这篇文章所统计的事实究竟意味着什么，并非没有商榷的余地。

2. 专家与大众之间也存在分歧。专家和大众对农业转基因分歧的典型事

---

〔1〕 逄金辉等：《转基因作物生物安全：科学证据》，载《中国生物工程杂志》2016年第1期。

件是所谓的"百余名诺奖得主致绿色和平公开信"。2016年6月30日,一百多名诺贝尔奖得主联名签署一封信函,谴责国际非政府环保组织绿色和平(Greenpeace)阻碍了转基因黄金大米的推广。信中主要强调科学界对于黄金大米这种转基因食品的安全性是有共识的,目前没有任何科学上的证据证明黄金大米有害人体健康。绿色和平的公开回信并没有否定科学界的这一主张,但仍然坚持反对黄金大米的种植,并提出了自己的理由,即黄金大米所声称的应用价值和效果(解决维生素A缺乏症)缺乏证明,研发试验过程中的科研伦理、公众知情权和选择权未得到有效保障等。

这一事例非常典型地表明了:农业转基因风险认知分歧背后的利益/兴趣主体是非常广泛的(见图1),包括政府、科技专家、媒体、消费者、公民、环保团体、传统农业、农民、转基因企业等,都有各自不同的利益诉求和愿意表达。

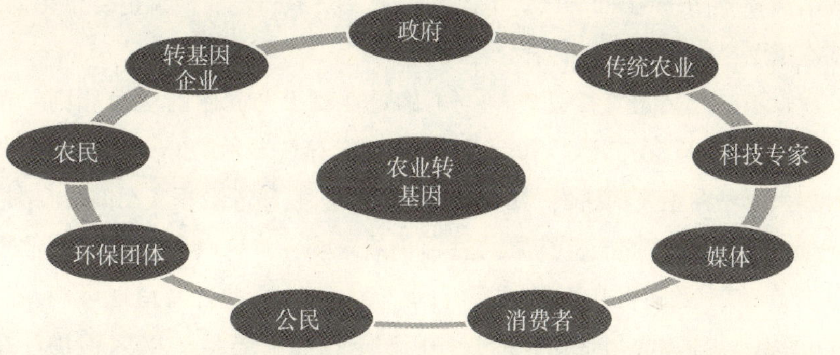

图1　农业转基因风险的相关利益主体

通过逐一考察这些不同主体的利益诉求,可以发现:在真实世界中,环境安全的考虑无法和其他的考虑切割开来。作为风险规制者,除了环境安全的考虑,还需要考虑人体健康的关切,以及粮食供应、民众知情权等经济和社会的考虑。即使仅就农业转基因技术的环境风险而言,规制者除了需要考虑当下已经被各种利益主体提出来的各种合理或不合理的主张,还特别需要有对长远未来的考虑,如在墨西哥玉米事件(以及美国星联玉米事件)中引起广泛担忧的基因漂移风险,一旦现实化,很可能无法挽回、永久存续,从而影响到未来世代的人类生存与生活。

风险预防的法治难题

面对以上的信息，假如你是风险规制者，假如你站在政府的角色，你会作出什么样的判断，采取什么样的行动？不同国家的政府在事实上作出了不同的选择，其中美国和欧盟对农业转基因技术的法律规制形成了鲜明对比，表现出对风险预防原则的不同理解。

□ 风险预防原则

风险预防原则不同于损害预防原则：损害预防（Prevention）是对于可预见的未来损害，强调事先防范重于事后补救，其基本理念是“事先防范好过事后补救”；风险预防（precaution）则是强调对于未来不确定的损害也要事先防范，其基本理念是“安全好过后悔”。

风险预防原则是直接处理科技不确定性或无知问题的法律原则。在这里，需要注意的是，在“全知”和“全无知”之间，存在多种“知与无知”的混杂状态。如黑匣子模型所描述的“知与无知”的混杂，是输入数据或/和输出结果已知，但数据得以处理并产生结果的过程仍然未知；飞鸟模型描述的是个别“飞鸟”的行动似乎是随机和不可预测的，但整体“鸟群”的行动呈现可观测的规律；拼图模型，描述的则是知识的整体版图上已经确定部分内容，但仍存在局部片断缺失的情形。

农业转基因技术在现阶段，是典型的“知与无知”的混杂状态：若非已知足够多的遗传生物学知识，转基因根本不可能做到；同时，对转基因食品对人体健康的安全性，这些年的研究也已经获得了很多知识——正是基于这些“已知”，我们可以说，当前合法上市的转基因食品对人体健康而言是安全的；但是，对于农业转基因技术的应用后果，特别是以“基因漂移”“超级杂草/害虫”等为代表的、对生态环境的可能不利影响，仍然存在诸多“无知”。

当然，随着科研的发展，随着现代科技的种种“无知”是有可能逐渐被克服而成为“已知”的。问题是，风险规制者并不能等到科技专家把一切都研究清楚了才作出决策。典型的风险规制决定，是决策于不确定性之中的决定，发生在“知与无知”混杂状态，即已知特定风险“可能”发生——这同时意味着，并没有确凿的证据证明特定风险不会发生，但也没有确凿的证据证明特定风险一定会发生。

决策于不确定性之中给行政法治带来的挑战,典型地体现在“决策”和“问责”的两难。决策两难,指的是风险规制者如果采取特定风险预防措施,事后发现风险没有决策作出时以为的那么高,可能被指责为过度管制;若不采取风险特定预防措施,事后发现风险比决策作出时以为的更高,则可能被指责为管制不足。相应地,问责两难,指的是监督者一方面不能放弃问责,因为如果放弃问责,就无法保证风险决策权力不会被任意专断地滥用;另一方面又难以实施问责,因为无知的存在使得风险决策的作出缺乏明确的规范指引,亦即问责的规范依据并不存在。

只有理解了决策于不确定性之中必须面对的“无知”难题,并由此理解了这一根本难题对行政法治的挑战,才能真正明白风险预防原则的吸引力所在。

□ 农业转基因法律规制的美欧对比

风险预防原则,作为一项相对灵活的法律原则,与法律规则不同,其规范意涵并非具体明确的。这一点被很多人(如孙斯坦)批评为含糊不清,我个人认为这种批评并不公正。

早在1976年,美国国家卫生院即公布了《重组DNA分子研究指南》,这是世界上第一个实验室基因工程规范。1986年,美国科技政策办公室制定了《生物技术管理协调大纲》,确立了美国转基因技术法律规制的基本框架,其中最受关注的立场包括“转基因作物或产品与非转基因作物或传统产品并没有本质上的区别”和“应该管理的是产品而不是生产过程”。根据《生物技术管理协调大纲》的安排,美国农业部依据《植物保护法》制定了《属于植物有害生物或有理由认为属于植物有害生物的基因工程生物及其产品的应用》等一系列有关转基因植物安全管理的法规、管理程序和要求;环保署依据《联邦杀虫剂、杀菌剂、杀鼠剂药物法》先后制定了《农药登记和分类程序》等一系列有关转基因生物农药管理的法规、程序和要求;食品药物管理局依据《联邦食品、药物与化妆品法》制定了《植物新品种食品政策》等。近几年,美国又分别于2016年和2018年颁布了《国家生物工程食品信息披露法》和《国家生物工程食品信息披露标准》。

在欧洲,直到1990年,欧共体才首次颁布与转基因技术有关的专门条例——《关于转基因微生物封闭利用的指令》(90/219/EEC)和《关于有意向环境释放转基因生物的指令》(90/220/EEC),限制转基因生物进入公共环境的途径,禁止其以商业化的形式流入大众市场。1997年欧盟发布了《新食品和新食品成分条例》[(EC)NO. 258],一度规定了如果转基因食品与传统食品“实质相似”可不作正式风险评估也不用特殊标签,这引起一些消费者忧虑;1998年颁布新规要求所有转基因食品均需标识,除非属于“不可避免的混入”且不超1%(2002年降到0.9%);2000年又将强制标识扩大到食品添加剂和调味剂;力图保证转基因食品在安全可控的前提下进入零售市场,且能够以标识的告知方式给予消费者选择权。后于2001年更新了《关于有意向环境释放转基因生物的指令》(2001/18/EC),并于2003年颁布了《转基因食品和饲料条例》(NO. 1829/2003)和《转基因生物可追溯性和标识以及转基因食品和饲料可追溯性条例》(NO. 1829/2003)。

历史地看,可以说美国事实上比欧洲更早注意到了现代基因工程技术可能的风险并采取了一系列风险防范措施。但是,就风险规制措施的具体内容而言,欧洲后来居上,和美国相比明显更为严格。例如,在2016年以前,美国对转基因成分长期采用“自愿标识”制度,而欧洲一直采用“强制标识”制度;美国对转基因农产品风险评估和防控的重点始终放在末端“产品”本身的安全性,而非“其生产过程”,而欧洲却坚持要求转基因农产品的生产者详细提供各个生产环节的情况,所有使用转基因生物作物配料的公司必须对每个产品进行“从产地到货架”的全过程追踪。

可以说,美国和欧盟均认识到了伴随转基因技术的风险及实施风险预防的必要性,但二者采用的具体风险预防措施差异如此之大,以至于有研究者称欧盟采用的才是风险预防原则的方法,美国的规制措施并非风险预防而是事后反应的方法。——这里要注意的是,不能笼统地说美国没有风险预防观念或说没有风险预防原则,比如美国规制食品添加剂的德兰尼条款被认为是极端的零风险立场。只是,在转基因食品方面,与美国相比,欧洲的规制的确对风险预防原则“安全好过后悔”的理念作出了更为激进的解释。

这种美欧差异在2003年美欧转基因产品贸易争端中得到了充分揭示。在该贸易争端中,欧盟提出,风险预防原则已经成为一项完全成熟的一般性的国际法准则,由于某些转基因生物对人类健康和环境具有潜在威胁,而潜在威胁的存在,证明基于风险预防原则对个案进行风险评估和采取特定产品保护措施是合理的。而美国则认为,欧盟对于转基因农产品的风险评估和强制标签的要求妨碍了自由贸易，而风险预防原则不可能是一项“法律规范”，因为它没有明确内容，甚至不能得到那些拥护它的国家统一界定。最终，为解决争端而成立的WTO专家小组回避了这一问题，认为“预防性原则的法律地位将继续是一个悬而未决的问题，本专家小组不试图解决这一复杂问题，也没有必要这么去做”。

■ 未决问题：中国农业转基因技术的法律规制

中国《食品安全法》《农业法》等都有涉及转基因的规定，但是比较详细的规定主要由“一条例四办法”组成。“一条例”是国务院制定的《农业转基因生物安全管理条例》，“四办法”中有三个是农业农村部制定的，分别是《农业转基因生物安全评价管理办法》、《农业转基因生物进口安全管理办法》和《农业转基因生物标识管理办法》，还有一个办法是原来的质量监督局和进出境检疫管理局共同制定的《农业转基因生物加工审批办法》。

从这些规定的实质内容来看，我国农业转基因技术风险的法律规制，整体而言采取的是更接近欧盟而不是美国的谨慎立场。这是一个正确的选择吗？这是一个妥当的选择吗？这类问题，并没有标准答案。

这里再提供一些可供参考的信息：第一，一些评论者，特别是农业科学家，提出过于严格地管制会妨碍农业转基因技术进步，甚至认为我国管得比欧盟还严，他们使用的主要论据包括：我国的转基因安全评价体系除国际同行标准外，还增加了大鼠三代繁殖试验和水稻重金属含量分析等指标；我国2015年《食品安全法》新增之第69条规定所有的转基因食品都需要进行“显著标示”，比欧盟（1830/2003/EC）（规定当转基因成分没有超过限值且是偶然或者技术上不可避免时免除标识义务）还严格等。第二，从行政执法实践来看我国转基因生物安全立法的实施状况。据2011年《南方周末》的一个报道（“中国转基因安全摸底”），原农业部（农业农村部）、原环保部（生态环境部）、科技部和原卫生部（国家卫生健康委员会）组成的四部委联合调查组对我国多省的转基因生物安全状况展开了调查，结果表明我国上述立法的执法实践并不乐观。第三，从司法案例来看我国农业转基因技术相关立法的实施状况。检索到的相关司法案例数量不多，但也可管中窥豹，从典型个案［于某与农业部信息公开案（2015）三中行初字第251号、湖北五三种业公司产品责任纠纷（2019）鄂

0111 民初 3543 号]中看出我国农业转基因技术风险信息披露方面存在的问题。

最后,总结一下,本次讲座主要是通过农业转基因技术规制这一实例,给大家展示环境风险规制的现实需求给现代法治带来的挑战,邀请大家和我一起来探究可能的应对之道。提醒大家,在进行这类探究时,应当特别注意如下四点:第一,风险的法律规制研究源自现实需要。正因为研究的缘起不在"概念法学"的传统体系之内,故而无法利用传统的法解释学方法来解决,在传统的法体系及与之相配的传统学理体系中也并不存在现成答案。第二,风险概念既有现实维度也有认知维度,作为风险规制对象的风险是客观实在与主观建构的结合;真实世界中的风险规制总是始于对风险的认知。第三,风险的法律规制工具不限于公法,也包括私法。在这个意义上,风险规制这一最前沿的议题将召唤我们回到法学理论最基础的部分。第四,风险的法律规制所面临的真正难题是无知的问题,即风险本身触及了人类知识的限度。凡是在讨论风险预防原则时回避这一问题的,都是避重就轻;而同样在风险预防原则指引下,作出的选择可能存在重大差别。什么是适合中国的选择?欢迎大家和我一起研究。

▣ 阅读指引

专门研究农业转基因技术风险规制的法学文献很少,但研究风险的社会学著述很多,研究风险规制的法学文献也不少。感兴趣的同学可以借此练习如何运用风险研究的跨学科成果、风险规制法的一般原理来解答在我国如何实现对农业转基因技术风险的法律规制这一现实问题。

1. Mary Douglas & Aaron Wildavsky, *Risk and Culture*, University of California Press, 1982.

2. Niklas Luhmann, *Ecological Communication*, translated by John Bednarz, Jr., The University of Chicago Press, 1989.

3. Ulrich Beck, *Risk society: Towards a new modernity*, Sage, 1992.

4. Donald T. Hornstein, *Reclaiming Environmental Law: A Normative Critique of Comparative Risk Analysis*, 92 Colum. L. Rev. 562 (1992).

5. [英]伊丽莎白·费雪:《风险规制与行政宪政主义》,沈岿译,法律出版社 2012 年版。

6. 刘刚编译:《风险规制:德国的理论与实践》,法律出版社 2012 年版。
7. 金自宁:《风险中的行政法》,法律出版社 2014 年版。
8. [英]吉登斯:《风险与责任》,肖瑛译,载《法理》2020 年第 2 辑。

《民法典》绿色原则探析

巩　固

巩固

北京大学法学院长聘副教授，博士生导师。烟台大学法学学士（2002年），浙江大学经济法学硕士（2005年），中国海洋大学环境规划与管理（环境法方向）博士（2008年），加州大学伯克利分校法学院访问学者（2015～2016年）。兼任中国法学会环境资源法学研究会副秘书长、中国环境科学学会环境法学分会副主任委员等。获中国法学优秀成果奖、中国法学会董必武青年法学奖、浙江省哲学社会科学优秀成果奖、中达环境法青年学者奖、擷英青年环境资源法学优秀人才奖、励青环境法学奖等荣誉。主要研究领域为环境资源法、公益诉讼、生态文明理论。

2021年开始在北京大学法学院任教，讲授环境法、自然资源法、生态保护法等课程，倡导“理论与实践互动，理想与现实折中，国际与国内比较，法学与科学互鉴”的教学理念，注重大历史观和规范主义视角在环境法教学、研究中的综合运用。

（说明：本文相关部分内容、观点分别独立成文，发表情况如下：《民法典绿色原则的法理辩护与内容解析》，载《政治与法律》2021年第8期；《〈民法典〉“绿色原则”司法适用的类型与功能——基于相关判决的分析》，载《南京工业大学学报（社科版）》2021年第6期；《民法典“绿色原则”的价值功能》，载《法治参阅》2021年第8期。本书收录时作大幅删减。）

《民法典》第9条（“民事主体从事民事活动，应当有利于节约资源、保护生态环境”）把环境保护确立为民法的基本原则，被称为“绿色原则”，是我国民法典的一个重大创新，但面临诸多争议、疑问。很多学者认为，环境保护是环境法的任务，和民法无关，不应由《民法典》规定，更不应成为民法基本原则。故而，在立法过程中，该条可谓几经波折、备受争议。不仅反对、异议、“建议删去”的声音不绝于耳，而且该条款的性质、位置、具体内容也不断调整，几经变化。即便立法通过之后，将之与其他民法原则“另眼相待”，认为不是真正的民法原则，仅具宣示、倡导功能、无法具体适用的观点也仍不在少数。在司法实践中，绿色原则却表现活跃，获得大量援引，范围涉及民法的大部分领域，在不同情形下发挥着不同作用。对于这些现象，应当如何认识？环境保护与民法到底是何关系，绿色原则作为民法原则到底能否成立，应如何正确理解其条文内容、规范适用于不同情形？

■ 古罗马帝国兴衰：生态、文明与法治的密切关联

现代法律人往往言必称古罗马。古罗马的法律文化繁荣发达，为现代法律大厦根基，影响至今不绝。耶林甚至认为法律是罗马帝国对世界最持久的征服。然而，“古罗马，今安在”？为何我们今天只能在故纸堆里感受其曾经的荣光？从法律角度，对于一个法律人来说，尤其需要追问的是，曾经辉煌灿烂、无比智慧精妙的古罗马法为何未保古罗马长治久安、防止其走向衰亡？

作为一种影响巨大、存在久远的文明，古罗马的衰亡当然是多种因素综合作用的结果。蛮族、宗教、奴隶、战争、政治制度缺陷乃至生活腐化道德败坏，都是重要原因。但如果把视野放宽，从大历史的长远视角看，环境因素无疑扮演着极为重要的作用，尽管这一点常被忽略。从环境角度看，古罗马是典型的

“生态兴则文明兴，生态衰则文明衰”。

古罗马的“兴”，离不开其发源地优越的自然条件。古罗马人崛起的拉丁姆平原土壤肥沃、富含矿物质，出产的优质谷物供养出一批体格强健、头脑敏锐的勇士，为罗马人不断征战，获取和维持霸权提供了物质保障，是其繁荣昌盛的自然基础和生态根基。

古罗马的“衰”，则根源于其不可持续的发展模式。随着人口的不断增加，长期粗放式、不可持续性的耕种导致生态环境状况恶化，土壤营养物质流失。原本富饶的拉丁姆平原最终退化成一片沼泽，难以再生产出足够数量和质量的产品，社会矛盾日益尖锐。尽管鼎盛时期的古罗马人可以通过征服扩张获取外部资源，但这些以武力和交通为后盾，代价高昂。在古罗马，人地矛盾带来的生态环境压力问题一直无法得到根本解决。战争期间，无论是为扩军备战还是为阻挡敌人所时常出现的砍伐森林、破坏水源等行为，更进一步加剧了土地退化、环境恶化，这在意大利南部持续多年的汉尼拔战争中体现尤为明显。

生态环境的恶化使古罗马长期存在严重的粮食和资源危机，无法自己养活自己，必须保持高强度武力，不断对外扩张，通过对被征服的“外省”资源的掠夺来维持罗马市民的幸福生活。这种所谓的帝国主义模式，不仅注定了内在的危机与限度，因为任何战争总有风险、任何扩张总有限度；也加剧了被纳入帝国版图、进入资源掠夺体系的“外省”土地利用、资源开发的过高强度和不可持续，最终导致古罗马帝国境内普遍的生态退化、环境恶化、生产力下降。当一片土地的产出注定无法满足大多数人需求时，社会关系处于高度紧张状态，往往自顾不暇，其衰亡也就可想而知了。对此，从以下历史记载中即可见一斑：

> “最高产量就是一切——要给罗马运来更多的小麦、肉食、羊毛与橄榄油”；
>
> “意大利、撒丁、西西里、非洲土地资源枯竭耗尽”；
>
> “南意大利变成了荒芜的土地，畜群就在这片土地上游荡”；
>
> “你必须知道世界正在衰老，丧失了先前的活力。它正显现出衰亡的迹象：雨水和阳光都在减少；矿藏几乎用尽；耕作者从他的土地中再也得不到收成……许多过去突突冒出清滢泉水的喷泉现在只是在可怜地哭泣”。

另外值得一提的是，除了农业文明普遍遭遇的生态破坏问题之外，在古罗马也已出现了严重的环境污染问题：开矿、冶炼产生大量污染。有人甚至认为，古罗马在水道建设中大量使用铅，造成精英阶层体质下降，不得不吸收大量日耳曼人参军，这也是其衰亡的重要原因。

当然，对于这些问题，古罗马人也并非毫无察觉和作为。从图密善到戴克里先、君士坦丁，许多统治者都颁发过有关限制经济作物、奖励粮食生产、鼓励农业耕种的法规政策，但无力执行，效果有限。古罗马法中也有一些具有间接环保功能的"令状"，如"关于水源的令状"（*Interdictum de fonte*）、"关于日常用水和夏季用水的令状"（*Interdictum de aqua cottidiana et aestiva*）、"保护不动产占有令状"（*Interdictun uti possidetis*），但均仅着眼于财产使用和私益救济，限于影响直观、重大的特定情形，对环境保护来说，范围、力度都极为有限。就此而言，古罗马发达的法律文化并没有在其环境保护方面作出应有贡献。从这个角度讲，古罗马的衰亡可以说是环境法不够发达或者说法律对环境保护不足的结果。

对于今天的我们来说，古罗马的教训有什么意义呢？至少，在生态环境严重恶化、自然资源日渐枯竭、生态文明建设已成为国家战略的当代中国，在"固根本、稳预期、利长远"的民法典中出现具有环保功能的绿色条款应该没有那么难以理解和不可接受吧？

■ "为何"及"何为"：绿色原则的产生背景与作用方向

绿色原则不是孤立条款，对其理解应置于现代社会"民法绿色化"的大背景下进行。从文明发展的大历史角度看，法律"绿色化"是法秩序随人类社会从工业文明向生态文明演进而必然发生的前进方向和应对之举，其并不简单等同于若干环境保护条款的增加，而是在价值观念、调整范围、作用方式等方面的"生态转向"，要求一切相关法律法规，在确立价值目标、原则理念及设计具体制度时，都应充分考虑生态因素和环境影响，尽量作出有利于或至少无害于保持生态环境良好状态的制度安排。

法律是社会的产物，需要服务于社会实践和时代需求。随着时代的变迁，人类在环境资源方面的需求和实践不断变化。随着从农业文明进入工业文明，人口数从不足10亿人到70多亿人，现代社会的人与自然关系已经发生了根本转变。人类从匍匐在自然脚下、各方面严重受制于自然，主要通过改造自然创造物质财富以求得温饱，到在许多方面已战胜自然、正极大影响和改变着自然，需要维持自然的健康结构和良好状态以实现长治久安和可持续发展。法律也须与时俱进，调适、变革，为实现人与自然和谐的生态文明新目标、新要求提供规范支持和制度保障。

实际上，现代环境危机有其内在的制度根源，公地悲剧乃法律综合作用的结果，是法律缺陷的体现，民法对此并不是"纯洁"、无辜的，更没有所谓的"价值中立"。在经典的公地悲剧场景中，各人之所以拼命增加放牧牛羊的数量而对草场的退化无动于衷且心安理得，原因正在于传统财产制度的内在缺陷——受法律确认和保护的"财产"和"利益"范围过窄，相关利用和保护规则不够完备、考量情形不够充分，其根源在于对环境价值的轻视和忽略。这是传统民法的局限，需要纠正和变革。

近代民法赖以为基的三大原则——所有权绝对、契约自由和过错责任，对"人"的主体性予以充分确认和高扬，给予最大限度的自由；却视与人类相伴始终、具有决定意义的环境于无物，为各种单个看来似乎间接、轻微，整体、累积后果却往往严重的污染、破坏大开方便之门，甚至提供保护、支持。想想看，如果在一个没有接受"现代法治"、各人活动仍须受到各种体现共同利益的伦理约束的传统社会，"公地悲剧"还会那么普遍而"自然"地发生吗？实际上，民法的所谓"价值中立"，是摒除环境考量的结果，从环境角度看实乃"黑灰"底色。如果说近代民法对工业文明的快速发展、迅速壮大功不可没的话，对与之如影相随的伴生物、同一枚硬币的另一面——环境危机，也同样难辞其咎。这一点，不容否认，应当诚实面对。对生态环境来说，传统民法流淌着"黑色"血液，深具不友好性。只有更新为绿色底色，使环境保护成为民法各具体领域均须遵循的基本价值，成为各相关民事活动均须遵守的底线要求，实现规则体系的全面"绿化"，才能契合生态文明的建设要求。对此，最直接有力的抓手和切入点当然莫过于确认基本价值和根本目标的法律原则了。

黑夜给了我黑色的眼睛，我却用它寻找"绿色"！这是扎根工业文明的传统民法面对生态文明的应有态度，而绿色原则以行动作出了响亮回答。

当然，民法是私法，以私权私益保障为核心，公益保护应主要由公法承担，这是现代法律体系的基本结构，也是现代法治的基本规律，应当坚持和遵循。但这并不意味着民法可以与环境保护绝缘。正如后面将要讲到的，在民事领域,在私法的调整范围内和制度框架下,仍有支持环境价值、发挥环境保护功能的可能和必要,仍有私法作用的广阔空间。而且也唯其如此,才是真正意义上的"民法"的绿色化。因此,民法绿色化绝非简单地在民法中增加以环境保护为直接目的的公法性规范,使民法混同于环境法,而是在坚持私法定位、保障合法民事权益的前提下,对环境价值的间接保障和适度倾斜,是在不损害民法的本质属性和传统部门分工的前提下,通过对民法规范的内部改造来实现对民法之环境保护功能的提升。如何坚守私法定位,在私法能够容纳的范围内,通过对私法规则理解、适用的绿色影响来发挥环境保护作用,是绿色原则的基本原理和精妙之处,需要探索、把握。

■ "否定论"之否定:绿色原则的理论证成

"世界上本没有路,走的人多了,便成了路。"绿色原则作为中国民法典的极大创新,其经验探索可以为其他国家提供参考借鉴,为民法绿色化开辟新的道路。但这条路究竟怎么走,甚至是不是一条真正的路,还存在诸多争议。其中最具根本性的问题是,绿色原则是不是"真正的"民法基本原则?对此,如前所述,在立法通过之前和之后,都有不少质疑之声。对于这些异议,必须回应、厘清。否则,如果"否定论"在理论上真能立足,也即绿色原则本身的确并不具备作为民法基本原则的条件,而只是基于某种特定情势或姿态被"硬"写入,则即使其在纸面上获得通过,实践中也无法或不应像"真正的"民法基本原则那样对待,发挥作为民法原则的应有作用。

"否定论"声音不少,但似乎并不系统。概括归纳来看,大致可分为六种观点,它们真的能够站得住脚吗?我们逐一分析:

第一,环境保护是道德要求,不是法律义务?譬如,有人认为,"节能环保作为一种道德规范写入民法典是不妥当的"。"本条是典型的倡导性条款,属于社会主义道德范畴,不宜表述在法律规范中。"表面上看,这一观点似乎认为民法与道德绝缘,这当然是荒谬的。民法不仅可以、应当体现道德,而且向来具有通过法律原则确认和保障道德规范,将之转化为法律规范的设计和实践,此点无须多谈。料想论证的本意并非如此,其准确表达应该是认为环境保护不是应由法律确认、保障的基本道德,而是只应由个人自愿追求的美德,类似富勒所说那种"愿望的道德"。然而,这一问题,谁有权回答?应依何判断?在

21世纪的中国,在环境形势日益严峻、环境危机屡敲警钟的当下,在环境问题成为影响人民美好生活的重要因素,生态文明建设写入国家宪法,“提供更多优质生态产品以满足人民日益增长的优美生态环境需要”成为孜孜以求的重要目标,各人扔垃圾、吃野味、用电、用水、开私家车都要受到一定限制的今天,环境保护是否仅是一种美德要求,实已无须多言。

第二,环境保护是公法的任务,与民法无关?譬如“环境保护更多的是政策考量和人权保护的问题,应该规定在宪法中而不是民法典中”。“这一原则是公法的原则或社会法的原则,而非作为私法的民法的基本原则。”作为公益事务,环境保护诚然主要靠公法。但环境因素范围广泛,环境事务公私混杂,真正有效的环境保护必须是系统性、全方位的,仅靠公法的调整和管制是不够的。正如下面将要提到的许多案例显示的,在公法的作用范围之外,仍有发挥私法作用的广阔空间。尤其对于环境保护指向更全面、价值目标更高远的生态文明建设来说,用公法和私法两条腿走路,衔接配合、形成合力才是正确的法治之道。

第三,难以实践,不可操作?有人认为绿色原则的不足之处在于没有明确法律后果,“是一个无法得到法律强制和法律救济的原则”。还有人认为绿色原则的外延和内涵都不确定,“一个外延和内涵都不确定的概念事实上是无法作为基本原则加以使用的”,因为“无法通过具体民法制度加以细化和表达”。这种观点存在把“默示”当“没有”、把“不易”当“不能”、以“规则”要求“原则”的逻辑谬误。绿色原则条款本身虽然没有明确的责任性规定,但对其违反的后果却完全可以结合案情从其条文表述推知,此已为司法实践所充分证实。至于内涵、外延的不确定性,属于法律原则的常见问题,完全可以通过学理探讨和实践探索逐步辨明,并不构成对其作为“法律原则”的否定。实际上,内容的开放性或者说不确定性,正是法律原则区别于规则的核心特征,也是比后者适用更加广泛、灵活的根本所在。否则,原则就不成其为“原则”了。就现实而言,《民法典》分则中已有三十多个贯彻绿色原则的“绿色规则”,司法实践中更有数千个适用绿色原则的案件,这都表明绿色原则的可制度化和可操作性。

第四,存在滥用风险,可能导致不当后果?有人担忧,表述宽泛的绿色原则“可能被扩大适用导致一些民事法律行为无效或者被撤销”。“赋予了法官无限的自由裁量权,容易造成权力滥用。”此方面担忧不无道理,但其对象是绿色原则的“滥用”而非绿色原则本身;其成立前提——对绿色原则不加控制的绝对化适用——(至少逻辑上)并不存在。任何法律原则都存在被滥用风险,这并不构成对法律原则本身的否定。当然为了防止滥用,任何法律原则的适用都应受到严格限制,绿色原则也不例外,这也正是需要加强研究的原因所在。如仅因存在此风险即予以否认、拒斥,无益于因噎废食。

第五,与公序良俗原则重复,没有独立存在的必要?绿色原则与公序良俗的确存在大量交叉,但二者视角不同、目标不一,并非简单的种属关系。公序良俗原则具有价值开放性,而绿色原则具有单一指向,它更加凸显了环境保护在各种社会价值中的重要性,体现了对环境保护的倾斜,而这一点对于生态文明建设这一开创性任务来说尤为必要。因为生态文明是面向未来的,其对环境价值的重视超乎以往,呼唤现行秩序的变革;而公序良俗是扎根过去的,其对环境价值的考量和安排,难免有时代的局限。

第六,适用范围有限,不能贯彻适用于整个民法领域?有观点认为,“不是所有民事活动都会直接涉及环境问题,比如婚姻、继承、监护等身份关系中的民事活动并不直接与环境保护有关”,因此,尽管“保护生态环境、节约资源,促进人与自然和谐发展是值得提倡和保障的,但是无法上升到民法基本原则的高度”。实际上,“效力贯彻始终性”只是对民法基本原则中“不具裁判功能的一般法律思想”而言的,并不绝对,不乏例外。诸如公序良俗、诚实信用等毫无争议的民法基本原则,似乎也难适用于人身、家庭关系,“贯彻民法始终”。对绿色原则来说,由于人与环境的密切关系,几乎一切财产性活动都可能产生环境影响从而位于其调整范围,故其适用已涵盖大多数民法领域,完全当得起基本原则这一称号。

综上所述,在否定性理由都不成立而立法者已作出明确选择的情况下,应该明确肯认绿色原则的民法基本原则性质,认可其与传统民法基本原则同等的地位,在思想认识上先认真对待起来,才有充分发挥其应有功能和作用,借以实现民法绿色化的可能。

■ 认知基础:绿色原则的类型与特征

民法基本原则类型多样,特征不一,价值功能与作用方式也各有千秋。如果绿色原则作为民法基本原则并无障碍,那么它是哪种类型的民法原则,应该如何去理解和把握呢?在此方面,理论争议也很大。笔者认为,应着力把握以下方面：

第一，绿色原则是立法者着力构建的显性原则。根据产生方式和构建力度的差异，可把民法基本原则分为隐性原则与显性原则。近代民法典中本无明文规定基本原则的传统，《瑞士民法典》首开先河，以苏俄为代表的社会主义民法典将之光大，但这当然并不意味着之前的法典，如《法国民法典》就没有基本原则，后者只是未明确表达、以隐形方式存在而已。有学者认为，隐性原则是在社会早已获得广泛接受和普遍表达的原则，“不需要借助民法典规定的方式去无中生有地创造出来”；而显性原则是社会缺乏但立法者认为重要，同时需要通过立法予以引导和构建的价值准则，其比内生于主流秩序的隐性原则更具干预色彩和变革意味。就此而言，绿色原则当然属于显性原则，其不是立法者消极确认传统价值规范的自然产物，而是体现着对当前秩序的改造或者说改良意图，也意味着我们正在“缺啥补啥”，需要后续立法的大力构建和能动司法的积极实践。实际上，围绕绿色原则产生的巨大争议本身就说明了环境保护在我国主流社会观念中的实际地位的薄弱——尽管国家已将之上升到治国方略的高度，从而凸显了通过显性原则予以确认和推行该原则的必要。

第二，绿色原则是体现社会化要求的限制性原则。根据与民法核心价值的远近，可把民法基本原则分为体制性原则与限制性原则。这是近年在学界渐成共识的一种分类，也是社会化背景下民法规范复杂化、层次化的反映和体现。体制性原则旨在实现个体价值，构建市场经济及自由竞争的法律基础，保障“私的自治”，是私法精神的内核和本原。限制性原则回应社会需求，对市场经济及自由竞争过度的恶果进行纠偏，体现“公的管制”，是对私法边界的合理划定和维护坚守。作为生态危机背景下立法者基于加强环境保护的社会需要而对民事活动施加的约束，绿色原则当然是限制性原则。这一定位意味着，一方面绿色原则主要以强制方式发挥“反向”规范作用，为民事活动划定范围和边界，通过限制和约束来实现价值目标；另一方面，绿色原则的适用本身也要受到严格限制。环境保护毕竟不是民法的本位价值，民法并不直接追求环境公益的充分实现，故绿色原则主要适用于个人私权与环境公益冲突的场合，以将民事活动的环境影响控制在符合国家基本要求、满足社会基本需要的范围内为已足。

第三，绿色原则是具有司法裁判功能的概括条款。根据裁判功能之有无，民法基本原则可分为仅具宣示意义的价值理念和具有司法授权功能的概括条款。对于二者区别的具体标准，以往研究语焉不详，但从相关共识性结论可管窥一斑。体现社会化要求的限制性原则多为授权条款，而体制性原则一般仅具价值宣示功能。这在理论上不难理解：体制性原则直接保障私权私益，奉行自治理念，在无明确规则时“外人”一般不宜介入；其内生于传统秩序，已有诸多具体规则予以表达、保障，一般也无须亲自上阵。而限制性原则直接涉及公共利益，司法介入和干预的必要性毋庸置疑；其“外源性”身份也决定了在传统民法体系中缺乏具体规则的细化落实，唯有在规则缺失时允许法官借以裁判，其目标实现才有基本保障。作为一种“底线目标”和“反向限制”，其规范要求和法律效果也相对明确，易于推断，即使用于裁判也不会离题太远。对于作为新兴限制性原则的绿色原则来说，其裁判功能更为必要，否则将成一纸空文。此在大量现实案例中已有充分说明。

第四，绿色原则是单一环境保护指向的实体性原则。多数民法原则具有特定价值取向，指向某种状态，提出某种要求，是为实体性原则。但也有一些原则本身并不负载具体价值，而只是把其他社会规范中的价值准则引入民法，发挥桥梁、管道作用，是为中介性原则，其典型为公序良俗。绿色原则与之均有差异。与其他指向特定的实体性原则（如平等、自由、公平）相比，绿色原则的“环保”价值与之存在明显差异。以修辞的语言来说，可以说，其他原则都是“为人”的而绿色原则是“为自然”的，二者不仅存在差异而且实践中存在冲突，需要协调。对于不具实体价值指向的中介性原则来说，绿色原则具有明确、单一的价值倾向，具有“结果取向”和“环境主义”特点，着眼于民事行为对生态环境的实际影响，以环境容量、生态规律、系统平衡等相对独立的客观指标为判准，在价值立场上具有鲜明的“环境指向”。也正因如此，绿色原则与公序良俗并不等同。诚然，二者实践中不无重合可能——破坏环境、损害公益的活动往往为“公序”或“良俗”所不容。但秩序或风俗所承载的价值是多元的，一种现行秩序或风俗是否需要遵守的“公序”或“良俗”本身需要价值判断，而这种判断是综合的、多重的，并不特别强调环境保护。尤其那些在环境科学知识和环境伦理水平局限的背景下形成并延续的传统做法，可能长期以来被视为正当，但从现代环境保护观念来看已然落后于时代，需要摒弃或更新。对此，如果没有凸显环境保护价值的绿色原则，裁判者是很难作出契合时代发展方向的创新性判断的。在此方面，只要想想社会在秸秆焚烧、动物表演、斗牛斗鸡以及“掏鸟”“耍猴”“养鹦鹉”“吃狗肉”等方面的各种争议，即可见一斑。应当深刻认识到的是,绿色原则不只是在民法所欲实现的价值目标中增加了环境保护内容,而且其价值评判的普遍标准中增加了环境维度,赋予环境类似于“人”的准主体地位,具有价值层面的革命性意义。

第五,绿色原则是“补充公法”的私法原则。绿色原则写入民法的原因不仅在于我国当下环境问题的严重性和治理迫切性,我党通过“绿色执政”建设生态文明的目标和决心更早已通过宪法、环境保护法的修改和规定得到明确。在国家需要实现的诸多社会价值和公共利益中,之所以环境保护被另眼相待,归根到底是环境治理实践的现实需要——环境保护仅靠公法规制是远远不够的,必须还有私法的辅助和配合。人,作为自然界的产物,无时无刻不在环境之中,各种活动无不以环境为对象或背景,对其产生影响并受其影响。人类环境危机本质上是各种人类活动之环境影响累积的结果,其根本解决需要各领域、各层面的共同努力,而以管制工业活动为主的传统环境治理注定是残缺不全、力不能逮的。尤其是,公法治理强调立法为先,挂一漏万、缓不济急,无法穷尽纷纭繁复的社会生活;以管制为主要手段,强制色彩浓厚,本身亦须严格限制、谨慎实施;高度依赖行政执法,成本高昂且不乏“俘获”“失灵”风险。这些内生缺陷意味着公法在环境治理中的作用终究有限,其只是环境治理的手段之一而非全部,其可以通过对影响较大、共性较强的常规环境行为的管制来保障基本安全,却难以精细调控具体情形各异的日常生活实现人与自然“和谐”。建设生态文明不能全凭管制,实现绿色生活更不能一味“严格执法”。在公法鞭长莫及之时,发挥民法弹性、包容、灵活、柔和的优势,通过平等主体的自发博弈和法院的居中裁判,在个案中就产生争议的具体环境行为作出评价、进行权衡、谋求解决方案、提供规范指引,亦为必要,且更为根本。而这,正是绿色原则及其统领的诸多绿色条款的意义和使命所在。

从环境法治整体角度来看,绿色原则不仅是民法一隅的创新,更是补充环境治理体系短板,使之从以公法为主的单兵突进跃升为公私法协同的两条腿走路,从行政执法单一主导到司法裁判协调补充的重大变革。“从注重行政强制到公私法并重,这既是立法观念的进步,也是生态文明建设思想的靶向一招。”也正因如此,有学者指出,“尤其值得注意的是民法总则关于绿色原则的规定,这无疑是中国民法典的重大创新点之一”。

“补充公法”意味着绿色原则虽然是民法原则、私法规范,要像民法那样去行动,但在价值目标、内容判断、概念术语等方面又要注意与环境公法的衔接、配合，置于环境治理和生态文明建设整体制度框架下统筹思考，形成合力。

■ 辩证认识：绿色原则的内容解析

绿色原则条文虽仅短短25字，但内涵丰富，外延宽广，有多种理解可能，在几乎每一要点的认识上均存在争议，需要辨析、厘清。对其判断须前面所述其性质定位及类型、特征，而不能望文生义、抽象、孤立地理解。

□ 范围和效力的民事属性

“民事主体从事民事活动”清楚表明绿色原则调整范围和效力的“民事”属性，是其作为“民法”基本原则的确证和体现。由该条文目的推知，绿色原则所调整的“民事活动”应限于有环境影响和意义的活动。从环境角度来看，包括排放污染、消耗资源、影响生态以及对待动植物等。从民法角度来看，则涉及法律行为的设立与生效，物权的界定与行使，合同的订立、履行与解除，人格权益的确认与保护，遗产的分割与分配，以及民事责任的成立与承担等，基本涵盖多数民法领域。尤其需要注意的是，绿色原则是对民事行为的要求，产生民法效力，影响民法效果，这是其作为民法规范的应有之义，是其与《环境保护法》等环境公法中内容类似的公民环境保护义务条款的本质差异所在，必须牢牢把握。否则将迷失自我，不仅规范混同，而且丧失独立价值与私法意义。

□ “应当”兼具强制与倡导面向

“应当”表征对民事主体的义务性要求。绿色原则的要求是强制性的，必须满足该要求，对其违反将获得法律的负面评价，给行为人带来不利后果。这也是该原则之“限制性”的应有之义。但强行性规范的价值目标不能过高，一般以社会基本道德水平为限，否则将成为“要求不可能之事”的恶法。由于绿色原则的“环保”要求在现代语境下内涵丰富、外延宽广，既包括应人人皆为的基本道德，也涉及仅少数人率先垂范的先进美德，故“应当”不能全都作“必须”理解，须因地制宜，因案而异。在案涉环境保护要求或价值目标超越一般水平或通常做法时，“应当”应作“最好”理解，其规范效力在于对符合要求的行为予以肯定和支持，在同等条件下给予更积极的法律评价，具体后果包括认定相关法律行为有效、确认和保护相关权利主张、肯定和支持相关责任请求等，此时，绿色原则具有倡导面向。此面向的绿色原则,可使正面环境行为获得更加积极的民法效果,其所产生的正向环保激励,正是绿色发展、生态文明建设急需而传统环境管制难以企及的,也是“补充公法”的要求和体现。

□ 辨证理解“有利于节约资源、保护生态环境”

“有利于节约资源、保护生态环境”是绿色原则的核心内容,存在多种理解可能,需要辩证理解。

第一,“有利于”实为“无害于”。日常语境中的“有利于”不同于“无害于”,蕴含更高追求,故有观点认为,“有利于”的价值目标大于或高于“无害于”,是“体现更高价值欲求的民事行为方式选择的高标准要求”。但在工业文明背景下,对于一种“限制性原则”来说,要求所有民事活动都不仅“无害于”而且“有益于”环保,显然目标过高,客观上不可能做到。实际上,从立法资料梳理来看,立法者添加“有利于”是为了淡化环境保护增益的强制要求。而深入环境保护语境、结合环境话语特点可知,由于工业文明模式下多数人类活动具有负面环境效应,对环境产生了一定“损害”,故对环境的“无害”和“有益”都具有超越一般的积极意义,通常不加区别。故诸如“达标排放”“绿色出行”等对环境并非无害,只是影响略轻的行为也往往被称作对环境的“保护”举措。绿色原则中的“有利于”,也应作此理解。

第二,“节约资源”须从环保角度理解。直观看来,绿色原则条文中的“节约资源”和“保护生态环境”似乎是并列、独立的关系。一种影响广泛的代表性观点强调二者之差异,认为绿色原则具有“环境保护与节约资源双重面向”,将之划分为“资源原则”和“环保原则”两部分,并认为前者更有意义和生命力,呼吁经济学角度的解读,打造“效率意义上的绿色原则”。这种解读偏离立法原意,背离制度初衷,并有从根本上消解绿色原则的核心价值与进步意义的危险,值得商榷。

首先,就立法史来看,绿色原则的环境保护目的确定无疑。在全国人大相关人员的表述中,其明确把绿色原则作为“贯彻习近平生态文明思想”的重要举措,认为其“与我国是人口大国、需要长期处理好人与资源生态的矛盾这样一个国情相适应”。实际上,对资源的节约和高效利用向来被视为环境保护的重要举措和固有内容,立法者将之单独列举只是因为在我国公有制背景下,因资源浪费带来的环境问题格外突出,其根本目的仍在于环境保护。正因如此,在绿色原则的草案稿中，本有“防止、减少环境污染和生态破坏”的目的性表述，且“保护环境”一直在“节约资源”之前，直到“二审稿”审议阶段，“有的意见提出，节约资源是手段、保护环境是目的，表述时应先讲手段，再讲目的”，立法者才调换二者顺序，其意图正在于明确“节约资源”的从属性，突出保护环境这一根本目的。

其次，只有从环境保护角度理解，“节约资源”才有可操作性和进步意义。从具有直接环境意义的“自然资源”的角度理解“资源”，从减轻地球生态系统负担的环境角度认识理解“节约”，这里的“节约资源”才契合立法目的，才具有起码的可操作性，也才能体现其作为制度创新的进步意义。把资源泛化为一切物质财富，把节约泛化为脱离环境指向的抽象效率，既消解环境保护意义，偏离立法目的，又过于宽泛、复杂，难以有效操作，并使这一后工业时代出现的新兴原则与风车水磨时代的“物尽其用”无所区别，消解其面向生态文明的历史进步性。在司法实践中，绿色原则被广泛运用于外墙保温材料、电表箱、供热管道、车灯、桥梁、建筑设施等物质商品，更有甚者，把诉讼、信息公开、司法鉴定、债务追讨等活动所消耗的时间、精力、人力等“社会资源”也纳入其中，从“节约”与否角度进行审查、判定，不无荒谬，也使得绿色原则混同于“经济原则”或“诉讼经济原则”。

最后，绿色原则是对传统经济学的反动和超越，必须与之划清界限。效率唯一、理性至上、个体主义、货币工具是经济学的基石和法宝，其泛化、滥用正是现代环境危机的制度根源，不可能成为由其所激发、作为其解药的绿色原则的理论基础。尽管“节约资源”在操作层面的确须进行“成本—收益”分析，但无论“成本”还是“收益”都应是生态意义上、环境效果角度的，否则可能走向环境保护的反面。因为实践中的环境“成本”和“收益”在现有技术条件下尚无法全面、准确、有效判断，依传统经济学“运算”的结果几乎不可避免地导致对环境的“贬值”和轻视。诸如拆除违章建筑、消除沙漠污染、恢复荒野生态等看似“不惜代价”的环境保护举措在经济效率视野下可能被认为“浪费资源”，而诸如土地、森林、河流、野生动植物尤其荒山、荒滩、沼泽、湿地等环境资源，是否一定要被“利用”才“不浪费”，亦不无争议。对此，唯有坚守环境维度、生态视角，才能有正确认识。

第三，“保护生态环境”是环境保护的宽泛表述，应作广义理解。宪法中“生态环境”概念的产生及与“生活环境”的并列有其特定历史背景，具有时代的局限性,在现代社会"生态"与"环境"日益合流、同化的"大环保"观念下已无法立足,正确处理只能是跳出文本窠臼,进行功能主义和现实主义的解读,将二者理解为递进、包含关系,以"生态环境"指代包括"生活环境"在内的"人类和其他生物共同栖身的整个外部世界"才是正确的认识。

综合看来,绿色原则条款所实际表达的,就是普遍、宽泛的"环保"义务,包括合理、高效地利用自然资源,预防、减少和治理污染,保护和改善自然生态(包括合理对待动植物)等在工业文明下为特例、在生态文明建设中需普及的各种环境保护要求和举措。在民事活动中对各种可能不在公法的明文规定和管制之列但却影响环境、干扰生态的相关事项和因素予以适度考量,在合理范围内作出尽量环境友好的选择,就是绿色原则的基本要求。这是实现生态文明所必需,也是其通过在民法领域设立普遍环保义务来补充环境公法不足、提升环境法治底线的要求和体现。

■ 广阔天地:绿色原则的实践功能

"民法基本原则为民法蕴含的主要价值或者目标,对于立法者、裁判者以及当事人均具有指导意义。"民法总则规定的民法基本原则,具有指导民法典立法,对民法具体条文和具体制度加以解释,以及在具体规定不详时直接适用的作用,绿色原则也不例外。

第一,立法指引。民法基本原则具有立法准则功能,是民事立法的根本出发点,也是各项具体制度和规则的基础和来源。民法典采用的"总则—分则"的结构更强化了总则对分则构建的指导作用。就我国民法典立法实践而言,绿色原则"提供价值和方向上的指导"的作用更不容小觑。正如有学者指出的,"立法者在制定分则的过程中,显然应该考虑到民法基本原则的基本作用。要考虑怎样在民法典分则中比如说物权编中贯彻绿色原则"。正是基于这种考虑,《民法典》在分则立法中规定了三十多条贯彻环境保护理念、具有直接环境保护功能的"绿色规则",遍布物权、合同、侵权等重要章节,形成系统完备的"环境民法"规则体系,极大地促进了我国民法的绿色化,其中不乏在措辞表述上几乎与绿色原则如出一辙的典型条款,如《民法典》第 286 条、第 346 条、第 619 条。而这一立法指引功能,并不会随着民法典的通过而彻底终结。无论是未来民法典本身的修改增删,还是在为贯彻落实民法典条款所出台的各种具体法律、法规、规章、司法解释乃至政策性文件中,绿色原则都可以且应该发挥重要指引作用。就此而言,绿色原则实乃整个民法体系绿色化的定海神针。

第二,行为准则。作为官方认可并隐含国家强制力保障的价值规范,绿色原则的问世有确立环境保护的基本道德地位、提升社会环境伦理水平的功能。人类毕竟尚处于从工业文明向生态文明转型的初期,尽管在抽象层面几乎没人反对,但对环境价值的重视程度,愿意付出的代价大小和付诸实践的程度、范围有很大差别。“节约资源,保护生态环境”是仅作为“以人类所能达致的最高境界作为出发点”的“愿望的道德”来宣示,还是作为“义务的道德”确立“使有序社会成为可能”的基本规则,因人、因事、因情形而异。此在前述“否定论”相关探讨中已有充分显示。对此,思想层面或可持续争论,但立法者必须作出抉择。绿色原则的确立清楚表明立法者的坚定立场和积极态度,使环境保护成为国家认可的基本道德,其准则意义不言而喻。从引导、教化角度看,当绿色原则在民事裁判文书中频频出现,环境后果成为在法律上评价民事行为、影响效力、后果的常规因素时,其对社会行为的实际影响更可想而知。有观点以民法原则通常不具有直接强制力为由否定其行为准则功能,既忽略了非裁判活动对行为的实际影响,又忽略了国家认可、官方态度本身的准则意义,尤其没有意识到对于争议性、新兴性价值规范来说,立法确认、国家表态的“加持”和“抬举”作用。而这些,对正处于起步阶段、内蕴价值变革色彩的生态文明建设来说,是至关重要、不可或缺的。

第三,裁判依据。民法原则有独立或者协同处理案件,指引裁判的重要功能,是“司法机关进行民事司法活动应当遵循的基本准则”。绿色原则意味着“司法机关在裁判相关案件时,要加强对节约资源、保护生态环境的民事法律行为的保护”。这不仅是抽象的理论推演,而且已为司法实践所充分证明。与立法阶段学界普遍的悲观预言相左,诸多研究显示,绿色原则在司法实践中得到广泛适用,施行两年多来,相关裁判文书已逾千件,遍布物权、合同、侵权乃至继承、人格权等领域,并呈逐年递增趋势,展现出旺盛的生命力和良好发展势头。

■ 大有可为:绿色原则的司法适用

法律规则是司法裁判的主要依据,只有在具体规则“不好用”、“不够用”或

"没的用"时,法律原则才有出场必要和作用空间。就此而言,从适用角度来看,任何法律原则都是对相关具体规则的补充,通过对规则的辅助、指引甚或创制来发挥作用。由此,可把绿色原则的司法适用分为三类:一是在有具体规则且内容明确时"锦上添花",辅助具体规则适用,强化正当理由,加强说服教育;二是在有具体规则但内容不明时"雪中送炭",为法律解释、事实确认、价值判断、利益衡量提供环境保护指引;三是在无具体规则时"中流砥柱",为填补法律漏洞、探索案件处理的具体规则提供规范基础。

如果从法律适用的流程来看,结合对近年来绿色原则司法适用相关判例的梳理,绿色原则在司法实践中主要有以下五种情形和功能。

第一,理解大前提:规则解释的环境保护基础。每个法律规范都需要解释。对于直接体现环境保护内容的绿色规则,绿色原则具有增强合法性、便于接纳认同、消除实践疑虑的作用,为正确理解、准确把握提供必要指引,可指引法官选择更有利于严格环境保护的解释。譬如对于《民法典》第293条规定的"建造建筑物不得违反国家有关工程建设标准,不得妨碍相邻建筑物的通风、采光和日照"内容,既可作把相邻妨害与环境守法结合起来强调"超标担责,达标免责"的理解(这也是长期以来的主流认识),也可作将两者脱钩、各自独立判断,"超标担责,不超标未必免责"的理解。在绿色原则既定的情况下,应选择更利于环境保护的后者。民法典中大多数不具有专门环境保护指向的普通法律规则似乎与绿色原则距离较远,但也受到绿色原则辐射,必要时也须以之为解释基础。例如,《民法典》第114条规定,物权人对物"直接支配和排他的权利"要受到绿色原则的环保约束。第331条规定的土地承包经营权,也不应包括"把林地做草地用"或者"把草地做耕地用"意义上的"使用"和"收益",这在现实案例中已得到良好应用。

第二,判断小前提:事实认定的绿色指引。绿色原则的确立使环境保护在民法的价值序列中脱颖而出,获得独立地位并居于较高位阶,从而"迫使"或"诱使"相关事实认定向着有利于环境的方向倾斜——考虑环境影响、作出符合环境保护立场的认识。实践中的大量案例集中于此领域。

譬如,在相邻妨害的认定上,凸显立法者之环境保护意愿的绿色原则可为法院作出倾向于环境保护的严格认定提供指引和支持,抛弃民法眼中的"好邻居"应该对旁边的工厂污染熟视无睹、尽量忍耐的传统认识,对环境影响的妨害构成持更加宽松的标准。这在许多案件中已有体现。

在合同事由判断方面,绿色原则也具有明显的绿色指引效果。对于合同效力,绿色原则使环境违法合同更易被认定无效。对于合同解除,环境后果成为判断相关行为或状态是否足以构成解除事由的重要因素。对于不可抗力,绿色原则也成为判断当事人是否尽到注意义务的重要指针。仅从法律角度看似乎雷同的"事实"情形可能因环境情形差异而获得完全不同的认定。在涉及违反垃圾分类回收义务、非法开发自然资源、违规销售排气不达标车辆、因雾霾限产延期交房等环境因素的合同案件中,在绿色原则的加持下,法院都作出了倾斜于环境保护的认定。

在侵权责任损害的认定方面,绿色原则也可发挥重要作用。法院以往对环境侵权损害认定较为严苛,近来在绿色原则影响下,有明显转变。在被最高院作为指导案例的"李某诉华润置地(重庆)有限公司环境污染责任纠纷案"中,虽然被告设置的巨型LED显示屏所发射光线未对原告带来明显可见的健康损害,没有"症状明显并可计量的损害结果",但法院认为"光污染对人身的伤害具有潜在性和隐蔽性等特点",尽管症状最初并不明显,损害无法精确计量,但影响是客观存在的,且"已超出了一般人可容忍的程度",根据日常生活经验法则,"势必会对原告等人的身心健康造成损害",从而认定损害成立,要求被告承担侵权责任。该案在法律规则未有改变的情况下,把环境侵权损害的认定标准从重大、显性、可计量降低到超出一般容忍限度,拓展了侵权法对环境权益的保障范围和救济力度,是一大进步。

第三,裁剪结论:利益平衡的环境砝码。绿色原则对环境保护价值的彰显有提升环境因素分量、增添环境效益砝码之效,法院可据此把环境影响作为界定权益边界、支持一方诉求的重要理据,或根据环境效果"裁剪"诉讼请求、确定责任承担的具体方式,在不影响案件定性的情况下选择有利于环境保护的具体处理方案。在存在权利冲突或风险决策,不同方案各有利弊的"两难"境地时,绿色原则可增加环境友好方案的权重,使法院裁判向着有利于环境保护的方向倾斜。这在建筑物使用权利冲突、相邻妨害的排除方法、恢复原状的实施方式,以及遗产分割的具体方式等案件中都有体现。

譬如,在某业主撤销权纠纷案中,原告在自家车位安装电动汽车充电桩的专有权利与其他业主担心用电安全的共有权益产生冲突。在安装充电桩的漏电风险较为遥远但无法绝对排除的情况下,法院援引绿色原则,从清洁能源车的环境效益出发作出支持原告的判决。在某农村土地承包经营合同纠纷中,法院确认承包人期满应返还土地,但对附随的地上物清理义务区别对待——支持清除建筑物及垃圾的请求,不支持清除树木的请求。在某排除妨害纠纷案件中,法院认可越界树木对原告造成妨害,但认为可通过修剪消除妨害而拒绝将其连根清除。在某合同纠纷案件中,法院同意解除合同,但对“本质上是诉请被告将在原告经营管理的土地上所植树木移走或砍伐”的恢复原状请求不予支持。

第四,规范补充:法律漏洞的绿化填补。由于环境资源具有不同于一般财产的特殊性,当案件涉及环境资源因素时,往往出现具体规则不明或机械适用已有规则会导致环境资源方面的明显不合理后果的情形。此时,法官可依绿色原则探索解决之道,谋求环境友好的解决方案,相关处理构成对传统规则的补充和发展以“绿化”方式填补规则空白。实践中,在非法造林的林木归属和利益分配、建设用地返还后的建筑物归属、合同解除和土地返还的具体时间确定、土地返还的客观状态等情形下,绿色原则都发挥了环境保护角度的漏洞填补功能。而对于生活中诸多违反环境保护理念,有违生态文明精神,但尚难为传统规则调整的诸多民事活动,如近来引起广泛关注的“大规模电击捕捉蚯蚓”“综艺节目采挖天山雪莲”等,如果产生民事争议,进入司法程序,则绿色原则也可有用武之地。其处理实践不仅为解决相关民事争议探索规则,对相关管制立法也具有参考和启发意义。

第五,铺垫引申:环境保护效果的强化扩展。即使案件有可用的具体规则,绿色原则也仍可发挥积极作用。一方面,其具有铺垫烘托环境保护氛围,强化绿色创新之正当性的效果,有助于正当化偏向环境保护的司法能动创造,有助于说服他人理解和接受法院的裁量选择,增强裁判的正当性和公信力,并释放出“环境重要、破坏从严”的信号,具有良好的行为指引效果。这在法院强化环境保护义务、从严认定责任的案件中尤为必要。另一方面,则可借由个案处理,开展环境教育,扩展判决的环境保护效应。譬如,在某垃圾污染案件中,法院在判令被告排除妨害后,又进一步要求其“应本着爱护环境、保护自然的原则,尽到爱护环境的注意义务,不拘泥于法院判决的最低清运次数、频率”。在某养殖污染案件中,法院虽因证据问题未判令被告担责,但仍援引绿色原则,提醒其从事养殖活动时有“最大限度地减少污染的产生的义务”。在这些案件中,绿色原则对裁判结果并无实质影响,但环境保护功能显而易见。毕竟,环境保护还是一种新兴价值,尽管近年来人们的环保意识大幅提升,但离生态文明要求的“生态公民”还有很大差距。通过宣传教育提升环保意识有其必要,同时其也是环境司法助力生态文明建设的重要方式。

■ “认真地对待”绿色原则:高度重视、谨慎实施

绿色原则既是对传统民法中人与自然关系的内在缺陷的突破,也是对中国传统生态智慧的传承与弘扬;既是贯彻生态文明建设、实现可持续发展的现实要求,又是全面加强环境法治,提升其司法面向与私法面向的制度化回应,总体来看,前景广阔,大有可为。

当然,任何法律原则的直接适用都具有滥用风险。任何原则都是高度抽象和开放、多义的,作为绿色原则内核的环境保护本身也比较复杂,且动态变化、因人而异,不同主体往往有不同判断。更何况,绿色原则前无古人,是一个全新事物。所以当前司法实践中也存在许多不当之处,不乏过分倾斜、片面环保,过度干预或限制民事主体应有权益的矫枉过正现象,这是值得检讨反思和必须改进完善的。本文不详细展开。

对环境司法来说,绿色原则就像“如意金箍棒”,为法院更灵活方便、积极主动地支持环保提供了一件威力无穷的趁手兵器。但金箍棒的使用离不开紧箍咒的约束,唯其如此,才能保证使用者成为斩妖除魔的斗战胜佛,避免沦为乱打滥杀的妖魔鬼怪。对绿色原则来说,紧箍咒就是适用的具体规范和理论,尚需要学界和理论界的深入研究来造就。

绿色原则对民法来说也许只是某方面功能的小扩展,使民法推开了保护环境的一扇窗;但是对于环境法治整体来说则是重大跨越,为打开环境私法的大门,开辟了环境法治的新道路,使其成为双核驱动、“两条腿”走路。但其潜能发挥的基本前提,是“认真地对待”。这里的“认真”,既意味着主观上接受、情感上认可,将其作为真正的民法原则对待;又意味着规范适用、谨慎实施,科学理性认识、合理适度运用。为此,应:

立定私法属性,坚持环保目标;
协调补充公法,辅助指引规则;
扩展事实认定,适度价值倾斜;
科学规范适用,高度谨慎实施!

▣ 阅读指引

▣ 著作

1.［美］约翰·R. 麦克尼尔：《太阳底下的新鲜事：20 世纪人与环境的全球互动》，李芬芳译，中信出版集团股份有限公司 2017 年版。

全面梳理、系统勾勒了 20 世纪地球生态环境的变迁，便于快速把握地球的过去、现在和未来，全面了解人与自然的相互影响和作用。

2.［英］卡尔·波兰尼：《大转型：我们时代的政治与经济起源》，刘阳、冯钢译，浙江人民出版社 2007 年版。

深入分析了工业革命对人类社会生活的巨大改变，揭示了 20 世纪政治经济面貌形成的深层原因，提醒关注现代社会人与自然关系改变背后的支配性力量。

3.［美］埃莉诺·奥斯特罗姆：《公共事物的治理之道：集体行动制度的演进》，余逊达、陈旭东译，上海译文出版社 2012 年版。

在归纳两类对立路径的基础上提出环境资源管理的第三条道路，在理论观点、思维方式和论证方法等方面皆具重要启发意义。

4.［美］理查德·拉萨路斯：《环境法的形成》，庄汉译，中国社会科学出版社 2017 年版。

详细描述了美国环境法的形成和发展过程，揭示其成功之道和未尽之处，有助于对现代环境法的全面、客观认识。

5.［荷］何·皮特：《谁是中国土地的拥有者：制度变迁、产权和社会冲突》（第 2 版），林韵然译，社会科学文献出版社 2014 年版。

对中国土地及相关自然资源制度以现实主义分析，揭示诸多“不合理”现象背后的“合理性”，有助于了解历史转型中的中国资源法律制度的复杂性与特殊性。

6.［美］爱蒂丝·布朗·魏伊丝：《公平地对待未来人类：国际法、共同遗产与世代间衡平》，汪劲等译，法律出版社 2000 年版。

提出一种全球立场、全人类视角的环境资源权利观和义务论，为全球环境危机的解决和相应法律制度的构建提供了具有广泛接受可能性的理想方案。

7.［美］丹尼尔·H. 科尔：《污染与财产权：环境保护的所有权制度比较研究》，严厚福、王社坤译，北京大学出版社 2009 年版。

从广义财产权角度比较分析了各种环保制度之优劣，对于跳出传统理论窠臼和概念壁垒，构建真正富于实效的环保制度颇具启发。

8.汪劲等编译：《环境正义：丧钟为谁而鸣——美国联邦法院环境诉讼经典案例选》，北京大学出版社 2006 年版。

精心筛选、全面介绍了影响美国环境法治进程的12个经典判例，有助于深入了环境案件的特点及司法的作用与局限。

9. 金瑞林、汪劲：《20世纪环境法学研究评述》，北京大学出版社2003年版。

系统梳理了20世纪中国环境法学的代表性成果，对重要观点作出介绍、分析与评价，有助于全面把握中国环境法学的早期概况。

10. 巩固：《环境伦理学的法学批判——对中国环境法学研究路径的思考》，法律出版社2015年版。

系统梳理了西方环境伦理学的来龙去脉及对中国环境法学研究的影响，对中国环境法学研究的理论基础和方法、路径作出反思，提出“现实主义”的环境法学研究主张。

回 微信公众号

1. 中国法学会环境资源法学研究会

中国法学会环境资源法学研究会公众平台，传达国家生态文明建设相关方针政策，报道学会动态，分享学术前沿，助力环境实务，服务会员大众。

2. 武汉大学环境法研究所

武汉大学环境法研究所学术资源平台，传递研究所最新信息、所友动态，分享国内外环境法理论与事务的前沿信息和相关学术资源。

3. 中国政法大学环境资源法研究所

中国政法大学环境资源法研究所学术信息平台，传递研究所动态，分享国内外环境资源法理论与实践的前沿信息和相关学术资源。

4. 中国环境资源审判

最高人民法院环境资源审判庭信息平台，分享发布环境资源审判动态、信息、案例，探讨前沿问题，分享国内外经验。

5. 公共事务治理

清华大学公共事物治理研究团队信息平台，关注公共事物治理，发布团队研究进展，推送国际最新研究成果。

作为教育者的尊荣感(代后记)*

在北京大学法学院,有这样一系列讲座,通过举全院之力,让老师们深切体会到站在讲台上的尊荣感,感受到来自学生、学院、学校乃至全社会的尊重,从而激励老师们讲好每一堂课。

2018 年秋季学期以来,北京大学法学院推出“法学阶梯”系列讲座,把封闭课堂变成开放讲座,让老师们体会到作为教育者的尊荣感,有的放矢地提高课程质量。目前,学院已经成功举办 41 场讲座。其中,12 场“入门讲座”作为法学第一课和法学基础课,在同学们站在“法的门前”时,予以指引;16 场“进阶讲座”作为法学答疑课,进行课程期中总结和反思,授业解惑;13 场“高阶讲座”作为法学前沿课,针对硕博研究生讲授法学研究基本方法,授人以渔。

一、盘活存量:讲好每一门课

在法学教育层面,“法学阶梯”系列讲座是课程模式的一次创新性探索,旨在着眼于现有课程体系,激励老师们讲好每一堂课,“盘活存量”。

车浩老师作为北京大学法学院教学委员会主席,是学院教学改革的主要负责人。他指出,法学院进行的课程改革可以归纳为两种模式,即增量改革和存量改革,前者体现为根据学生需求、社会变化和学科研究动向,增加一些新型课程;后者则强调提升原有每一门课程的教学质量。

作为优化和完善课程体系的重要思路,近年来,法学院的增量改革取得了显著成效。例如,法学院近年来开设的案例研习课、实务课、写作课等备受好评,引领了国内法学教育的课程改革风向。

一个学院的教学质量能否整体推进,学生能否从教学中全方位受益,既需要少数老师和少数精品课程的引领作用和品牌效应,也需要大多数老师的共同努力和大多数课程质量的普遍提高。一套完整的法学教育,需要覆盖到很

---

* 原文载于 2019 年 6 月 24 日“北京大学教务部”微信公众号。

多老师、很多课程,只有讲好每一门课,才能全面培养好一个法科学生。所以,在增量改革取得成效的基础上,法学院进一步启动存量改革,即将课程改革的发力点覆盖到现有的整个课程体系,“盘活存量”,想办法进一步提升现有各门课程的质量。

当然,在北京大学,老师在授课风格、教学设计上有很大的自由空间。因此,车浩老师表示,通过行政命令干预老师的课程安排既不现实也不明智,改革的突破点在于想方设法提升教师授课的积极性,使老师由衷地愿意为教学投入更多心思和精力。为此,学院设计了“法学阶梯”系列讲座,让老师站在更宽阔的讲台上,体会到作为教育者的尊荣感,从而让学生普遍性受益。

二、有的放矢:阶梯式教学讲座

纵然将封闭课堂升级为开放讲座可以促使和激励老师精心准备和策划,但把每一堂课都办成讲座并不现实,因此,就需要针对课程的关键时点,着力进行结构性改善。

在一门课的进程中,三个节点尤其重要。第一堂课意味着同学们初入一个陌生的学习领域,尤其需要老师的导引。而以往老师们通常会简单介绍课程大纲、本学期课程进度等内容,往往深浅程度不一,且较为零散。可以说,第一堂课的质量是缺乏保证的。现在学院推出的“入门讲座”,就是将第一堂课改造成一次关于本学科基本概念和学习方法的“入门讲座”。这样一来,在特定主题和讲座结构的要求下,就能促使老师花更多时间和精力备课,体系化地呈现课程导论,从而引导新生进入法学之门,对本学科形成一个初步的认知。

到期中阶段,则需要老师和同学适当地停下来,共同进行反思和总结。许多课程会设置期中作业或期中考试,但出题和检验都完全由老师主导,在信息了解上,师生双方是不对称的。更好的检验方式可能是在期中安排一次集中答疑,汇总学生的困扰和问题,以便老师高效地捕获并解决学生在前半学期学习的共同障碍。于是,学院设计了“进阶讲座”,由教务办老师和助教一起对选课同学进行问卷调查,收集问题并形成报告提交授课老师,老师根据报告精心准备,在讲座上对集中、重要、有共性的问题进行透彻地讲解,扫除学生前期学习障碍,为后半学期的学习打牢基础、指明方向,从而有质量、有目标地开展后半阶段的教学。

期末考试则是整个学期课程的最后一个重要环节。关于考试方式,车浩老师认为，从其教学理念来讲，法学课程的考试应该尽量开卷。因为大学课程的目标，不是通过闭卷考试选拔记忆力和天赋好的同学，而是培养法学生利用层出不穷的法律材料理解和处理问题的能力，只有开卷考试才能检验教学的效果，识别学生之间的差异。

车浩老师总结，“开学入门第一课、期中答疑和期末考试，这是最重要的三个节点。当然，考试改革涉及方方面面，虽然逐渐有越来越多的老师尝试开卷，但是这方面的改革还没有大力推行。现在的目标就集中在前两个时点上——如何让老师在入门阶段付出更多的心力，如何让老师在期中阶段愿意拿出时间来给学生系统性答疑，这是我们想要解决的问题”。

谈及“法学阶梯”系列讲座区别于其他讲座之处，车浩老师表示，其定位为教学类讲座而非学术类讲座，换言之，其本质上是一次面向全院、全校甚至社会公众的公开课。这样的讲座要求老师把每一门课精华的部分拿出来，不是仅展现其某个研究或者某篇论文的成果，而且展现这位老师在整门学科上的成就。当然，如果没有足够的学术科研水平打底，老师们做这样一个导论或答疑讲座，也会受到制约。在这一点上，两者是不冲突的，甚至可以起到相辅相成的作用。

三、作为教育者的尊荣感

“有些老师表示在校内做讲座反而更紧张和激动，也有的老师说很多年不打领带了，上这个课还要打领带。”在讲到授课老师对“法学阶梯”系列讲座的反应时，车浩老师如是举例。

北京大学有很多老师，每个院系都会有突出的学术“大咖”和网红老师，曝光率比较高，而绝大多数老师可能到退休都没有在校内做过讲座，但恰恰是这些大量的兢兢业业的老师，构成了教学队伍的主要力量。他们上的课，占据了整个课程体系的最大比例。

现在的“法学阶梯”系列讲座，就是在举全院之力，全方位地为老师的教学进行宣传。前期会通过官方公众号和校园海报等进行充分的讲座信息宣传，吸引社会公众和其他院校的学生前来旁听；讲座过程中，有法律出版社和北大英华科技有限公司参与全程的视频摄制工作，速记公司对讲座全程速记并整理成文；后期还会将讲座综述发表在“中国法律评论”微信公众号、“北大法宝”微信公众号、北京大学法学院官网等各种公众平台，同时宣传授课老师在教学科研等各个方面的成果。

于是,表面看起来不过是形式的创新,但实际上追求的是实质的目标:通过调动大多数老师的积极性,在各类课程中增加入门导论和难点答疑的环节,让整个课程质量得到改善,最终的受益者是学生。学院做大量投入,向社会公众推举这些老师和他们的课程,也是为了让老师们深切体会到站在讲台上的尊荣感,感受到学生、学院、学校乃至全社会的尊重,从而激励老师们讲好每一堂课。而且,不同于众多学术讲座的是,“法学阶梯”系列讲座本质上是一次“公开课”,是教学类讲座。因此,老师们在该讲座中获得的尊荣感,首先源自其教育者的身份,而不仅仅是学者身份。

此外,学院鼓励老师更多地投入教学,并非“唯教学论”,其本身就是在平衡本科教育和学术研究的紧张关系。其实在科研方面,老师们以前受到的引导和激励就已经很多了,如各种科研奖项、职称评定、论文发表等;学院现在所做的工作,同样也是加强对老师们投入教学工作的肯定和鼓励。“教学和科研是大学老师的两项基本职责,两者是不应当偏废的。”

四、“花香蝶自来”

除老师获得尊荣感,学院课程质量提高,学生最终受益外,“法学阶梯”讲座也具有重要的社会意义。

在教学改革层面,这样的模式对于不同课程、院校都具有可复制性。每一门课都可以这样打造,每一位老师都可以做到开头系统的导论和中期全面的答疑,所以每一个法学院都可以依靠其存量做同样的推广。在此意义上,“法学阶梯”系列讲座也是北京大学法学院对全国法学教育的一点探索和贡献。

“北大法学院作为我国的法学重镇,一直引领全国法学教育的航向。通过把这些课程当中最精华部分、老师最精心准备的环节向社会公众推出,其实也实现了教育资源的分享,体现了北大法学院的社会担当。”

最后,法学院会争取每个学期都推出一批入门讲座和进阶讲座,希望通过持续地推进,用三至五年的时间实现法学院绝大部分的课程在关键节点上有质的提升。更精彩的“法学阶梯”讲座,更精彩的北京大学法学院,敬请期待!